高等教育“十三五”规划教材
立信会计专业系列
总主编　张世体

U0955063

税务会计实务

主　编◎管文卿　刘　正
副主编◎王星月　巩乾雯

立信会计出版社
LIXIN ACCOUNTING PUBLISHING HOUSE

图书在版编目(CIP)数据

税务会计实务 / 管文卿主编. —上海：立信会计出版社，2020.4（2021.7 重印）

高等教育"十三五"规划教材. 立信会计专业系列

ISBN 978-7-5429-6479-3

Ⅰ. ①税… Ⅱ. ①管… Ⅲ. ①税务会计—高等学校—教材 Ⅳ. ①F810.62

中国版本图书馆 CIP 数据核字(2020)第 077425 号

策划编辑　陈　旻
责任编辑　陈　旻
封面设计　南房间

税务会计实务
SHUIWU KUAIJI SHIWU

出版发行	立信会计出版社		
地　　址	上海市中山西路 2230 号	邮政编码	200235
电　　话	(021)64411389	传　　真	(021)64411325
网　　址	www.lixinaph.com	电子邮箱	lixinaph2019@126.com
网上书店	http://lixin.jd.com		http://lxkjcbs.tmall.com
经　　销	各地新华书店		
印　　刷	上海天地海设计印刷有限公司		
开　　本	787 毫米×1092 毫米	1/16	
印　　张	14.25		
字　　数	384 千字		
版　　次	2020 年 4 月第 1 版		
印　　次	2021 年 7 月第 2 次		
印　　数	2 101—3 200		
书　　号	ISBN 978-7-5429-6479-3/F		
定　　价	40.00 元		

总　序

当今世界，科学技术突飞猛进，知识经济已见端倪，国际竞争日趋激烈。教育在综合国力的形成中处于基础地位，国力的强弱越来越取决于劳动者综合素质的高低，取决于各类人才的质量和数量，这对于培养和造就我国21世纪的一代新人提出了更加迫切的要求。新时代新形势，改革开放和现代化建设，要求我们抓住机遇、超前布局，以更高远的历史站位、更宽广的国际视野、更深邃的战略眼光，对加快推进教育现代化、建设教育强国作出总体部署和战略设计。我们要在提高学生综合素质上下功夫，教育引导学生，培养综合能力和创新思维。

作为教育体系中的一个重要组成部分，高等教育近年来进入高速发展时期，其中财经专业学生占有相当大的比例。围绕培养财经专业高技能人才这个根本目标，加强财经专业的教材建设，是完成教学计划，达到培养目标的重要保证；是加强教学管理、提高教学质量的重要措施；是深化教学改革，提高人才培养质量的根本途径。教材建设重在提高质量，培育特色。

经过多方努力，"高等教育'十三五'规划教材　立信会计专业系列"已正式出版发行。这是十几所院校几十位既具有扎实的理论基础，又具有丰富的实践经验的"双师型"教师倾注了大量的人力、物力和财力所共同努力的结果。

本系列教材在编写上充分体现了培养高素质应用型、技能型人才的教育理念，在注重培养学生掌握基本理论知识和基本技能的同时，还能够帮助学生顺利获得相应的专业技能等级证书，加快学生由学习型向实践型角色转换的速度，并为学生未来走向工作岗位奠定认识和能力基础。

本系列教材在力争正确阐述会计专业学科的科学理论和概念的同时，还注意理论联系实际，以案例阐述理论；符合认知规律，富有启发性，便于学生自主学习，所选理论教学内容完全可以满足学生未来从事会计工作所需的最基本、最常用的理论知识；能完整地表达本课程既应包含学生未来职业活动所需的最基本、最常用的理论知识，也包括学生未来可持续性发展所必须深化和拓展的知识；让学生能自然地做到由基础理论到专业基础理论，由专业课到实践课的从容转换；正文、训练与实务操作齐全且著录准确；符合人才培养目标及课程教学的要求，所选会计理论内容的广度和深度能够满足实践教学和未来从事会计岗位工作的需要。

本系列教材在编写中，力求做到理论与实际相结合，既保持理论体系的系统性和方法的科学性，更注重教材的实用性和针对性。每本教材的编写，注意吸收国内外优秀教材的成果，力求深入浅出，突出重点和通俗易懂。在广泛调查研究的基础上，本系列教材经过多所高等院校一批有着丰富教学和实践经验的专家学者的论证和推荐，优化选题，优选编者。

与已出版的同类教材比较，本系列教材突出的特点如下：

(1) 理论够用。理论上，突出会计专业基本理论与核算方法阐释，强调实践业务的处理。

(2) 学做一体。在设计上按照能力点出现的先后顺序编排内容，在语言上力求精炼、简洁，尽量避免高深化、学术化的表达方式，让学生易懂、易做，增强学生在学习过程中的感性认识，提高教学效果；改变“先理论，后实践”的时间分板块模式，体现“从理论，到实践，再应用”的结构特点，理实相融，更接近人们的认知规律。

(3) 知识定位。在编写过程中，均按照“以具体化工作内容的需要确定目标、选取单元内容、设定学习知识要点”的思路，搭建“是什么、为什么、做什么、怎样做”的框架，以“是什么”和“为什么”为教学核心内容，来教会学生“做什么”和“怎样做”，真正体现“以教师为引导，学生为主体，循序渐进的提高学生职业技能”的教学培养目标。

(4) 结合实践。本系列教材不但介绍了会计专业的基本概念、基本原理和经常性业务的处理方法，而且相应添加了会计工作的扩展知识和最新的案例，增强了教材的实用性。

值此出版之际，我们谨向所有支持本系列教材出版的各校领导和参编老师表示诚挚的谢意。感谢立信会计出版社陈旻女士对本系列教材的热情帮助。

本系列10本教材出版后，我们将继续努力，在现有基础上不断修订、锤炼，同时，我们也热忱欢迎各使用院校对本系列教材提出宝贵的意见和建议，力争经过两三年的努力，使本系列教材成为国家级精品教材。

张世体

2020年5月

前　言

税务会计是会计的三大分支之一，也是财经类专业的基础课程之一，它是集税收法律、法规、规章及其他规范性文件和会计核算于一体的一门特种专业会计。本书根据最新颁布实施的企业会计准则和税法的要求，结合中小企业实际编写。本书在编写过程中，充分考虑了高等教育和成人教育的特点，力求遵循税务会计核算内在的逻辑，体现税务会计的最新变化和成果，做到清晰明了、循序渐进、条理性强。

本书主要阐述了税务会计的基本理论和我国现行税制下的主要税种应纳税额的计算、纳税申报及会计处理方法。其特点如下：

(1) 突出渐进性。书中内容循序渐进，环环相扣，由税务基础知识、会计准则到会计核算、账务处理，再到税务报表的填制与纳税申报，在此基础上介绍相关税种的纳税筹划方法。

(2) 突出应用性和实践性。本书以应用性教学为主，突出重点、难点，章节前的导入案例和例题设计贴近会计实践，尽力使复杂的问题简单化，以便学生更好地理解、接受。

(3) 突出新颖性。税务会计处理与最新颁布的企业会计准则、税法及其实施细则相吻合，使学生掌握会计、税务等最新改革变化。

(4) 突出实用性。在纳税申报上结合实际，突出实用性和可操作性。由于目前网络远程申报纳税已是很多地区实行的纳税申报办法，为了让学生对主要税种的申报有更为清晰的了解，在讲解时以登录山东省国家税务局门户网站为例，通过图示分步骤讲解。

本书在每章后面配有单元测试，包括选择题、判断题、简答题和实务训练，充分体现了本书作为教材的完整性、配套性和可读性。本书除了可以作为高等院校会计、财政、税务和审计等专业的教材外，还可以作为各类成人教育教材，成为广大会计人员、税收管理人员和稽查人员、注册会计师、注册税务师、律师和企业管理人员的专业学习参考用书。

本书由管文卿(第一至第三单元)、刘正(第四和第五单元)任主编，王星月(第六单元)、巩乾雯(第七单元)任副主编。全书由张世体总纂定稿。在撰写过程中，编者参考、引用了国内外有关税务会计方面的研究资料，在此，谨向所有参考文献的作者致以诚挚的敬意。

由于时间仓促，加之编者水平有限，书中疏漏之处在所难免，恳请读者批评指正。

编　者

2020 年 5 月

前言

目 录

第一单元　导　论

导学目标

本单元为导论，完成学习任务后，应该掌握如下内容：

1. 理解税务会计与财务会计的联系与区别以及税务会计的基本前提及原则。
2. 理解税收的含义、特征和职能作用。
3. 了解我国现行的税制概况。
4. 熟悉企业纳税的环节。

导学案例

小王是大学二年级的学生，已经学过“基础会计”和“财务会计”课程的有关内容。在新学期的课程表中，他发现学校还开设了“税务会计”课程，同时又记起在学校公告栏里的各种招聘信息中，曾经看到招聘方对所需职位的描述为：出纳、财务会计、税务会计……在以往对会计的学习过程中也总会出现“税金”这个词。他不禁好奇到底什么是“税务会计”？而税务会计与财务会计之间又有什么样的关系？作为一个企业又应该如何纳税呢？

税收是一个历史范畴，是随着国家的产生而产生的，是国家财政收入的支柱。长期以来，税收与会计作为两个独立的经济领域，一直有着密切的联系。然而，随着社会经济的发展，税制越来越健全、越来越复杂，税法逐渐脱离了会计的原则和理论框架。由于税法上计算应税收入和计税成本所用的方法与财务会计所用的方法不同，财务会计的概念框架不能完全应用到企业纳税征收之中，对于税款的形成和纳税的监管，财务会计越来越无能为力，而且财务核算原则与税收核算原则经常会产生冲突，因此，为了适应纳税的需要，税务会计逐渐从财务会计中分离出来，成为一门独立的学科。但它又是一门边缘学科，是将会计的基础理论、基本方法与企业涉税活动相结合，融税收法律和会计核算为一体的特种专业会计，是税务中的会计、会计中的税务。总之，作为一种客观存在，税务会计的历史是悠久的；但是作为一门独立的学科，税务会计无疑又是“年轻”的。本单元我们就将对税务会计的基本知识进行简单的介绍。

第一讲 税务会计的基本知识

【知识要点】

一、税务会计的定义及特点

(一) 税务会计的定义

税务会计是社会经济发展到一定阶段的产物,是关于税收及其账务处理的方法体系。由于其形成时间较短,因此定义较多。

美国著名税务会计学家吉特曼博士认为:"税务会计主要是处理某项目何时被确认为收入或费用账务问题的一种专业会计。"

日本著名税务会计专家武田昌辅认为:"税务会计是为计算法人税法中的课税所得而设立的会计,它不是制度会计,是以企业会计为依据,按税法的要求对既定的盈利进行加工、修正的会计。"

我国台湾辅仁大学吴习认为:"税务会计是一种融合会计处理及税务法律为一体的专门技术,借以引导纳税义务人合理而公平地缴纳其应负担的租税。"

国内著名税务会计学者盖地教授认为:"税务会计是以国家现行税收法律为准绳,运用会计学的理论和方法,连续、系统、全面地对税款的形成、计算和缴纳,即税务活动引起的资金运动进行核算和监督的一种专业会计。"

因此,税务会计是以国家现行税收法律为准绳,以货币为主要计量单位,运用会计学的理论和方法,连续、系统、全面地对纳税人应纳税款的形成、计算和缴纳等涉税活动所引起的资金运动进行核算和监督,以确保税款正确、及时地纳入国库的一种专门会计管理活动。我们可以从以下几个方面来把握税务会计的概念内涵:

(1) 税务会计的本质是一种管理活动,而这种活动要求以国家现行税收法律为准绳,以货币为主要计量单位,采用会计的专门理论和方法。这样就要求,税务会计核算和监督的内容、选用的具体方法等都必须在会计学基础理论的指导下进行,符合一般会计方法的要求,并充分体现税务会计专业特色。

(2) 税务会计的主要任务是连续、系统、全面地对纳税人应纳税款的形成、计算和缴纳等涉税活动所引起的资金运动进行核算和监督。而这种核算和监督活动一般在作为纳税人的单位进行,并由纳税单位的财会人员实施;同时,接受税务机关的指导和监督,必要时,税务机关可能按照税法对纳税人的核算结果进行必要的调整,使纳税人的税务处理符合税法的要求。

(3) 对比财务会计的决策有用观或受托责任观,税务会计的目标具有一定的特殊性:

第一,依法纳税,认真履行纳税人的权利和义务。税务会计要以税法为依据,正确地分析、核算税务成本与费用,详细地填报纳税报表,正确、足额、及时地缴纳各种应纳税款,履行纳税人义务,维护纳税人的合法权益。

第二,正确纳税,协调好税法和会计核算的关系。税务会计要依据税法对财务会计核算的信息资料进行调整,以便在对外报告中正确披露税后的财务信息,当两者出现矛盾时,税务会计要坚持税法原则,以税法的规定处理,协调好与财务会计的关系。

第三,科学纳税,保证企业税收负担的优化。税负是纳税人的一项成本费用,因此,纳税人要在涉税业务中进行科学的纳税筹划和细致的税负分析,选择税负较轻的纳税方案,以降低纳税人的税务成本和费用,提高经济效益。

(二) 税务会计的特点

作为融税收制度和会计核算于一体的特殊的专业会计,税务会计主要有以下特点。

1. 法律性

法律性表现为税务会计在核算和监督应纳税款的形成、计算和缴纳的过程中,必须以国家的税收法律为依据,做到依法计税、依法纳税和依法减免。这是税务会计区别于其他专业会计的一个重要特征。我国《宪法》规定,依法纳税是每个公民的义务。因此,税法同其他法律一样具有严肃性,如果纳税人不遵守税法,就会受到处罚,情节严重者将承担刑事责任。另外,当财务会计准则、制度与现行税法的计税方法、计税范围等发生矛盾时,税务会计必须以现行税收法律为准,对财务会计做适当调整、修改或补充。

2. 广泛性

广泛性表现为税务会计的适用范围非常广泛。由于法定纳税人的广泛性,决定了税务会计的广泛性,它适用于国民经济中的工业、商品流通、交通运输、服务业、房地产和金融保险等各个行业。

3. 统一性

由于税务会计是融各类会计和税收法律于一体的会计,税法的统一性决定了税务会计统一性的特点。这就是说,同一种税对不同纳税人的税务处理的规定一般是相同的。当然,在统一的前提下,也不排除特殊情况下的灵活性,如减免税规定、个体工商业户因条件限制确实无力建账的经批准可暂免建账等。

4. 专业性

税务会计是企业会计的一个特殊领域,是对企业生产经营活动中涉税部分的核算和反映,其核算基础也依据会计学的理论和核算方法。但和其他会计相比较,税务会计具有其相对的独立性和特殊性,因为国家规定的征税依据与企业会计制度的规定是有一定差别的,其处理方法、计算口径不尽相同,这些都需要有专业的会计知识和税收知识,因此,税务会计是一门专业性很强的会计学科。

5. 两重性

税务会计的两重性是指其会计目标的两重性。一方面,税务会计最重要的目标是保证国家及时、足额地收取税收收入,离开这一目标,税务会计便失去了存在的意义。税务会计报送纳税申报表与税收缴款书等会计资料,就是在接受税务机关的监督与审核,完成其纳税义务。另一方面,税务会计的又一重要目标是维护纳税人的合法权益。税务机关要依法征税,纳税人要依法纳税。在纳税人完成纳税义务的同时,也要充分行使其权利,维护其合法权益。

二、税务会计与财务会计的比较

(一) 两者的联系

税务会计与财务会计同属于企业会计学范畴,它是财务会计的一个特殊领域,以财务会计为基础,后来为了适应社会经济发展的需要而从传统财务会计中分离出来。因此,税务会计与财务会计一直以来是互相联系的,主要表现在以下几方面。

1. 核算原理相同

税务会计的分立并不是对传统财务会计的否定,而是适应纳税会计信息的特殊需求的产物,因此,税务会计对传统的财务会计方法具有实质性的继承。在实际工作中,它并不要求在财务会计之外再另设一套会计凭证、账簿和报表(专门的纳税报表除外),也没有设置专门的税务会计机构。在目前情况下,企业平时按照会计准则和会计制度规定的程序和方法进行会计处理,在纳税申报时,再以财务会计核算资料为基础,按现行税法的规定做出相应的调整即可。所以,可以认为税务会计与财务会计核算原理相同,即两者都使用了会计的基本核算原理,包括会计的基本核算方法和数据处理方法等。

2. 税务会计以财务会计为基础

首先,税法条款对会计概念和会计技术的采纳,表明了税务会计与财务会计有着相互依存的基础。计算税金的程序大多模拟会计方法,如应纳税所得额的计算就类似于会计利润的核算,计税依据一般取自会计记录。可以说,税法是借助了会计技术才得以实施的,税收管理因采用了会计方法才日趋成熟。其次,从税务会计反映的内容来看,它反映和监督的不是全部资金运动,仅是企业资金运动中与计税有关的部分,这部分资金并未独立于企业全部资金运动之外,税务会计的核算仍应以财务会计核算为基础,并监督其是否符合税法。但是,从另一角度而言,税法也对会计产生了广泛而深远的影响,它使会计实务处理更加规范化、法制化,有时也制约了会计对某些核算方法的选择,同时促使会计人员的业务范围不断扩大。

(二) 两者的差异

1. 根本目的不同

财务会计的目的是通过提供财务报告,以达到为企业的投资者、债权人、政府、潜在的投资者和债权人及企业管理当局提供与其投资决策相关的信息,促成不同的信息使用者达成有效、合理的决策的需求。税务会计的目的则是通过向税务、海关部门填制纳税申报表,使企业按照税法和征税办法正确地分析、核算税务成本与费用,足额地缴纳各种应纳税款,履行纳税人义务,并充分享受纳税人的合法权益。

2. 核算的对象不同

财务会计核算的对象是企业以货币计量的全部经济事项,包括资金的投入、循环、周转和退出等经济过程。税务会计核算和监督的对象则只是企业以货币计量的涉税经济事项,如税基的形成、税款的计算、申报纳税、补退和罚款等经济活动。

3. 核算的法律依据不同

财务会计的法律依据,主要是财务会计制度和会计准则,讲求会计信息的"客观与公允"。税务会计则不仅要遵循一般的会计原则,更要严格地依据税收法律进行业务处理,讲求"足额与及时"。

4. 核算的基础不同

财务会计是以权责发生制原则为企业的核算基础,其立足点是以企业的日常经营管理活动为主,并有完整的账证体系,在整个核算过程中运用稳健原则。税务会计则是以收付实现制和权责发生制共同作用的联合制,即以修正的权责发生制为核算基础。因为目前我国会计准则与税收政策的相关规定是存在差异的,如税法对纳税人有货币资金支付能力和征收管理方便性的要求,所以,征收即期收益的必要性与财务会计的配比原则往往是有矛盾的,最主要体现在收益确认的时间和费用扣减的标准上,因此,进行涉税业务核算时,除权责发生制外,也会采用收付实现制原则。

5. 计算损益的程序不同

企业财务会计的核算应服从于税务会计的核算。在日常核算中,财务会计遵循的是会计准则,其损益是按照"收入－费用＝利润"来计算的,强调的是"会计利润"。税务会计则除了要遵循一般的会计原则外，更要遵守税法的要求，当会计准则和税法产生差异时，应按照税法规定进行调整，将会计利润调整为应纳税所得，即按“应税收入－扣除费用＝应税所得”来计算应纳税所得额，强调的是“应税所得”。

三、税务会计的职能与对象

（一）税务会计的职能

税务会计作为一门专业会计，具有会计的一般职能：核算反映职能与监督管理职能。但是，税务会计的内涵及其发挥的作用又与财务会计的职能有所差异，除会计的一般职能外，它还具有纳税筹划职能。

1. 核算反映职能

税务会计的基本职能是反映纳税人应税款项的形成、申报和缴纳。税务会计要依据税收法律制度、会计准则和会计制度等对纳税人的纳税义务及其缴纳情况进行记录、计算和汇总，并编制纳税申报表，全面、真实、准确、系统地记录和核算企业生产经营过程中的税务活动。其与财务会计的核算反映职能不同的是，该过程的起点和终点始终贯穿着以税法为依据的纳税活动。

2. 监督管理职能

税务会计的监督管理职能不是行政职能，而是价值监督，即在税务会计核算反映职能中，对应纳税款的形成、计算和解缴进行价值监督。

3. 纳税筹划职能

提到税务会计的职能，不能不提及纳税筹划。纳税筹划是指纳税人为达到减轻税收负担和实现税收零风险的目的，在税法所允许的范围内，对企业的经营、投资、理财、组织和交易等各项活动进行事先安排的过程。从上述含义可以看出，纳税筹划是为了同时达到两个目的：一是减轻税收负担，二是实现税收零风险。另外，纳税筹划的关键在于纳税筹划的合法性、筹划性和目的性。

（二）税务会计的对象

税务会计核算和监督的内容构成其对象，具体来说，税务会计并不核算和监督单位的全部资金运动，而是核算和监督纳税人在其生产经营过程中可用货币表现的与税收相关的经济活动，即只是企业以货币计量的涉税经济事项，如应纳税款的形成、计算、申报、缴纳、退补和罚没等经济活动。

企业在生产经营过程中以货币表现的税务活动主要包括以下几方面。

1. 计税的基础和依据

不同税款的计税依据和基础都有所不同，企业税款的形成与计算的依据主要有流转额、成本/费用额、利润额与收益额、财产额、行为计税额。

（1）流转额是指在商品交换过程中发生买卖商品行为而形成的货币金额，通常包括商品销售额、销售量、产品增值额和营业额等。它是各种流转税的计税依据，也是所得税计税的基础和前提。

（2）成本/费用额是指企业为了获得一定的收益和利润而付出的耗费和支出，是企业资金补偿的尺度。收入与成本、费用配比之后可以反映企业一定时期的经营成果。在计算企业应纳所得税时，企业发生的允许在税前扣除的成本、费用支出就成为所得税的计算基础。

（3）利润额与收益额是指财务会计核算的经营利润、投资收益和营业外支出等按税法规定调整后，确认为应税利润和应税收益，是正确计税的基础。

(4) 财产额是指各项财产的金额或数额，是契税、房产税和土地税等财产税的计税依据。

(5) 行为计税额是指各种应税行为的交易额或应税数额，是行为税的计税依据，最典型的是印花税。

2. 税款的计算与会计处理

根据规定，在各税种相应的应税基础上，应正确计算各类税费的应纳税额，并对税款的计算做出正确的会计处理。

3. 税款的缴纳、退补和减免

企业各种税款的缴纳不能一概而论，除根据不同的涉税项目划分不同的税种外，不同行业、不同纳税人应交税费的计算依据、征收方法和会计处理也不尽相同。企业应按照税法的规定，根据企业会计制度正确地进行税款的缴纳；对于多缴的税款，或是按照规定可予以退回或补缴的税款，以及减、免税等特殊情况，会计人员都应进行正确的会计处理。

4. 税收罚金和滞纳金

当企业存在违反税收法律规定或逾期上缴税款的情况时，应依据相关规定缴纳各项罚款、滞纳金，这些事项也属于涉税事项，应作为税务会计的对象，会计人员应在账簿中如实地记录和反映。

四、税务会计的基本前提和原则

由于企业的经营是连续不断的，而且所发生的经济业务错综复杂，存在着太多的不确定因素，因此要进行正确的判断和估计，必须先明确税务会计的基本前提。同时，为了实际有效地对纳税人征收税款，税务会计也要掌握一定的税收核算原则。这就产生了保证税务会计信息正确确认和计量的基本前提和应遵循的税务会计原则。

(一) 税务会计的基本前提

长期以来，税务会计与财务会计关系比较密切，税务会计以财务会计为基础，财务会计中的有些基本前提也适用于税务会计，如会计分期和货币计量等。但由于税务会计有自己的特点，其基本前提也有其特殊性。

1. 纳税主体

纳税主体是指税收法律关系中依法履行纳税义务，进行税款缴纳行为的一方当事人。这明确了国家对谁征税的问题。

纳税主体与财务会计的"会计主体"相类似，但两者有密切联系，也有一定区别。会计主体是财务会计为之服务的特定单位或组织，会计处理的数据和提供的财务信息被严格限制在一个特定的、独立的或相对独立的经营单位之内，典型的会计主体是企业。纳税主体必须是能够独立承担纳税义务的纳税人。一般情况下，会计主体应是纳税主体，但在某些特殊情况下，会计主体不一定是纳税主体，纳税主体也不一定是会计主体。

例如，铁路部门、各商业银行，由中国铁路总公司和各商业银行总行集中纳税，其基层单位是会计主体，但不是纳税主体。又如，对稿酬征纳个人所得税时，其纳税人(即稿酬收入者)并非会计主体，而作为扣缴义务人的出版社或杂志社则成为这一纳税事项的会计主体。纳税主体作为代扣(或代收、付)代缴义务人时，纳税人与负税人是分开的。作为税务会计的一项基本前提，应侧重从会计主体的角度来理解和应用纳税主体。

2. 持续经营

持续经营的前提意味着该企业个体将继续存在足够长的时间以实现其现在的承诺，如预期所得税在将来要继续缴纳。这是所得税税款递延及暂时性差异能够存在并且能够使用纳税影响会计法进行所得税跨期摊配的理由所在。以折旧为例,它意味着在缺乏相反证据的时候,人们总是假定该企业将在足够长的时间内为转回暂时性的纳税利益而经营并获得收益。

3. 货币时间价值

人们或许会有这样一种意识,在不考虑通货膨胀的情况下,今天的 1 元会比若干年后的 1 元更有价值。这就说明,同样一笔资金,在不同的时间具有不同的价值。随着时间的推移,投入周转使用的资金价值将会发生增值,这种增值的能力或数额,就是货币的时间价值。这一基本前提已经成为税收立法、税收征管和纳税人选择会计方法的基点,因此,各个税种都明确规定了纳税义务的确认原则、纳税期限、缴库期限等。由此,递延确认收入或加速确认费用可以产生巨大的资金优势,它深刻地揭示了纳税人进行纳税筹划的目标之一——纳税推迟。

4. 纳税年度

纳税年度是指纳税人按照税法规定选定的缴纳税款的起止时间。我国的纳税年度是指自公历 1 月 1 日起至 12 月 31 日止。但如果纳税人在 1 个纳税年度的中间开业,或者由于改组、合并和破产关闭等原因,使该纳税年度的实际经营期限不足 12 个月的,应当以其实际经营期限为 1 个纳税年度。纳税人清算时,应当以清算期间作为 1 个纳税年度。纳税年度不等同于纳税期限,如增值税、消费税的纳税期限一般是月,而所得税强调的是年度应税收益,实行的是按月或按季预缴,年度汇算清缴。纳税人可在税法规定的范围内选择、确定纳税年度,但必须符合税法规定的采用和改变纳税年度的办法,并且遵循税法做出的关于对不同企业组织形式、企业类型的各种限制性规定。

(二) 税务会计的原则

由于税务会计与财务会计密切相关,因此,财务会计中的核算原则大部分适用于税务会计。但又因税务会计与税法有特定的联系,税收理论和立法中的实际支付能力原则、公平税负原则、程序优先于实体原则等,也会非常明显地影响税务会计。税务会计的特定原则可以归纳如下几方面。

1. 权责发生制与收付实现制相结合的原则

权责发生制是指在确定某一会计期间的收入和费用的实际归属时,以权利和义务是否发生为标准的原则。税务会计应用权责发生制,能够合理、有效地确定不同会计期间的收益和企业经营成果,体现了公允性和合理性。因此,企业财务会计坚持以权责发生制为原则。收付实现制也称现金制,是指在确定某一会计期间的收入和费用的实际归属时,以款项是否收到和付出为标准的原则。这种原则显然有失公允与合理。由于现金制不符合财务会计准则的规定,因此只适用于政府部门和事业单位等非营利组织会计。

当权责发生制被用于企业税务会计时,与财务会计的权责发生制会存在某些差异,具体如下:第一,必须考虑支付能力原则,使得纳税人在最有能力支付时支付税款;第二,确定性的需要,使得收入和费用的实际实现具有确定性;第三,保护政府财政税收收入。

在收入的确认上,权责发生制的税务会计由于在一定程度上被支付能力原则所覆盖而包含着一定的收付实现制的方法,而在费用的扣除上,财务会计采用稳健性原则列入的某些估计、预计费用,在税务会计中是不能够被接受的,后者强调"该经济行为已经发生"的限制条件,从而起到保护政府税收收入的目的。在美国税制中,有一条著名的定律,即克拉尼斯基定律。其基本含义是:如果纳税人的财务会计方法致使收益立即得到确认,而费用永远得不到确认,税务当局可能会因所得税目的而允许采用这种会计方法;如果纳税人的财务会计方法致使收益永远得不到确认，而费用立即得到确认，税务当局可能会因所得税目的而不允许采用这种会计方法。

由此可见，目前世界上大多数国家的税务会计在以权责发生制为基础的同时，适度引入收付实现制，以达到保证国家财政税收的目的。

2. 划分经营性收益与资本性收益原则

经营性收益与资本性收益具有不同的来源，担负着不同的纳税责任，在税务会计中应严格区分。经营性收益是指企业通过其经常性的主要经营活动而获得的收入。它通常表现为现金流入或其他资产的增加或负债的减少。其内容包括主营业务收入和其他业务收入两个部分。其税额的课征标准一般按正常税率计征。

资本性收益是指在出售或交换税法规定的资本资产时所得的利益，如投资收益、出售或交换有价证券的收益等。资本性收益的课税标准具有许多不同于经营性收益的特殊规定。因此，为了正确地计算所得税负债和所得税费用，就应该有划分两种收益的原则和具体的划分标准。

3. 配比原则

配比原则是财务会计的一般规范，是指企业在进行会计核算时，某一特定时期的收入应当与取得该收入相关的成本、费用配比的原则。税务会计在总体上遵循配比原则，尤其是将其应用于所得税会计，如在确定所得税税前扣除项目时，纳税人发生的费用应当在其应配比的当期申报扣除，纳税人在某一纳税年度应申报的可扣除费用，不得提前或滞后申报扣除。

但是，税务会计与财务会计运用配比原则在内涵和运用结果方面均有较大差异，表现在以下几个方面：

(1) 财务会计核算坚持稳健原则和不完全的历史成本原则，而税务会计坚持历史成本原则。例如，财务会计可以计提八项准备，而税务会计一般不允许计提准备。

(2) 财务会计利润是在权责发生制基础上配比计算的结果，而税务会计适度采用了收付实现制，因而应纳税所得额往往不等于会计利润。

(3) 财务会计在变更会计政策时，如果累计影响数能够合理确定，应采用追溯调整法进行处理，并调整期初留存收益、会计报表等相应事项。而在税务会计处理上，纳税人不得调整以前年度的应纳税所得额和应纳税额，也不得调整以前年度未弥补的亏损。

4. 税款支付能力原则

税款支付能力与纳税能力有所不同。纳税能力是指纳税人应以合理的标准确定其计税基数。有同等计税基数的纳税人应负担同一税种的同等税款。因此，纳税能力体现的是合理负税原则。与企业的其他费用支出有所不同，税款支付全部对应现金的流出，因此，在考虑纳税能力的同时，更应该考虑税款的支付能力。税务会计在确认、计量和记录收入、收益、成本、费用时，应选择保证税款支付能力的会计方法。

第二讲　纳税的基本知识

【知识要点】

一、税收概述

（一）税收的含义

税收又称税赋、税负、税捐、租税等，是国家为了实现其职能，凭借政治权力，按照法律规定，强制地、无偿地参与社会剩余产品分配，以取得财政收入的一种规范模式。

税收体现了国家与纳税人在征收、纳税的利益分配上的一种特殊关系，是一定社会制度下的一种特定分配关系。税收收入是国家财政收入最主要的来源。马克思指出："赋税是政府机器的经济基础，而不是其他任何东西。""国家存在的经济体现就是捐税。"恩格斯指出："为了维持这种公共权力，就需要公民缴纳费用——捐税。"19世纪美国法官霍尔姆斯认为："税收是我们为文明社会付出的代价。"这些都说明了税收对于国家经济生活和社会文明的重要作用。

税收的内涵可以从以下几个方面来理解：

第一，国家征税的目的是满足社会成员获得公共产品的需要。

第二，国家征税凭借的是公共权力(政治权力)。税收征收的主体只能是代表社会全体成员行使公共权力的政府，其他任何社会组织和个人是无权征税的。与公共权力相对应的必然是政府管理社会和为民众提供公共产品的义务。

第三，税收是国家筹集财政收入的主要方式。

第四，税收必须借助法律形式进行。

(二) 税收的特征

税收与其他财政收入形式相比，具有强制性、无偿性和固定性的特征，习惯性称为税收的"三性"。

1. 税收的强制性

税收的强制性是指税收参与社会物品的分配是依据国家的政治权力，而不是财产权力，即和生产资料的占有没有关系。税收的强制性具体表现在税收是以国家法律的形式规定的，而税收法律作为国家法律的组成部分，对不同的所有者都是普遍适用的，任何单位和个人都必须遵守，不依法纳税者要受到法律的制裁。税收的强制性说明，依法纳税是人们不应回避的法律义务。我国《宪法》明确规定，我国公民"有依法纳税的义务"。正因为税收具有强制性的特点，所以它是国家取得财政收入最普遍、最可靠的一种形式。

2. 税收的无偿性

税收的无偿性是就具体的征税过程来说的，表现为国家征税后税款即为国家所有，并不需要对具体纳税人付出任何报酬，也不存在对纳税人的偿还问题。当然，税收的无偿性是相对的。对具体的纳税人来说，其纳税后并未获得任何报酬。从这个意义上说，税收不具有偿还性或返还性。但若从财政活动的整体来看问题，税收是对政府提供公共物品和服务成本的补偿，这里又反映出有偿性的一面。从这一点看，税收对于全体纳税人来讲是有偿性的，其具有"取之于民、用之于民"的性质。当然，就某一具体的纳税人来说，他所缴纳的税款与他从公共物品或劳务的消费中所得到的利益并不一定是对等的。

3. 税收的固定性

税收的固定性是指课税对象及每一单位课税对象的征收比例或征收数额是相对固定的，而且是以法律形式事先规定的，只能按预定标准征收，而不能无限度地征收。纳税人取得了应纳税的收入或发生了应纳税的行为，也必须按预定标准如数缴纳，而不能改变这个标准。同样，对税收的固定性也不能绝对化，以为标准确定后永远不能改变。随着社会经济条件的变化，具体的征税标准是可以改变的。例如，国家可以修订税法、调高或调低税率等，但这只是变动征收标准，而不是取消征收标准。所以，这与税收的固定性并不矛盾。

税收的三个特征是统一的整体，相互联系，缺一不可。无偿性是税收这种特殊分配手段本质的体现，强制性是实现税收无偿征收的保证，固定性是无偿性和强制性的必然要求。三者相互配合,保证了政府财政收入的稳定。

同时具备这三个特征的才叫税收。同时,税收的特征也是税收区别于其他财政收入形式如上缴利润、国债收入、规费收入和罚没收入等的基本标志。它反映了不同社会形态下税收的共性,也集中体现了税收的权威性。

(三) 税收的职能作用

税收的职能是指税收所具有的内在功能,税收的作用则是税收的职能在一定条件下的具体体现。税收的职能作用主要表现在以下几个方面:

(1) 税收是财政收入的主要来源。组织财政收入是税收的基本职能。税收具有强制性、无偿性和固定性的特点,筹集财政收入稳定可靠。税收的这种特点,使其成为世界各国政府组织财政收入的基本形式。目前,我国税收收入占国家财政收入的90%以上。

(2) 税收是调控经济运行的重要手段。经济决定税收,税收反作用于经济。这既反映了经济是税收的来源,也体现了税收对经济的调控作用。税收作为经济杠杆,通过增税与减免税等手段来影响社会成员的经济利益,引导企业和个人的经济行为,对资源配置和社会经济发展产生影响,从而达到调控经济运行的目的。政府运用税收手段,既可以调节宏观经济总量,也可以调节经济结构。

(3) 税收是调节收入分配的重要工具。从总体来说,税收作为国家参与国民收入分配最主要、最规范的形式,能够规范政府、企业和个人之间的分配关系。不同的税种,在分配领域发挥着不同的作用。例如,个人所得税实行超额累进税率,具有高收入者适用高税率、低收入者适用低税率或不征税的特点,有助于调节个人收入分配,促进社会公平。消费税对特定的消费品征税,能达到调节收入分配和引导消费的目的。

(4) 税收具有监督经济活动的作用。税收涉及社会生产、流通、分配、消费各个领域,能够综合反映国家经济运行的质量和效率,既可以通过税收收入的增减及税源的变化,及时掌握宏观经济的发展变化趋势,也可以在税收征管活动中了解微观经济状况,发现并纠正纳税人在生产经营及财务管理中存在的问题,从而促进国民经济持续健康发展。

(5) 税收管辖权是国家主权的组成部分,是国家权益的重要体现,所以,在对外交往中,税收还具有维护国家权益的重要作用。

二、我国的现行税种及分类

(一) 我国现行税制概况

改革开放40多年来,经过几次较大的改革,我国税收制度日趋完善。改革开放初期的税制改革是以适应对外开放需要、建立涉外税收制度为突破口的。1983年和1984年我国又先后分两步实施国营企业"利改税"改革,把国家与企业的分配关系以税收的形式固定下来。1994年,我国实施了中华人民共和国成立以来规模最大、范围最广、成效最显著、影响最深远的一次税制改革。这次改革围绕建立社会主义市场经济体制的目标,积极构建适应社会主义市场经济体制要求的税制体系。2003年以来,按照科学发展观的要求,围绕完善社会主义市场经济体制和全面建设小康社会的目标,我国分步实施了改革农村税费,完善货物和劳务税制、所得税制、财产税制等一系列税制改革和出口退税机制改革。2011年,经国务院批准,财政部、国家税务总局联合下发营业税改增值税试点方案。从2012年1月1日起,我国在上海交通运输业和部分现代服务业开展营业税改征增值税试点。自2016年5月1日起,我国在全国范围内全面推开营业税改增值税试点,将建筑业、房地产业、金融业、生活服务业全部纳入营业税改增值税试点，至此，营业税退出历史舞台，增值税制度更加规范。这是自 1994 年分税制改革以来，中国财税体制的又一次深刻变革。几经变革，目前，我国共有增值税、消费税、企业所得税、个人所得税、资源税、城镇土地使用税、房产税、城市维护建设税、耕地占用税、土地增值税、车辆购置税、车船税、印花税、契税、烟叶税、关税和船舶吨税 17 个税种。其中，15 个税种由税务部门负责征收，关税和船舶吨税由海关征收；进口货物的增值税、消费税也由海关代征。

(二) 税收的分类

1. 按照征税对象分类

按照征税对象分类是最基本和最主要的分类方法，税收可以分为流转税、所得税、财产税、行为税和资源税五种类型。

(1) 流转税是指以流转额为课税对象的一类税。流转税是我国税制结构中的主体税类，目前包括增值税、消费税和关税等税种。

(2) 所得税也称收益税，是指以各种所得额为课税对象的一类税。所得税也是我国税制结构中的主体税类，目前包括企业所得税、个人所得税。

(3) 财产税是指以纳税人所拥有或支配的财产为课税对象的一类税。我国现行税制中的房产税、车辆购置税和车船税都属于财产税。

(4) 行为税是指以纳税人的某些特定行为为课税对象的一类税。我国现行税制中的城市维护建设税、印花税、契税、耕地占用税和城镇土地使用税都属于行为税。

(5) 资源税是指对在我国境内从事资源开发的单位和个人征收的一类税。我国现行税制中的资源税、土地增值税都属于资源税。

2. 按照税收与价格的关系分类

按照税收与价格的关系分类，税收可以分为价内税和价外税。

(1) 价内税是指税款在应税商品价格内，作为商品价格一个组成部分的一类税，其商品价格构成由“成本＋利润＋税金”形成。例如，我国现行的消费税、关税等税种。

(2) 价外税是指税款不在商品价格之内，不作为商品价格的一个组成部分的一类税。例如，我国现行的增值税就是一种典型的价外税。

3. 按照计税依据分类

按照计税依据的不同分类，税收可以分为从量税和从价税。

(1) 从量税是指以课税对象的数量(重量、面积、件数)为依据，按固定税额计征的一类税。从量税实行定额税率，具有计算简便等优点。例如，我国现行的资源税、车船税和土地使用税等。

(2) 从价税是指以课税对象的价格为依据，按一定比例计征的一类税。从价税实行比例税率和累进税率，税收负担比较合理。例如，我国现行的增值税、关税和所得税等。

4. 按照税赋能否转嫁分类

按照税赋能否转嫁分类，税收可以分为直接税和间接税。

(1) 直接税是指纳税人本身承担税负，不发生税负转嫁关系的一类税，如所得税和财产税等。直接税的纳税人即负税人。

(2) 间接税是指纳税人本身不是负税人，可将税负转嫁与他人的一类税，如流转税和资源税等。间接税的纳税人与负税人不一致。

5. 按照税收管理与使用权限分类

按照税收管理与使用权限的不同分类，税收可以分为中央税、地方税以及中央与地方共享税。

(1) 中央税是指由中央政府征收和管理使用或由地方政府征收后全部划解中央政府所有并支配使用的一类税,如我国现行的关税和消费税等。这类税一般收入较大,征收范围广泛。

(2) 地方税是指由地方政府征收和管理使用的一类税,如我国现行的土地增值税、契税、耕地占用税、房产税、车船税等。这类税一般收入稳定,并与地方经济利益关系密切。

(3) 中央与地方共享税是指税收的管理权和使用权属中央政府和地方政府共同拥有的一类税,如我国现行的增值税、印花税、企业所得税和个人所得税。这类税直接涉及中央与地方的共同利益。

这种分类方法是实行分税制财政体制的基础。

三、税法构成要素

税法构成要素又称课税要素,是指各种单行税法具有的共同的基本要素的总称。它一般包括总则、纳税义务人、征税对象、税目、税率、纳税环节、纳税期限、纳税地点、减税免税、罚则、附则等。税法的三个最基本要素为纳税义务人、征税对象、税率。

具体而言,税法要素主要包括以下内容。

(一) 总则

总则主要包括立法依据、立法目的、适用原则等。

(二) 纳税义务人

纳税义务人又称纳税人或纳税主体,是指税法规定的直接负有纳税义务的自然人、法人或其他组织。

纳税人应当与负税人进行区别,负税人是经济学中的概念,即税收的实际负担者,而纳税人是法律用语,即依法缴纳税收的人。税法只规定纳税人,不规定负税人。两者有时可能相同,有时不尽相同。当某一税种可以转嫁时,该税种的纳税人与负税人便不一致,该税就为间接税。例如,增值税的纳税人与负税人就不一致,其纳税人是税法规定的销售货物,进口货物,提供加工、修理修配劳务的单位和个人,但实际负税人却是最终消费者。如果某一税种纳税人与实际负税人一致,则说明该税为直接税。例如,个人所得税的纳税人与负税人是相同的。

另外,纳税人也应当与扣缴义务人进行区别。扣缴义务人是指法律、行政法规规定负有代扣代缴、代收代缴税款义务的单位和个人。扣缴义务人既可以是各种类型的企业,也可以是机关、社会团体、民办非企业单位、部队、学校和其他单位,或者是个体工商户、个人合伙经营者和其他自然人。他并不是纳税的主体,而是纳税人和税务机关的中介,按照税法和税务机关的要求履行扣缴税款的义务。例如,个人所得税法中规定单位对于职工取得的工资薪金具有代扣代缴义务,则单位便是扣缴义务人。又如,委托加工消费税应税消费品时,受托方在收取加工费时应代收代缴委托方应缴纳的消费税,此时受托方就是税法规定的代收代缴义务人。

(三) 征税对象

征税对象又称征税客体或课税对象,是指税法规定对什么征税,是征纳税双方权利义务共同指向的客体或标的物,是区别一种税与另一种税的重要标志。征税对象是各个税种之间相互区别的根本标志。征税对象按其性质的不同,通常划分为流转额、所得额、财产、资源、特定行为五大类。税收也分为相应的五大类,即流转税或商品和劳务税、所得税、财产税、资源税和特定行为税。例如,流转税的课税对象是商品流通过程中的流转额,所得税的征税对象是所得额。

为了具体实施，我们还必须对征税对象在量上加以具体化，即确定计税依据。计税依据又称税基，是指税法规定的用于计算各种应纳税款的依据或者标准，如应纳税所得额、计税价格、计税数量和计税收入等。计税依据是征税对象的量的表现。征税对象的量包括价值量（货币量）和实物量。根据征税对象的价值量计算税款，称为"从价计征"；根据征税对象的实物量计算税款，称为"从量计征"。例如，企业所得税实行从价计征，资源税实行从量计征。因此，征税对象是指征税的目的物，而计税依据则是在目的物已经确定的前提下，对目的物据以计算税款的依据或者标准。

（四）税目

税目是在税法中对征税对象分类规定的具体的征税项目，反映具体的征税范围，是对课税对象质的界定。例如，消费税是对消费品征税，消费品就是消费税的征税对象，但消费品很多，国家并不是对所有的消费品都征税，而是把需要征税的消费品具体分为 11 类，即烟酒、化妆品等，而这 11 类消费品即为消费税的税目。

（五）税率

税率是对征税对象的征收比例或征收额度。税率是计算税额的尺度，也是衡量税负轻重的重要标志。税率的高低直接关系到纳税人的负担和国家税收收入的多少，是国家在一定时期内税收政策的主要表现形式，是税收制度的核心要素。税率主要有比例税率、固定税率和累进税率三种基本形式。

1. 比例税率

比例税率是对同一课税对象不论数额大小，都按同一比例征税，税额占课税对象的比例总是相同的。比例税率是最常见的税率之一，应用广泛。例如，增值税的基本税率是 13%，企业所得税的基本税率是 25%。比例税率具有横向公平性，其主要优点是计算简便，便于征收和缴纳。

2. 固定税率

固定税率又称定额税率，是按课税对象的计量单位直接规定应纳税额的税率形式，课税对象的计量单位主要有吨、升、平方米、立方米、辆等。定额税率一般适用于从量定额计征的某些课税对象，实际是从量比例税率。例如，消费税中黄酒的税率为 240 元/吨，印花税中权利许可证照的税率为 5 元/件，资源税中固体盐的税率为 10～60 元/吨。

3. 累进税率

累进税率是指按课税对象数额的大小规定不同的等级，随着课税数量增大而逐渐提高的税率。具体做法是：按课税对象数额的大小划分为若干等级，规定最低税率、最高税率和若干等级的中间税率；不同等级的课税数额分别适用不同的税率，课税数额越大，适用税率越高。累进税率一般在财产税和所得课税中使用，可以充分体现对纳税人收入多的多征、收入少的少征、无收入的不征的税收原则，从而有效地调节纳税人的收入，相比比例税率，可以正确处理税收负担的纵向公平问题。

按照累进税率的累进方式不同，累进税率可以分为全额累进税率、超额累进税率和超率累进税率等类型。

（1）全额累进税率简称全累税率，即征税对象的全部数量都按其相应等级的累进税率计算征税额。全额累进税率实际上是按照征税对象数额大小，分等级规定的一种差别比例税率。其计算方法简单，但存在着在累进分界点上税负跳跃式增长、税负不尽合理的弊端。

（2）超额累进税率简称超累税率，是把征税对象的数额划分为若干等级，对每个等级部分的数额分别规定相应税率，分别计算税额，各级税额之和为应纳税额。超累税率的“超”字，是指征税对象数额超过某一等级时，仅就超过部分，按高一级税率计算征税。其累进程度相比全额累进而言较为缓和，但在计算上也比较复杂。例如，目前我国个人所得税中工资薪金所得的税率采用的就是3%～5%的七级超额累进税率。

(3) 超率累进税率，即以征税对象数额的相对率划分若干级距，分别规定相应的差别税率，相对率每超过一个级距的，对超过的部分就按高一级的税率计算征税。它与超额累进税率在原理上基本相同，不过税率累进的依据不是绝对数，而是相对数，如销售利润率、增值率等。我国1993年12月13日发布的《土地增值税条例》，规定土地增值税实行的是四级超率累进税率。增值额未超过扣除项目金额50%(含)的部分，税率为30%；增值额超过扣除项目金额50%、未超过扣除项目金额100%(含)的部分，税率为40%；增值额超过扣除项目金额100%、未超过扣除项目金额200%(含)的部分，税率为50%；增值额超过扣除项目金额200%的部分，税率为60%。超率累进税率与超额累进税率的累进方式不同，区别在于划分征税级距的标准不同。相比之下，超率累进税率比超额累进税率计算更复杂。

(六) 纳税环节

纳税环节主要是指税法规定的征税对象在从生产到消费的流转过程中应当缴纳税款的环节。每一个税种都有自己特定的纳税环节，有的纳税环节单一，有的则需要在不同环节分别纳税。按照纳税环节的多少，可将税收课征制度划分为两类，即一次课征制度和多次课征制度。一次课征制度是指一种税收在各个流通环节只征收一次税的制度。一次课征制税源集中，可以避免重复征税。例如，我国现行资源税中的盐税目就采取的是一次课征制。即在盐出场时课税，对以后其他环节不再重征。多次课征制度是指一种税收在各个流通环节选择两个或两个以上的环节征税的制度。例如，我国的增值税就是在商品流通的每一个环节都要纳税。

(七) 纳税期限

纳税期限指税法规定的关于税款缴纳时间即纳税时限方面的限定。税法关于纳税时限的规定，有三个相关概念：

一是纳税义务发生时间，是指应税行为发生的时间。例如，《中华人民共和国增值税暂行条例》(以下简称《增值税暂行条例》)规定，采取预收款方式销售货物的，其纳税义务发生时间为货物发出的当天。

二是纳税期限，纳税人每次发生纳税义务后，不可能马上去缴纳税款。税法规定了每种税的纳税期限，即每隔固定时间汇总一次纳税义务的时间。例如，《增值税暂行条例》规定，增值税的具体纳税期限分别为1日、3日、5日、10日、15日、1个月或者1个季度。纳税人的具体纳税期限，由主管税务机关根据纳税人应纳税额的大小分别核定；不能按照固定期限纳税的，可以按次纳税。

三是缴库期限，即税法规定的纳税期满后，纳税人将应纳税款缴入国库的期限。例如，《增值税暂行条例》规定，纳税人以1个月或者1个季度为1个纳税期的，自期满之日起15日内申报纳税；以1日、3日、5日、10日或者15日为1个纳税期的，自期满之日起5日内预缴税款，于次月1日起15日内申报纳税并结清上月应纳税款。

(八) 纳税地点

纳税地点主要是指根据各个税种纳税对象的纳税环节和有利于对税款的源泉控制而规定的纳税人(包括代征、代扣、代缴义务人)的具体申报缴纳税收的地方。纳税地点一般为纳税人的住所地，也有规定在营业地、财产所在地或特定行为发生地的。

单元测试

一、单项选择题

1. 税务会计以(　　)为准绳。

A. 税法　B. 会计准则　C. 会计制度　D. 会计法规

2. 下列各项中,不属于税务会计特点的是(　　)。

A. 法律性　B. 广泛性　C. 统一性　D. 依赖性

3. 下列各项中,不属于税收形式特征的是(　　)。

A. 强制性　B. 无偿性　C. 稳定性　D. 固定性

4. 在税法构成要素中,用以区分不同税种的是(　　)。

A. 征税对象　B. 税额　C. 纳税义务人　D. 税率

5. 下列各项中,不属于税务会计基本前提的是(　　)。

A. 纳税主体　B. 配比原则　C. 货币时间价值　D. 纳税会计期间

6. 下列各项中,不属于流转税的是(　　)。

A. 增值税　B. 消费税　C. 所得税　D. 关税

7. 税务会计的核算基础是(　　)。

A. 权责发生制　B. 收付实现制

C. 权责发生制与收付实现制结合　D. 纳税人可以任选一种

8. 税务会计核算和监督的对象是(　　)。

A. 企业资金的投入　B. 企业的生产经营活动

C. 企业资金的周转　D. 与涉税有关的经济事项

9. (　　)是征税对象的具体化。

A. 计税依据　B. 税目　C. 税率　D. 纳税人

二、多项选择题

1. 我国现行税率主要有(　　)。

A. 比例税率　B. 定额税率　C. 超额累进税率　D. 超率累进税率

2. 税务会计的基本前提有(　　)。

A. 纳税主体　B. 持续经营　C. 货币时间价值　D. 纳税会计期间

3. 税务会计的一般原则有(　　)。

A. 修正的权责发生制原则　B. 划分营业收益与资本性收益原则

C. 配比原则　D. 税款支付能力原则

4. 目前采用定额税率的有(　　)。

A. 耕地占用税　B. 城镇土地使用税

C. 车船税　D. 土地增值税

5. 税务会计核算的对象有(　　)。

A. 销售额　B. 生产、经营成本(费用)

C. 财产额　D. 税款的缴纳和(或)减免

6. 下列各项中，属于税务会计特点的有（　　）。

A. 法律性　　B. 广泛性　　C. 统一性　　D. 两重性

7. 下列税种中，属于行为税的有（　　）。

A. 增值税　　B. 印花税　　C. 契税　　D. 房产税

三、判断题

1. 按照累进税率累进方式的不同，累进税率可以分为全额累进税率、超额累进税率和超率累进税率等类型。（　　）

2. 在征税对象总范围内规定的具体征税的项目，称为税率，它是征税对象的具体化。（　　）

3. 增值税的纳税人与负税人一致。（　　）

4. 税法的三个最基本要素为纳税义务人、征税对象、税目。（　　）

5. 按照税赋能否转嫁分类，税收可以分为价内税和价外税。（　　）

6. 税收与其他财政收入形式相比，具有法律性、无偿性和固定性的特征，习惯性称为税收的“三性”。（　　）

7. 税务会计的计量属性有历史成本、重置成本、可变现净值、现值、公允价值。（　　）

8. 一般情况下，会计主体应是纳税主体，但在某些特殊情况下，会计主体不一定是纳税主体，纳税主体也不一定是会计主体。（　　）

四、简答题

1. 简述税务会计与财务会计之间的关系。

2. 简述税务会计的概念与模式。

3. 简述税务会计的基本前提与原则。

4. 简述税收的内涵与特点。

5. 简述我国税制的三个基本构成要素。

第二单元　增值税

导学目标

本单元主要讲述增值税的主要内容、应纳税额的计算及其账务处理，同时介绍增值税的纳税申报。完成学习任务后，应该掌握如下内容：

1. 理解增值税的纳税人、征税范围、税率、减免规定。
2. 掌握增值税应纳税额的计算。
3. 掌握增值税的核算账户及其账务处理。
4. 了解增值税的纳税申报与缴纳。

导学案例

小王大学毕业后到一家超市从事会计工作。该超市在8月份采用以旧换新方式销售一批冰箱，旧冰箱作价5万元，扣除旧冰箱收购价后实际收到货款10万元，并开出增值税普通发票。根据超市的主要业务，小王认为，该超市属于增值税一般纳税人，但计算增值税时出现了问题，该业务是否需要考虑旧冰箱作价呢？经查阅资料，小王才明确，采取以旧换新方式销售货物的(金银首饰除外)，应按新货物的同期销售价格确定销售额，不得扣减旧货物的收购价格。

因此，要正确计算应缴纳的增值税，就应先熟悉增值税的纳税人、征税范围和税率等具体规定，在此基础上分析企业的相关业务，才能正确计算增值税应纳税额，并进行相应的账务处理。

增值税是以商品和劳务在流转过程中产生的增值额作为征税对象而征收的一种流转税。增值税在我国税制中占有举足轻重的地位，我国在1979年开始在部分城市试行生产型增值税。2008年，国务院决定全面实施增值税改革，即将生产型增值税转为消费型增值税。2011年年底，国家决定在上海试点营业税改征增值税(以下简称“营改增”)工作，并逐步将试点地区扩展到全国。2016年3月23日，经国务院批准，财政部和国家税务总局发布了《关于全面推开营业税改征增值税试点的通知》(财税〔2016〕36号)，该通知决定自2016年5月1日起，在全国范围内全面推开“营改增”试点，将建筑业、房地产业、金融业和生活服务业等全部营业税纳税人纳入试点范围，由缴纳营业税改为缴纳增值税。

我国现行增值税法的基本规范是 2008 年 11 月 5 日国务院修订颁布的《增值税暂行条例》和 2011 年 10 月 28 日修订的《中华人民共和国增值税暂行条例实施细则》(以下简称《增值税暂行条例实施细则》)以及财政部、国家税务总局 2016 年 3 月发布的《关于全面推开营业税改征增值税试点的通知》。

第一讲　增值税的基本规定

【知识要点】

一、增值税的概念、特点及类型

(一) 增值税的概念

按照我国增值税法的规定,增值税是对在我国境内销售货物,提供加工修理修配劳务(以下简称“提供应税劳务”),销售服务、无形资产及不动产(以下简称“发生应税行为”),以及进口货物的企业、单位和个人,就其销售货物、提供应税劳务、发生应税行为的增值额和货物进口金额为计税依据而课征的一种流转税。

(二) 增值税的特点

(1) 普遍征收和道道征收。全面“营改增”后,建筑业、房地产业、金融业和生活服务业等全部纳入增值税征税范围,实现了制造业、服务业税制统一,体现其普遍性,保障抵扣链条完整。每经过一个环节,只要有增值额就征税,而且只对增值额征税。

(2) 采用价外计税制度。在计算应纳增值税时,作为计税依据的销售额中是不含增值税税款的。将价款与税款明确分开,是为了更鲜明地体现增值税是具有转嫁性质的间接税,纳税人在本环节按增值额计算并缴纳增值税,是由下一环节的购买方支付的。

(3) 最终消费者是全部税款的承担者。增值税由生产经营货物或应税劳务的经营者缴纳,而由货物或应税劳务购买者或接受者承担,具有转嫁性质。

(4) 采用税款抵扣制度。增值税的专用发票是纳税人享受税款抵扣的合法凭证。以销售额为计税依据,销售额不含增值税税额,在增值税专用发票上分别注明销售额和增值税税额。

(5) 税率简化,税率档次少,计税方法简便。

(三) 增值税的类型

按照对购入固定资产已纳税款的处理方式不同,可以将增值税分为生产型增值税、收入型增值税和消费型增值税。2019 年 4 月 1 日起,增值税税率结构再度下调,下降至 13%、9%、6%、5%、3%等税档。

生产型增值税是可以从销售收入(或劳务收入)中扣除外购的生产资料的价值,不允许从销售额中扣除所购入的固定资产及折旧,征税对象大体相当于国民生产总值。因此,应税的增值额相对最大,税基最大,对生产影响最深,对经济的干扰程度最大。

收入型增值税是从销售收入(或劳务收入)中扣除必要的支出,对购进固定资产的价款,只允许扣除当期应计入产品成本的折旧额,计算的增值额只包括纳税人新创造的价值,其法定增值额与理论增值额一致,但由于实际操作相对困难,影响了该方法的使用。

消费型增值税是从销售收入(或劳务收入)中扣除必要的支出,同时,将购入的用于生产应税产品的固定资产价值一次性全部扣除,因此,应税的增值额相对最小,税基最小,对生产的干扰程度最小,最能体现和符合增值税的优点——税收中性原则。它避免了对资本型货物的重叠课税，更具有公平性，是国际上实行增值税的国家普遍采用的一种类型。

我国从1994年起一直采用生产型增值税，自2009年1月1日起，在我国所有地区、所有行业推行增值税转型改革，由生产型增值税转为国际上通用的消费型增值税。

二、增值税的纳税人和征税范围

（一）增值税的纳税人

在中华人民共和国境内（以下简称“境内”）销售货物，提供加工修理修配劳务（以下简称“提供应税劳务”），销售服务、无形资产或者不动产（以下简称“应税行为”）的单位和个人，为增值税纳税人。

单位是指国有企业、集体企业、私有企业、股份制企业、其他企业和行政单位、事业单位、军事单位、社会团体及其他单位。

个人是指个体工商户及其他个人。

单位以承包、承租、挂靠方式经营的，承包人、承租人、挂靠人（以下统称“承包人”）以发包人、出租人、被挂靠人（以下统称“发包人”）名义对外经营并由发包人承担相关法律责任的，以该发包人为纳税人；否则，以承包人为纳税人。

为了严格增值税的征收管理和对某些经营规模小的纳税人简化计税办法，《增值税暂行条例》参照国际惯例，将纳税人按其经营规模及会计核算健全与否，划分为增值税小规模纳税人（以下简称“小规模纳税人”）和增值税一般纳税人（以下简称“一般纳税人”）。

1. 增值税小规模纳税人的认定标准

小规模纳税人的认定标准由国务院财政、税务主管部门规定。小规模纳税人是指年应税销售额在规定标准以下，并且会计核算不健全，不能按规定报送有关税务资料的增值税纳税人。

凡符合下列条件的纳税人视为小规模纳税人：

（1）从事货物生产或者提供应税劳务的纳税人，以及以从事货物生产或者提供应税劳务为主，并兼营货物批发或者零售的纳税人，年应税销售额在50万元以下（含本数，下同）的；“从事货物生产或者提供应税劳务为主”是指纳税人的年货物生产或者提供应税劳务的销售额占年应税销售额的比重在50%以上。

（2）对上述规定以外的纳税人（不含发生应税行为的纳税人），年应税销售额在80万元以下的。

（3）年应税销售额超过小规模纳税人标准的其他个人按小规模纳税人纳税。

（4）非企业性单位可选择按小规模纳税人纳税。

（5）发生应税行为的纳税人年销售额标准为500万元，应税行为年销售额未超过500万元的纳税人为小规模纳税人。

2. 一般纳税人的认定标准

一般纳税人是指年应征增值税的销售额超过《增值税暂行条例实施细则》规定的小规模纳税人标准的企业和企业性单位。

小规模纳税人以外的纳税人应当向主管税务机关申请资格认定，认定为一般纳税人。具体认定办法由国务院税务主管部门制定。

小规模纳税人会计核算健全，能够提供准确税务资料的，可以向主管税务机关申请资格认定，不作为小规模纳税人，依照一般纳税人的有关规定计算应纳税额。

3. 扣缴义务人

中华人民共和国境外的单位或者个人在境内提供应税劳务，在境内未设有经营机构的，以其境内代理人为扣缴义务人；在境内没有代理人的，以购买方为扣缴义务人。

（二）增值税的征税范围

1. 增值税征税范围的一般规定

根据《增值税暂行条例》《增值税暂行条例实施细则》的规定，增值税的征税范围的一般规定包括销售或者进口货物、提供应税劳务和发生应税行为。

(1) 销售或者进口货物。货物是指有形动产，包括电力、热力、气体在内。销售货物是指有偿转让货物的所有权。

(2) 提供应税劳务。应税劳务是指纳税人提供的加工、修理修配劳务。加工是指受托加工货物，即委托方提供原料及主要材料，受托方按照委托方的要求制造货物并收取加工费的业务。修理修配是指受托对损伤和丧失功能的货物进行修复，使其恢复原状和功能的业务。

提供应税劳务是指有偿提供加工、修理修配劳务。单位或者个体工商户聘用的员工为本单位或者雇主提供的加工、修理修配劳务，不包括在内。

(3) 发生应税行为。应税行为分为三类，即销售应税服务、销售无形资产和销售不动产。其中，应税服务包括交通运输服务、邮政服务、电信服务、建筑服务、金融服务、现代服务和生活服务。

2. 对视同销售货物或视同发生应税行为的征税规定

单位或者个体工商户的下列行为，视同销售货物或发生应税行为：

(1) 将货物交付其他单位或者个人代销。

(2) 销售代销货物。

(3) 设有两个以上机构并实行统一核算的纳税人，将货物从一个机构移送其他机构用于销售，但相关机构设在同一县(市)的除外。

(4) 将自产或委托加工的货物用于集体福利或个人消费。

(5) 将自产、委托加工或购买的货物作为投资，提供给其他单位或个体工商户。

(6) 将自产、委托加工或购买的货物分配给股东或投资者。

(7) 将自产、委托加工或者购进的货物无偿赠送其他单位或者个人。

(8) 单位或者个体工商户向其他单位或者个人无偿提供应税服务、无偿转让无形资产或者不动产，但用于公益事业或者以社会公众为对象的除外。

(9) 财政部和国家税务总局规定的其他情形。

3. 对混合销售行为的征税规定

一项销售行为如果既涉及货物又涉及服务，为混合销售。从事货物的生产、批发或者零售的单位和个体工商户的混合销售，按照销售货物缴纳增值税；其他单位和个体工商户的混合销售，按照销售服务缴纳增值税。这里的从事货物的生产、批发或者零售的单位和个体工商户，包括以从事货物的生产、批发或者零售为主，并兼营销售服务的单位和个体工商户在内。

界定"混合销售"行为的标准有两点：一是其销售行为必须是一项；二是该项行为必须既涉及服务又涉及货物，其中的货物是指《增值税暂行条例》中规定的有形动产，包括电力、热力和气体；服务是指属于全面"营改增"范围的交通运输服务、邮政服务、电信服务、现代服务、生活服务、建筑服务、金融保险和房地产销售等。在界定"混合销售"行为是否成立时，其行为标准中的上述两点必须同时存在，如果一项销售行为只涉及销售服务，不涉及货物，这种行为就不是混合销售行为；反之，如果既涉及销售服务又涉及货物的行为，不存在于一项销售行为之中，这种行为也不是混合销售行为。

三、增值税的税率

我国增值税采用比例税率，按照一定的比例征收。增值税纳税人分为一般纳税人和小规模纳税人，对这两类不同的纳税人采用不同的税率。税率的调整，由国务院决定。

(一) 基本税率

增值税一般纳税人销售或者进口货物(适用低税率和零税率的除外)，提供加工、修理修配劳务，有形动产租赁服务，税率一律为 13%。这一税率就是通常所说的基本税率。

(二) 低税率

增值税一般纳税人提供交通运输服务、邮政服务、基础电信服务、建筑服务、不动产租赁服务、销售不动产、转让土地使用权，以及销售下列货物：包括农产品(含粮食)、自来水、暖气、石油液化气、天然气、食用植物油、冷气、热水、煤气、居民用煤炭制品、食用盐、农机、饲料、农药、农膜、化肥、沼气、二甲醚、图书、报纸、杂志、音像制品、电子出版物，按低税率 9%计征增值税。

增值税一般纳税人提供增值电信服务、金融服务、现代服务(租赁服务除外)、生活服务、销售无形资产(转让土地使用权除外)，按低税率 6%计征增值税。

(三) 零税率

(1) 除国务院另有规定外，纳税人出口货物，税率为零。

(2) 财政部和国家税务总局规定的跨境应税行为，税率为零，主要包括国际运输服务，航天运输服务，向境外单位提供的完全在境外消费的研发服务、合同能源管理服务、设计服务、广播影视节目(作品)的制作和发行服务、软件服务、电路设计及测试服务、信息系统服务、业务流程管理服务、离岸服务外包业务和技术转让。

(四) 其他规定

纳税人兼营不同税率的货物或者应税劳务，应当分别核算不同税率货物或者应税劳务的销售额；未分别核算销售额的，从高适用税率。

四、增值税的减免规定

根据《增值税暂行条例》的规定，下列项目免征增值税：

(1) 农业生产者销售的自产农产品。

(2) 避孕药品和用具。

(3) 古旧图书。

(4) 直接用于科学研究、科学试验和教学的进口仪器、设备。

(5) 外国政府、国际组织无偿援助的进口物资和设备。

(6) 由残疾人组织直接进口供残疾人专用的物品。

(7) 销售的自己使用过的物品。

除上述规定外，增值税的免税、减税项目由国务院规定。任何地区、部门均不得规定免税、减税项目。

第二讲 增值税的计算

【知识要点】

一、一般纳税人增值税应纳税额的计算

增值税一般纳税人销售货物、提供应税劳务或者发生应税行为，应纳税额为当期销项税额抵扣当期进项税额后的余额。应纳税额的计算公式如下：

应纳税额＝当期销项税额－当期进项税额

当期销项税额小于当期进项税额不足抵扣时，其不足部分可以结转下期继续抵扣。

增值税一般纳税人当期应纳税额的多少，取决于当期销项税额和当期进项税额这两个因素。而当期销项税额的确定关键在于确定当期销售额。对当期进项税额的确定在税法中也做了一些具体的规定，在分别确定销项税额和进项税额的情况下，就不难计算出应纳税额。下面就按照这个逻辑进行介绍。

(一) 销项税额的计算

销项税额是指纳税人销售货物、提供应税劳务或者发生应税行为，按照销售额或者提供应税劳务和应税行为收入与规定的税率计算并向购买方收取的增值税税额。销项税额的计算公式为：

销项税额＝销售额×适用税率

在增值税税率一定的情况下，计算当期销项税额的关键在于确定当期销售额。销售额以人民币计算，纳税人以人民币以外的货币结算销售额的，应当折合成人民币计算。

1. 一般销售方式下的销售额

销售额是指纳税人销售货物、提供应税劳务或者发生应税行为向购买方收取的全部价款和价外费用，但是不包括收取的销项税额。具体来说，销售额包括以下三个方面：

(1) 销售货物、提供应税劳务或发生应税行为向购买方收取的全部价款。

(2) 价外费用。价外费用包括价外向购买方收取的手续费、补贴、基金、集资费、返还利润、奖励费、违约金、滞纳金、延期付款利息、赔偿金、代收款项、代垫款项、包装费、包装物租金、储备费、优质费、运输装卸费以及其他各种性质的价外收费。

凡随同销售货物、提供应税劳务或发生应税行为向购买方收取的价外费用，无论其会计制度如何核算，均应并入销售额计算应纳税额。

(3) 消费税。凡征收消费税的货物在计算增值税税额时，其销售额应包括消费税。

2. 价税款合并收取的销售额

增值税作为价外税，纳税人开具增值税专用发票时，不含税销售额、销项税额应在专用发票上分别注明。但在实际工作中，常常会出现一般纳税人将销售货物、提供应税劳务或者发生应税行为采用销售额和销项税额合并定价收取的情况，这样就会形成含税销售额。

为了避免出现不同计税环节的重复纳税，一般纳税人销售货物、提供应税劳务或者发生应税行为采用销售额和销项税额合并定价方法的，企业在计算销项税额时，应剔除销售额中包含的销项税额，对含税销售额进行价税分离，换算为不含税销售额。其换算公式为：

不含税销售额＝含税销售额÷(1＋税率)

公式中的税率为销售货物、提供应税劳务或者发生应税行为时按《增值税暂行条例》和《关

于全面推开营业税改征增值税试点的通知》所适用的税率。

【技能操作】

【例 2-1】 齐鲁公司(增值税一般纳税人)向某个体商店(增值税小规模纳税人)销售商品,开具普通发票。发票上采用销售额和销项税额合并定价法,注明交易额为 11 300 元。计算齐鲁公司当期的销项税额。

换算为不含税销售额=11 300÷(1+13%)=10 000(元)

当期销项税额=10 000×13%=1 300(元)

3. 视同销售货物和发生应税行为的销售额

纳税人发生视同销售货物或者视同发生应税行为的情形,价格明显偏低或者偏高且不具有合理商业目的的,或者发生《营业税改征增值税试点实施办法》第十四条所列行为而无销售额的,主管税务机关有权按照下列顺序确定销售额:①按纳税人最近时期销售同类货物或者应税行为的平均销售价格确定;②按其他纳税人最近时期销售同类货物或者应税行为的平均价格确定;③按组成计税价格确定。

组成计税价格的公式为:

组成计税价格=成本×(1+成本利润率)

征收增值税的货物,同时又征收消费税的,其组成计税价格中应加计消费税税额。其组成计税价格的公式为:

组成计税价格=成本×(1+成本利润率)+消费税税额

或:

组成计税价格=成本×(1+成本利润率)÷(1−消费税税率)

公式中的成本利润率由国家税务总局确定。

【技能操作】

【例 2-2】 华信保温杯厂(增值税一般纳税人)将自产的保温杯作为福利发给本厂职工。共发放甲型号保温杯 100 个,销售价为每个 90 元(不含税);发放乙型号保温杯 300 个,无销售价,已知乙型号保温杯的总成本为 30 000 元,成本利润率为 10%。计算当期的销项税额。

甲型号、乙型号保温杯计税销售额=100×90+30 000×(1+10%)=42 000(元)

当期销项税额=42 000×13%=5 460(元)

4. 特殊销售方式下的销售额

在销售活动中,为了达到促销的目的,有多种销售方式。不同销售方式下,销售者取得的销售额会有所不同。

(1) 采取折扣方式销售。折扣销售是指销货方在销售货物或应税劳务时,因购货方购货数量较大等原因,而给予购货方的价格优惠(如购买 5 件,销售价格折扣 10%;购买 10 件,销售价格折扣 20%等)。由于折扣是在实现销售时同时发生的,因此,税法规定,纳税人销售货物、提供应税劳务或者发生应税行为,如将价款和折扣额在同一张发票的“金额”栏分别注明的,可按折扣后的销售额征收增值税。未在同一张发票“金额”栏注明折扣额,而仅在发票的“备注”栏注明折扣额的,折扣额不得从销售额中减除;未在同一张发票上分别注明的,以价款为销售额，不得扣减折扣额。

(2) 采取以旧换新方式销售。以旧换新是指纳税人在销售自己的货物时，有偿收回旧货物的行为。根据税法规定，采取以旧换新方式销售货物的(金银首饰除外)，应按新货物的同期销售价格确定销售额，不得扣减旧货物的收购价格。

【技能操作】

【例 2-3】 2019 年 6 月，恒大超市(增值税小规模纳税人)采用以旧换新方式销售洗衣机，收到货款 60 000 元，开出普通发票并注明已扣除旧洗衣机折价 30 000 元。计算 2019 年 6 月的计税销售额。

计税销售额＝(60 000＋30 000)÷(1＋3%)＝87 378.64(元)

(3) 采取还本销售方式销售。还本销售是指纳税人在销售货物后，到一定期限由销售方一次或分次退还给购货方全部或部分价款，退还的货款即为还本支出。税法规定，采取还本销售方式销售货物，其销售额就是货物的销售价格，不得从销售额中减除还本支出。

(4) 采取以物易物方式销售。以物易物是一种较为特殊的购销活动，是指购销双方不是以货币结算，而是以同等价款的货物包括应税劳务和应税行为相互结算，实现货物购销的方式。根据税法规定，以物易物双方都应作购销处理，以各自发出的货物核算销售额并计算销项税额，以各自收到的货物按规定核算购货额并计算进项税额。需要注意的是，在以物易物活动中，应分别开具合法的票据，如收到的货物不能取得相应的增值税专用发票或其他合法票据，则不能抵扣进项税额。

【技能操作】

【例 2-4】 2019 年 7 月，某豆浆机厂用 75 台豆浆机与原材料供应商换取等值生产用原材料，双方均开具增值税专用发票，销售额为 21 000 元，原材料已入库。计算此业务的销项税额。

销项税额＝21 000×13%＝2 730(元)

(5) 包装物押金。包装物是指纳税人包装本单位货物的各种物品。根据税法规定，纳税人为销售货物而出租、出借包装物收取的押金，单独记账核算，时间在 1 年以内，又未过期的，不并入销售额征税；但对因逾期未收回包装物不再退还的押金，应按所包装货物的适用税率计算销项税额。

对销售除啤酒、黄酒外的其他酒类产品而收取的包装物押金，无论是否返还以及会计上如何核算，均应并入当期销售额征税。对销售啤酒、黄酒所收取的押金，按上述一般押金的规定处理。

【技能操作】

【例 2-5】 2019 年 6 月，某啤酒厂(增值税一般纳税人)销售啤酒取得销售额 600 万元，已开具增值税专用发票，收取包装物押金 23.4 万元，本月逾期未退还包装物押金 58.5 万元。计算 2019 年 6 月该啤酒厂增值税销项税额。

应纳增值税销项税额＝600×13%＋58.5÷(1＋13%)×13%＝84.7 (万元)

(6) 销售退回或折让。一般纳税人因销售货物退回或者折让而退还给购买方的增值税额，应从发生销售货物退回或者折让当期的销项税额中扣减。

一般纳税人销售货物或者应税劳务，开具增值税专用发票后，发生销售货物退回或者折让、开票有误等情形，应按国家税务总局的规定开具红字增值税专用发票。未按规定开具红字增值税专用发票的，增值税额不得从销项税额中扣减。

（二）进项税额的计算

根据《营业税改征增值税试点实施办法》的规定，进项税额是指纳税人购进货物、加工修理修配劳务、服务、无形资产或者不动产，支付或者负担的增值税额。需要注意的是，并不是纳税人支付的所有进项税额都可以从销项税额中抵扣，税法对哪些进项税额可以抵扣、哪些进项税额不能抵扣做了严格的规定。

1. 准予从销项税额中抵扣的进项税额

准予从销项税额中抵扣的进项税额，限于下列增值税扣税凭证上注明的增值税税额和按规定的扣除率计算的进项税额：

（1）从销售方取得的增值税专用发票（含税控机动车销售统一发票，下同）上注明的增值税税额。

（2）从海关取得的海关进口增值税专用缴款书上注明的增值税税额。

上述两项规定说明，纳税人在进行增值税账务处理时，每抵扣一笔进项税额，就要有一份记录该进项税额的法定扣税凭证与之相对应；没有从销售方或海关取得注明增值税税额的法定扣税凭证，就不能抵扣进项税额。

（3）购进农产品，除取得增值税专用发票或者海关进口增值税专用缴款书外，按照农产品收购发票或者销售发票上注明的农产品买价和9%的扣除率计算的进项税额。进项税额的计算公式为：

进项税额＝买价×扣除率

买价是指纳税人购进农产品在农产品收购发票或者销售发票上注明的价款和按照规定缴纳的烟叶税。

购进农产品，按照《农产品增值税进项税额核定扣除试点实施办法》抵扣进项税额的除外。

【技能操作】

【例2-6】 2019年6月，某企业（一般纳税人）购进某农场自产小麦，收购凭证上注明价款为60 000元；从某供销社（增值税一般纳税人）购进玉米，增值税专用发票上注明销售额为300 000元。计算2019年6月可抵扣的进项税额。

可抵扣的进项税额＝60 000×9%＋300 000×9%＝32 400（元）

（4）纳税人购进服务、无形资产或者不动产，取得的增值税专用发票上注明的增值税额为进项税额，准予从销项税额中抵扣。

（5）纳税人自用的应征消费税的摩托车、汽车、游艇，其进项税额准予从销项税额中抵扣。

（6）纳税人从境外单位或者个人购进服务、无形资产或者不动产，按照规定应当扣缴增值税的，准予从销项税额中抵扣的进项税额为自税务机关或者扣缴义务人取得的解缴税款的完税凭证上注明的增值税额。

（7）纳税人购进货物或者接受加工修理修配劳务，用于《销售服务、无形资产或者不动产注释》所列项目的，不属于《增值税暂行条例》第十条所称的用于非增值税应税项目，其进项税额准予从销项税额中抵扣。

准予抵扣的项目和扣除率的调整，由国务院决定。

2. 不得从销项税额中抵扣的进项税额

（1）纳税人购进货物或者接受应税劳务或应税行为取得的增值税扣税凭证不符合法律、行政法规或者国务院税务主管部门有关规定的，其进项税额不得从销项税额中抵扣。这里所称增值税扣税凭证，是指增值税专用发票、海关进口增值税专用缴款书、农产品收购发票和农产品销售发票和完税凭证。

（2）按《增值税暂行条例》相关规定，下列项目的进项税额不得从销项税额中抵扣：

第一，用于简易计税方法计税项目、免征增值税项目、集体福利或者个人消费的购进货物、加工修理修配劳务、服务、无形资产和不动产。其中涉及的固定资产、无形资产、不动产，仅指专用于上述项目的固定资产、无形资产（不包括其他权益性无形资产）、不动产。

纳税人的交际应酬消费属于个人消费。

第二，非正常损失的购进货物及相关的加工修理修配劳务和交通运输服务。

第三，非正常损失的在产品、产成品所耗用的购进货物（不包括固定资产）、加工修理修配劳务和交通运输服务。

第四，非正常损失的不动产，以及该不动产所耗用的购进货物、设计服务和建筑服务。

第五，非正常损失的不动产在建工程所耗用的购进货物、设计服务和建筑服务。纳税人新建、改建、扩建、修缮、装饰不动产，均属于不动产在建工程。

第六，购进的旅客运输服务、贷款服务、餐饮服务、居民日常服务和娱乐服务。

第七，财政部和国家税务总局规定的其他情形。

其中，第四和第五项所称货物，是指构成不动产实体的材料和设备，包括建筑装饰材料和给排水、采暖、卫生、通风、照明、通信、煤气、消防、中央空调、电梯、电气、智能化楼宇设备及配套设施。

不动产、无形资产的具体范围，按照《营业税改征增值税试点实施办法》所附的《销售服务、无形资产或者不动产注释》执行。

固定资产是指使用期限超过 12 个月的机器、机械、运输工具以及其他与生产经营有关的设备、工具、器具等有形动产。

非正常损失是指因管理不善造成货物被盗、丢失、霉烂变质，以及因违反法律法规造成货物或者不动产被依法没收、销毁、拆除的情形。

【技能操作】

【例 2-7】 2019 年 6 月，某企业购进一批商品，取得增值税专用发票上注明价款 60 000 元，税金 10 200 元，货款已支付，支付运输企业运输费 1 000 元（有增值税普通发票）。6 月末，将其中的 5%作为福利发放给职工。计算该企业当月可以抵扣的进项税额。

支付运输企业运输费由于未取得增值税专用发票，进项税额不允许抵扣。

当月不可抵扣的进项税额＝10 200×5%＋1 000＝1 510（元）

当月可以抵扣的进项税额＝10 200×95%＝9 690（元）

第八，适用一般计税方法的纳税人，兼营简易计税方法计税项目、免征增值税项目而无法划分不得抵扣的进项税额，按照下列公式计算不得抵扣的进项税额：

不得抵扣的进项税额＝当期无法划分的全部进项税额×(当期简易计税方法计税项目销售额＋免征增值税项目销售额)÷当期全部销售额

主管税务机关可以按照上述公式依据年度数据对不得抵扣的进项税额进行清算。

第九，已抵扣进项税额的购进货物(不含固定资产)、劳务、服务，发生《营业税改征增值税试点实施办法》第二十七条规定情形(简易计税方法计税项目、免征增值税项目除外)的，应当将该进项税额从当期进项税额中扣减；无法确定该进项税额的，按照当期实际成本计算应扣减的进项税额。

第十，已抵扣进项税额的固定资产、无形资产或者不动产，发生《营业税改征增值税试点实施办法》第二十七条规定情形的，按照下列公式计算不得抵扣的进项税额：

抵扣的进项税额＝固定资产、无形资产或者不动产净值×适用税率

固定资产、无形资产或者不动产净值，是指纳税人根据财务会计制度计提折旧或摊销后的余额。

第十一，纳税人适用一般计税方法计税的，因销售折让、中止或者退回而退还给购买方的增值税额，应当从当期的销项税额中扣减；因销售折让、中止或者退回而收回的增值税额，应当从当期的进项税额中扣减。

第十二，有下列情形之一者，应当按照销售额和增值税税率计算应纳税额，不得抵扣进项税额，也不得使用增值税专用发票：

其一，一般纳税人会计核算不健全，或者不能够提供准确税务资料的。

其二，应当办理一般纳税人资格登记而未办理的。

(三) 应纳税额的计算

在计算出销项税额和进项税额后，就可以得出实际应纳税额。纳税人销售货物或提供应税劳务或发生应税行为，其应纳税额为当期销项税额抵扣当期进项税额后的余额。其基本计算公式为：

应纳税额＝当期销项税额－当期进项税额

为了保证计算应纳税额的合理、准确性，纳税人必须严格把握当期进项税额从当期销项税额中抵扣这个要点。“当期”是一个重要的时间限定，具体是指税务机关依照税法规定对纳税人确定的纳税期限。只有在纳税期限内实际发生的销项税额、进项税额，才是法定的当期销项税额或当期进项税额。

1. 计算销项税额的时间限定

对于纳税人在什么时间计算销项税额，《增值税暂行条例》《增值税暂行条例实施细则》和“营改增”都做了严格的规定。例如，纳税人发生应税行为并收讫销售款项或者取得索取销售款项凭据的当天；先开具发票的，为开具发票的当天；纳税人提供建筑服务、租赁服务采取预收款方式的，其纳税义务发生时间为收到预收款的当天，等等，以保证准时、准确记录和核算当期销项税额。

2. 进项税额抵扣的时间限定

自 2020 年 3 月 1 日起，增值税一般纳税人取得的 2017 年 1 月 1 日及以后开具的增值税专用发票、海关进口增值税专用缴款书、机动车销售统一发票、收费公路通行费增值税电子普通发票，取消认证确认、稽核比对、申报抵扣的期限。纳税人在进行增值税纳税申报时，应通过本省(自治区、直辖市和计划单列市)增值税发票综合服务平台对上述扣税凭证信息进行用途确认。

3. 计算应纳税额时进项税额不足抵扣的处理

由于增值税实行购进扣税法，有时企业当期购进的货物很多，在计算应纳税额时会出现当期销项税额小于当期进项税额不足抵扣的情况。根据税法规定，当期进项税额不足抵扣的部分可以结转下期继续抵扣。

【技能操作】

【例 2-8】 齐鲁公司是增值税一般纳税人，2019 年 10 月的商品销售收入为 800 000 元。本月购进原材料取得的增值税专用发票上注明价款 400 000 元，税费 52 000 元。该公司装修办公楼领用了其中 100 000 元的原材料。计算齐鲁公司 10 月应缴纳的增值税税额。

当期销项税额＝800 000×13%＝104 000(元)

当期可抵扣的进项税额＝52 000－100 000×13%×40%＝46 800 (元)

应纳税额＝104 000－46 800＝57 200(元)

【技能操作】

【例 2-9】 齐鲁公司是增值税一般纳税人，2019 年 8 月购进货物 300 000 元，其中增值税专用发票上注明销售额 200 000 元，增值税税额 26 000 元；普通发票上注明金额100 000元。当月销售货物的增值税专用发票上注明销售额 300 000 元；普通发票上注明销售额 113 000 元；将自产货物 150 吨用于非应税项目，每吨货物平均成本为 600 元，成本利润率为 10%。该货物适用税率为 13%。计算齐鲁公司 8 月应缴纳的增值税税额。

当期销项税额＝[300 000＋113 000÷(1＋13%)＋600×(1＋10%)×150]×13%
＝499 000×13%
＝64 870(元)

当期可抵扣的进项税额＝26 000(元)

应纳税额＝64 870－26 000＝38 870(元)

二、小规模纳税人应纳税额的计算

小规模纳税人一律采用简易计税方法计税，但是一般纳税人销售特定货物或者提供特定应税行为可以选择适用简易计税方法。简易计税方法的应纳税额是指按照销售额和增值税征收率计算的增值税额，不得抵扣进项税额。应纳税额的计算公式为：

应纳税额＝销售额×征收率

简易计税方法的销售额不包括其应纳税额，纳税人采用销售额和应纳税额合并定价方法的，按照下列公式计算销售额：

销售额＝含税销售额÷(1＋征收率)

税法规定法定征收率为 3%～5%。

【技能操作】

【例 2-10】 某企业为小规模纳税人，按 3%的征收率计算增值税。2019 年 6 月份有关购销货物的情况是：从甲企业(一般纳税人)购进货物的货款 5 万元，支付税款 0.85 万元，购进免税农产品 1 万元，销售货物取得收入共计 9.54 万元，购销款项均已结清。计算该企业的应纳税额。

计税销售额＝95 400÷(1＋3%)＝92 621.36(元)

应纳税额＝92 621.36×3%＝2 778.64(元)

纳税人适用简易计税方法计税的，因销售折让、中止或者退回而退还给购买方的销售额，应当从当期销售额中扣减。扣减当期销售额后仍有余额造成多缴的税款，可以从以后的应纳税额中扣减。

第三讲　增值税的账务处理

【知识要点】

一、一般纳税人增值税的账务处理

(一) 一般纳税人增值税会计核算的账户设置

为了核算增值税的应交、抵扣、已交、退税及转出等情况，增值税一般纳税人应当在"应交税费"账户下设置"应交增值税""未交增值税""预交增值税""待抵扣进项税额""待认证进项税额""待转销项税额""增值税留抵税额""简易计税""转让金融商品应交增值税""代扣代交增值税"等明细账户。

1. "应交税费——应交增值税"明细账户

增值税一般纳税人应在"应交增值税"明细账户内设置"进项税额""销项税额抵减""已交税金""转出未交增值税""转出多交增值税""减免税款""出口抵减内销产品应纳税额""销项税额""出口退税""进项税额转出"等专栏。其中：

(1) "进项税额"专栏，记录一般纳税人购进货物、加工修理修配劳务、服务、无形资产或不动产而支付或负担的、准予从当期销项税额中抵扣的增值税额。

(2) "销项税额抵减"专栏，记录一般纳税人按照现行增值税制度规定因扣减销售额而减少的销项税额。

(3) "已交税金"专栏，记录一般纳税人当月已缴纳的应交增值税额。

(4) "转出未交增值税"和"转出多交增值税"专栏，分别记录一般纳税人月度终了转出当月应交未交或多交的增值税额。

(5) "减免税款"专栏，记录一般纳税人按现行增值税制度规定准予减免的增值税额。

(6) "出口抵减内销产品应纳税额"专栏，记录实行"免、抵、退"办法的一般纳税人按规定计算的出口货物的进项税抵减内销产品的应纳税额。

(7) "销项税额"专栏，记录一般纳税人销售货物、加工修理修配劳务、服务、无形资产或不动产应收取的增值税额。

(8) "出口退税"专栏，记录一般纳税人出口货物、加工修理修配劳务、服务、无形资产按规定退回的增值税额。

(9) "进项税额转出"专栏，记录一般纳税人购进货物、加工修理修配劳务、服务、无形资产或不动产等发生非正常损失以及其他原因而不应从销项税额中抵扣、按规定转出的进项税额。

"应交税费——应交增值税"账户结构，如图 2-1 所示。

应交税费——应交增值税

借方	贷方
发生额 (1) 进项税额 (2) 销项税额抵减 (3) 已交税金 (4) 减免税款 (5) 出口抵减内销产品应纳税额 (6) 转出未交增值税	发生额 (1) 销项税额 (2) 进项税额转出 (3) 出口退税 (4) 转出多交增值税
余额:留抵税额	

图 2-1 “应交税费——应交增值税”账户结构

2.“应交税费——未交增值税”明细账户

“未交增值税”明细账户,核算一般纳税人月度终了从“应交增值税”或“预交增值税”明细账户转入当月应交未交、多交或预缴的增值税额,以及当月缴纳以前期间未交的增值税额。

“应交税费——未交增值税”账户结构,如图 2-2 所示。

应交税费——未交增值税

借方	贷方
发生额 (1) 转入本月多交的增值税 (2) 转入当月预缴的增值税税额 (3) 本月上缴以前各期应交未交增值税	发生额 (1) 转入本月应交未交的增值税
余额:多交的增值税	余额:应交未交的增值税

图 2-2 “应交税费——未交增值税”账户结构

一般来说,月末做如下会计分录:

(1) 月份终了,将当月应交未交增值税额从“应交税费——应交增值税”账户转入“应交税费——未交增值税”账户。

借:应交税费——应交增值税(转出未交增值税)

贷:应交税费——未交增值税

(2) 月份终了,将当月多交的增值税额自“应交税费——应交增值税”账户转入“应交税费——未交增值税”账户。

借:应交税费——未交增值税

贷:应交税费——应交增值税(转出多交增值税)

(3) 月份终了,将当月预缴的增值税额自“应交税费——预交增值税”账户转入“应交税费——未交增值税”账户。

借:应交税费——未交增值税

贷:应交税费——预交增值税

(4) 当月缴纳以前期间未交的增值税额。

借:应交税费——未交增值税

贷:银行存款

3.“应交税费——预交增值税”明细账户

“预交增值税”明细账户，核算一般纳税人转让不动产、提供不动产经营租赁服务、提供建筑服务和采用预收款方式销售自行开发的房地产项目等，以及其他按现行增值税制度规定应预缴的增值税额。

预缴的增值税款，可以在当期增值税应纳税额中抵减，抵减不完的，结转下期继续抵减。纳税人以预缴税款抵减应纳税额，应以完税凭证作为合法有效凭证。

借：应交税费——预交增值税

　　贷：银行存款

月份终了，将当月预缴的增值税额自“应交税费——预交增值税”账户转入“应交税费——未交增值税”账户。

借：应交税费——未交增值税

　　贷：应交税费——预交增值税

注意：房地产企业等企业，“应交税费——预交增值税”账户的期末余额在纳税义务发生之前不能结转入“应交税费——未交增值税”账户。

4.“应交税费——待抵扣进项税额”明细账户

“待抵扣进项税额”明细账户，核算一般纳税人已取得增值税扣税凭证并经税务机关认证，按照现行增值税制度规定准予以后期间从销项税额中抵扣的进项税额。该进项税额包括：一般纳税人自 2016 年 5 月 1 日后取得并按固定资产核算的不动产或者 2016 年 5 月 1 日后取得的不动产在建工程，按现行增值税制度规定准予以后期间从销项税额中抵扣的进项税额；实行纳税辅导期管理的一般纳税人取得的尚未交叉稽核比对的增值税扣税凭证上注明或计算的进项税额。

5.“应交税费——待认证进项税额”明细账户

“待认证进项税额”明细账户，核算一般纳税人由于未经税务机关认证而不得从当期销项税额中抵扣的进项税额。该进项税额包括：一般纳税人已取得增值税扣税凭证、按照现行增值税制度规定准予从销项税额中抵扣，但尚未经税务机关认证的进项税额；一般纳税人已申请稽核但尚未取得稽核相符结果的海关缴款书进项税额。

6.“应交税费——待转销项税额”明细账户

“待转销项税额”明细账户，核算一般纳税人销售货物、加工修理修配劳务、服务、无形资产或不动产，已确认相关收入（或利得）但尚未发生增值税纳税义务而需于以后期间确认为销项税额的增值税额。

这里核算的主要是由于会计与税法在确认收入时点不一致时，产生的待后期开票确认的销项金额，这样处理解决了增值税作为价外税，会计入账金额需价税分离的要求，符合会计信息披露和财务报表列报要求，也能帮助企业更清楚未来将产生的应纳税金额。

例如，跨年出租房产的业务，如果合同约定承租方在最后一年的期末支付全部租金，出租方收到租金后开具增值税发票，出租方在第一年的期末会计处理为：

借：应收账款/应收票据

　　贷：应交税费——待转销税额

　　　　主营业务收入

7.“应交税费——增值税留抵税额”明细账户

“增值税留抵税额”明细账户，核算兼有销售服务、无形资产或者不动产的原增值税一般纳税人，截止到纳入“营改增”试点之日前的增值税期末留抵税额按照现行增值税制度规定不得从销售服务、无形资产或不动产的销项税额中抵扣的增值税留抵税额。

8. “应交税费——简易计税”明细账户

“简易计税”明细账户，核算一般纳税人采用简易计税方法发生的增值税计提、扣减、预缴和缴纳等业务。

9. “应交税费——转让金融商品应交增值税”明细账户

“转让金融商品应交增值税”明细账户，核算增值税纳税人转让金融商品发生的增值税额。

10. “应交税费——代扣代交增值税”明细账户

“代扣代交增值税”明细账户，核算纳税人购进在境内未设经营机构的境外单位或个人在境内的应税行为代扣代缴的增值税。

（二）一般纳税人增值税进项税额的账务处理

增值税一般纳税人的增值税计算采用购进扣税法，当期应纳税额等于当期销项税额减当期进项税额。因此，正确进行一般纳税人增值税的会计处理，应掌握以下两个阶段：

一是购进阶段。会计处理时，从销售方取得的增值税专用发票上注明的价款和增值税额，属于价款部分，计入所购货物的成本；属于允许抵扣的增值税额部分，计入进项税额。

二是销售阶段。将不含税价格作为销售收入，向购买方收取的增值税部分，计入销项税额。

1. 采购等业务进项税额允许抵扣的账务处理

（1）一般纳税人购进货物、加工修理修配劳务、服务、无形资产或不动产，按应计入相关成本费用或资产的金额，借记“在途物资”或“原材料”“库存商品”“生产成本”“无形资产”“固定资产”“管理费用”等账户，按当月已认证的可抵扣增值税额，借记“应交税费——应交增值税（进项税额）”账户，按当月未认证的可抵扣增值税额，借记“应交税费——待认证进项税额”账户，按应付或实际支付的金额，贷记“应付账款”“应付票据”“银行存款”等账户。

发生退货的，如原增值税专用发票已做认证，应根据税务机关开具的红字增值税专用发票做相反的会计分录；如原增值税专用发票未做认证，应将发票退回并做相反的会计分录。

【技能操作】

【例 2-11】 齐鲁公司为增值税一般纳税人，9 月份购进甲材料一批，销货方开出的增值税专用发票上注明价款 10 000 元，增值税额 1 300 元。价、税款均以银行存款支付，甲材料已验收入库。假定齐鲁公司材料按实际成本法核算。齐鲁公司的账务处理如下：

① 假定发票已认证通过，则相应的会计分录如下：

借：原材料	10 000	
应交税费——应交增值税（进项税额）	1 300	
贷：银行存款		11 300

② 假定当月发票尚未认证，则相应的会计分录如下：

借：原材料	10 000	
应交税费——待认证进项税额	1 300	
贷：银行存款		11 300

待认证通过后：

借：应交税费——应交增值税（进项税额）	1 300	
贷：应交税费——待认证进项税额		1 300

假设10月份齐鲁公司在领用原材料时，发现该批原材料有20%的质量不合格，要求对方办理了退货并收回退款。根据红字增值税专用发票上注明的价款2 000元、增值税额260元，价税合计2 260元，齐鲁公司的账务处理如下：

① 假定原增值税发票已做认证，应根据税务机关开具的红字增值税专用发票做相反的会计分录：

借：银行存款	2 260	
应交税费——应交增值税(进项税额)	260	
贷：原材料		2 000

② 假定原增值税发票尚未认证，应将发票退回并做相反的会计分录：

借：银行存款	2 260	
贷：原材料		2 000
应交税费——待认证进项税额		260

【技能操作】

【例2-12】 齐鲁公司为增值税一般纳税人，9月份购进机器设备一台，销货方开出的增值税专用发票上注明：价款20 000元，增值税额2 600元。价、税款均以银行存款支付，机器设备直接交付使用。假定增值税专用发票已认证相符，则齐鲁公司的会计处理如下：

借：固定资产	20 000	
应交税费——应交增值税(进项税额)	2 600	
贷：银行存款		22 600

(2) 货物等已验收入库但尚未取得增值税扣税凭证的账务处理。一般纳税人购进的货物等已到达并验收入库，但尚未收到增值税扣税凭证并未付款的，应在月末按货物清单或相关合同协议上的价格暂估入账，不需要将增值税进项税额暂估入账。下月月初，用红字冲销原暂估入账金额，待取得相关增值税扣税凭证并经认证后，按应计入相关成本费用或资产的金额，借记"原材料""库存商品""固定资产""无形资产"等账户，按可抵扣的增值税额，借记"应交税费——应交增值税(进项税额)"账户，按应付金额，贷记"应付账款"等账户。

【技能操作】

【例2-13】 齐鲁公司2019年6月25日购进一批材料并验收入库，7月3日取得对方开出的增值税专用发票，并认证相符，增值税专用发票注明的金额为10 000元，增值税额为1 300元，款项已经支付，合同约定的价格为10 000元。

2019年6月25日材料验收入库，企业不做任何账户处理。

2019年6月30日按合同价暂估入账：

借：原材料	10 000	
贷：应付账款——暂估应付款		10 000

2019年7月1日用红字冲销原暂估入账金额：

借：原材料	10 000	
贷：应付账款——暂估应付款		10 000

2019年7月3日，取得增值税专用发票，并认证相符后：

借：原材料　10 000
　　应交税费——应交增值税（进项税额）　1 300
　　贷：银行存款　11 300

（3）购买方作为扣缴义务人的账务处理。按照现行增值税制度的规定，境外单位或个人在境内发生应税行为，在境内未设有经营机构的，以购买方为增值税扣缴义务人。境内一般纳税人购进服务、无形资产或不动产，按应计入相关成本费用或资产的金额，借记"生产成本""无形资产""固定资产""管理费用"等账户，按可抵扣的增值税额，借记"应交税费——进项税额"账户（小规模纳税人应借记相关成本费用或资产科目），按应付或实际支付的金额，贷记"应付账款"等账户，按应代扣代缴的增值税额，贷记"应交税费——代扣代交增值税"账户。实际缴纳代扣代缴增值税时，按代扣代缴的增值税额，借记"应交税费——代扣代交增值税"账户，贷记"银行存款"账户。

注意：扣缴义务人凭完税凭证抵扣进项税额的，应当具备书面合同、付款证明和境外单位的对账单或者发票。资料不全的，其进项税额不得从销项税额中抵扣。

【技能操作】

【例 2-14】 齐鲁公司为一般纳税人，2019 年 7 月从某外国企业购入一项服务，价税合计 10 600 元。按税法相关规定，由齐鲁公司履行代扣代缴义务，并取得"税收通用缴款书"作为抵扣凭证。齐鲁公司的账务处理如下：

借：生产成本　10 000
　　应交税费——应交增值税（进项税额）　600
　　贷：应付账款　10 000
　　　　应交税费——代扣代交增值税　600

缴纳代扣代交增值税时，按代扣代缴的增值税额：

借：应交税费——代扣代交增值税　600
　　贷：银行存款　600

2. 采购等业务进项税额不得抵扣的账务处理

（1）一般纳税人购进货物、加工修理修配劳务、服务、无形资产或不动产，用于简易计税方法计税项目、免征增值税项目、集体福利或个人消费等，其进项税额按照现行增值税制度规定不得从销项税额中抵扣的，取得增值税专用发票时，应借记相关成本费用或资产账户，借记"应交税费——待认证进项税额"账户，贷记"银行存款""应付账款"等账户，经税务机关认证后，应借记相关成本费用或资产账户，贷记"应交税费——应交增值税（进项税额转出）"账户。

【技能操作】

【例 2-15】 齐鲁公司购买了一批月饼用于中秋节公司集体福利，取得增值税专用发票，增值税专用发票注明的金额为 20 000 元，增值税额为 2 600 元，款项已经支付。假定增值税尚未认证，则齐鲁公司的账务处理如下：

取得增值税专用发票时：

借:库存商品　　20 000

　应交税费——待认证进项税额　　2 600

　　贷:银行存款　　22 600

待认证通过后:

借:应交税费——应交增值税(进项税额)　　2 600

　　贷:应交税费——待认证进项税额　　2 600

根据税法规定,一般纳税人购买货物用于集体福利,进项税额不得从销项税额抵扣,其进项税额需转出:

借:库存商品　　2 600

　　贷:应交税费——应交增值税(进项税额转出)　　2 600

(2) 发生非正常损失的账务处理。

企业购进的货物、在产品、产成品发生非正常损失时,其进项税额与发生非正常损失的购进货物、在产品、产成品成本一并转入"待处理财产损溢——待处理流动资产损溢"账户,即借记"待处理财产损溢——待处理流动资产损溢"账户;按发生非正常损失的购进货物、在产品、产成品的成本,贷记"原材料""库存商品"等账户,同时按其进项税额,贷记"应交税费——应交增值税(进项税额转出)"账户。

【技能操作】

【例 2-16】 齐鲁公司因管理不善造成产成品被盗,丢失的产成品价值 35 000 元,其所耗原材料成本为 20 000 元,进项税额为 2 600 元。齐鲁公司的会计处理如下:

借:待处理财产损溢——待处理流动资产损溢　　37 600

　　贷:库存商品　　35 000

　　　应交税费——应交增值税(进项税额转出)　　2 600

(三) 一般纳税人增值税销项税额的账务处理

1. 销售业务的账务处理

企业销售货物、加工修理修配劳务、服务、无形资产或不动产,应当按应收或已收的金额,借记"应收账款""应收票据""银行存款"等账户。按取得的收入金额,贷记"主营业务收入""其他业务收入""固定资产清理""工程结算"等账户。按现行增值税制度规定计算的销项税额(或采用简易计税方法计算的应纳增值税额),贷记"应交税费——应交增值税(销项税额)"或"应交税费——简易计税"账户(小规模纳税人应贷记"应交税费——应交增值税"账户)。发生销售退回的,企业应根据按规定开具的红字增值税专用发票做相反的会计分录。

【技能操作】

【例 2-17】 齐鲁公司向华夏公司销售甲产品一批,开出的增值税专用发票上注明价款为 100 000 元,增值税额 13 000 元,甲产品已发出,价、税款尚未收到。齐鲁公司的会计处理如下:

借:应收账款——华夏公司　　113 000

　　贷:主营业务收入　　100 000

　　　应交税费——应交增值税(销项税额)　　13 000

按照国家统一的会计制度确认收入或利得的时点早于按照增值税制度确认增值税纳税义务发生时点的，应将相关销项税额记入“应交税费——待转销项税额”账户，待实际发生纳税义务时再转入“应交税费——应交增值税(销项税额)”或“应交税费——简易计税”账户。具体账务处理如下：

(1) 确认收入时：

借：应收账款/应收票据

贷：主营业务收入

应交税费——待转销项税额

(2) 实际发生纳税义务结转时：

借：应交税费——待转销项税额

贷：应交税费——应交增值税(销项税额)

按照增值税制度确认增值税纳税义务发生时点早于按照国家统一的会计制度确认收入或利得的时点的，应将应纳增值税额，借记“应收账款”账户，贷记“应交税费——应交增值税(销项税额)”或“应交税费——简易计税”账户，按照国家统一的会计制度确认收入或利得时，应按扣除增值税销项税额后的金额确认收入。

2. 差额征税的账务处理

(1) 企业发生相关成本费用允许扣减销售额的账务处理。按现行增值税制度规定企业发生相关成本费用允许扣减销售额的，发生成本费用时，按应付或实际支付的金额，借记“主营业务成本”“存货”“工程施工”等账户，贷记“应付账款”“应付票据”“银行存款”等账户。待取得合规增值税扣税凭证且纳税义务发生时，按照允许抵扣的税额，借记“应交税费——应交增值税(销项税额抵减)”或“应交税费——简易计税”账户(小规模纳税人应借记“应交税费——应交增值税”账户)，贷记“主营业务成本”“存货”“工程施工”等账户。

针对一般纳税人，区分一般计税法与简易计税法：

在一般计税法下，可以差额征税的企业有：①房地产企业，允许扣除支付的土地价款；②融资租赁售后回租，允许扣除本金；③纳税人提供旅游服务，允许扣除向其他单位或个人支付的住宿费、餐饮费和交通费等。

发生符合差额征税规定的可抵减的成本费用时，按正常成本费用的会计处理办法入账，待取得合规增值税扣税凭证且纳税义务发生时，按照允许抵扣的税额，借记“应交税费——应交增值税(销项税额抵减)”账户，贷记“主营业务成本”“存货”“工程施工”等账户。

【技能操作】

【例 2-18】 2019 年 7 月 8 日，A 旅行社(一般纳税人)为齐鲁公司第一车间员工提供旅游服务，适用税率为 6%，收取的全部价款为 100 万元，另外购买飞机票、景区门票，支付餐饮、住宿费等总共花费 90 万元。则 A 旅行社的账务处理如下：

应缴纳增值税额＝(1 000 000－900 000)×6%÷(1＋6%)＝5 660.37(元)

实际收到旅游费时：

借：银行存款	1 000 000.00	
贷：主营业务收入		943 396.23
应交税费——应交增值税(销项税额)		56 603.77

支付飞机票、景区门票等其他成本费用时：

借：主营业务成本　　900 000

　贷：银行存款　　900 000

待取得合规增值税扣税凭证且纳税义务发生时，按允许抵扣的税额：

借：应交税费——应交增值税（销项税额抵减）　　50 943.40

　贷：主营业务成本　　50 943.40

齐鲁公司的账务处理如下：

齐鲁公司收到已认证通过的增值税专用发票时的账务处理：

借：应付职工薪酬——职工福利　　943 396.23

　应交税费——应交增值税（进项税额）　　56 603.77

　贷：银行存款　　1 000 000.00

根据税法规定，一般纳税人购买货物用于集体福利，进项税额不得从销项税额抵扣，其进项税额需转出：

借：应付职工薪酬——职工福利　　56 603.77

　贷：应交税费——应交增值税（进项税额转出）　　56 603.77

月底分配薪酬时：

借：生产成本——第一车间　　1 000 000

　贷：应付职工薪酬——职工福利　　1 000 000

在简易计征法下，如劳务派遣、人力资源外包服务等，待取得合规增值税扣税凭证且纳税义务发生时，按照允许抵扣的税额，借记“应交税费——简易计税”账户，贷记“主营业务成本”“存货”“工程施工”等账户。

（2）金融商品转让按规定以盈亏相抵后的余额作为销售额的账务处理。金融商品实际转让月末，如产生转让收益，则按应纳税额，借记“投资收益”等账户，贷记“应交税费——转让金融商品应交增值税”账户；如产生转让损失，则按可结转下月抵扣税额，借记“应交税费——转让金融商品应交增值税”账户，贷记“投资收益”等账户。缴纳增值税时，应借记“应交税费——转让金融商品应交增值税”账户，贷记“银行存款”账户。年末，“应交税费——转让金融商品应交增值税”账户如有借方余额，则借记“投资收益”等账户，贷记“应交税费——转让金融商品应交增值税”账户。

3. 销售退回、销售折让和销售折扣方式销售的销项税额的账务处理

企业在商品销售过程中，可能会发生销售退回、销售折让和销售折扣等情况，此时，企业应分别不同情况进行相应的会计处理。

（1）销售退回的会计处理。销售退回是指企业售出的商品，由于质量、品种不符合要求等原因而发生的退货。

销售退回可能发生在企业确认收入之前，这时会计处理比较简单，只需将原已记入“发出商品”账户的商品成本转回“库存商品”账户；如企业确认收入后，又发生销售退回的，不论是当年销售的，还是以前年度销售的，一般均应冲减退回当月的销售收入，同时冲减退回当月的销售成本；企业发生销售退回时，如按规定允许扣减当期销项税额的，应同时用红字冲减“应交税费——应交增值税”账户的“销项税额”专栏。

【技能操作】

【例 2-19】 2019 年 8 月 10 日，齐鲁公司销售甲商品一批，增值税专用发票上注明价款 20 000 元，增值税额 2 600 元，收到对方签发的转账支票一张，商品已发出。齐鲁公司的会计处理如下：

① 销售商品时：

借：银行存款 22 600

  贷：主营业务收入 20 000

    应交税费——应交增值税（销项税额） 2 600

② 月末，结转商品销售成本时：

设该批商品成本为 12 000 元。公司于 2019 年 8 月底结转商品销售成本，齐鲁公司的会计处理如下：

借：主营业务成本 12 000

  贷：库存商品 12 000

③ 销售退回时：

设当年 9 月份，上述甲商品因质量严重不合格被买方退回，收到退回甲商品并签发的转账支票一张退回货款及税款，允许扣减当期销项税。齐鲁公司的会计处理如下：

借：主营业务收入 20 000

  贷：应交税费——应交增值税（销项税额） 2 600

    银行存款 22 600

借：库存商品 12 000

  贷：主营业务成本 12 000

（2）销售折让的账务处理。销售折让是指企业因售出商品的质量不合格等原因而在售价上给予的减让。销售折让虽然也是在货物销售之后发生的，但其实质却是原销售额的减少。

企业会计制度规定，销售折让应在实际发生时冲减当期的销售收入。

在纳税实务中要注意：购货方必须取得当地主管税务机关开具的“进货退出或索取折让证明单”（以下简称“证明单”）送交销货方，作为销货方开具红字增值税专用发票的合法依据。销货方在未收到证明单以前，不得开具红字增值税专用发票；收到证明单后，方可根据折让金额向购货方开具红字增值税专用发票。红字增值税专用发票的存根联、记账联作为销货方扣减当期销项税额的凭证。

购货方收到红字增值税专用发票后，应将红字专用发票所注明的增值税额从当期进项税额中扣减；如不扣减，将造成进项税额虚增，减少纳税，这是税法所不允许的，属于偷税行为。

【技能操作】

【例 2-20】 2019 年 9 月 10 日，齐鲁公司销售一批商品，增值税专用发票上注明的售价为 10 000 元，增值税额 1 300 元，款项尚未收到。货到后购货方发现商品质量不合格，要求在价格上给予 5% 的折让。齐鲁公司的账务处理如下：

① 销售实现时：

借：应收账款 11 300

  贷：主营业务收入 10 000

    应交税费——应交增值税（销项税额） 1 300

② 发生销售折让时：

借：主营业务收入	500	
贷：应收账款		565
应交税费——应交增值税（销项税额）		65

③ 实际收到款项时：

借：银行存款	10 735	
贷：应收账款		10 735

(3) 商业折扣的账务处理。商业折扣是指销货方在销售货物或应税劳务时，因购货方购货数量较大等原因，而给予购货方的价格优惠。例如，购买5件，销售价格折扣10%；购买10件，销售价格折扣20%等。商业折扣的特点是，折扣是在实现销售的同时发生的。

企业会计制度规定，企业采用商业折扣方式销售货物的，应按最终成交价格进行商品收入的计量。纳税人采取商业折扣方式销售货物，如果原销售额与折扣额在同一张发票上分别注明的，可按折扣后的销售额（净额）征收增值税；如果原销售额与折扣额分开开发票，一律以原销售额计税。之所以要对商业折扣规定销售额与折扣额须在同一张发票上分别注明，这是从保证增值税征税、扣税相一致的角度考虑的。如果允许对销售额开一张销售发票，对折扣额再开一张退款红字发票，就可能导致销货方按减除折扣额后的销售额计算销项税额，而购货方却按未减除折扣额的销售额进行抵扣的问题。这种造成增值税计算征收混乱的做法是税法所不允许的。

另外，商业折扣仅限于货物价格的折扣，如果销货方将自产委托加工或购买的货物用于实物折扣，则该实物款额不能从货物销售额中减除，且该实物应按《增值税暂行条例实施细则》第四条"视同销售货物"中的"无偿赠送其他单位或个人"的规定计算缴纳增值税。

【技能操作】

【例2-21】 某电视机企业在新年前夕销售彩电实行8折，原销售额（含税）为113 000元，增值税税率为13%，该企业将原销售额和折扣额开在同一张增值税专用发票上，收到转账支票一张，金额为90 400元。该企业的账务处理如下：

借：银行存款	90 400	
贷：主营业务收入		80 000
应交税费——应交增值税（销项税额）		10 400

如果该企业原销售额与折扣额没有开在同一张发票上，则该企业此笔业务的"应交税费——应交增值税（销项税额）"为13 000元。

(4) 现金折扣的账务处理。现金折扣是指债权人为鼓励债务人在规定的付款期内付款，而向债务人提供的债务扣除。现金折扣通常发生在以赊销方式销售商品及提供劳务的交易中，企业为了鼓励客户提前偿付货款，与债务人达成协议，债务人在不同期限内付款可享受不同比例的折扣。例如，10天内付款，货款折扣2%；20天内付款，货款折扣1%；30天内付全款。

由于现金折扣发生在销货之后，其本质上是一种融资性质的理财费用，因此，企业会计制度规定，企业应采用总价法对现金折扣进行会计处理，在确定商品销售收入时，对现金折扣不予扣除。税法也规定，现金折扣不得从销售额中减除。现金折扣是企业为了尽快回笼资金而发生的理财费用，因此应在实际发生时计入财务费用，在计算企业所得税时准予扣除。

【技能操作】

【例2-22】 2019年9月1日，齐鲁公司销售一批商品100件，增值税专用发票上注明售价10 000元，增值税额1 300元。货款尚未收到。公司为了及早收回货款而在合同中规定现金折扣条件"2/10，1/20，*n*/30"，假定计算折扣时不考虑增值税。齐鲁公司的账务处理如下：

9月1日销售实现时，应按总售价确认商品销售收入：

借：应收账款　　11 300

　贷：主营业务收入　　10 000

　　　应交税费——应交增值税（销项税额）　　1 300

如果9月9日购买方付清货款，则买方按售价10 000元的2%享受200元（10 000×2%）的现金折扣，实际付款11 100元（11 300－200）。齐鲁公司的账务处理如下：

借：银行存款　　11 100

　　财务费用　　200

　贷：应收账款　　11 300

如果9月18日购买方付清货款，则买方应享受的现金折扣为100元（10 000×1%），实际付款11 200元。齐鲁公司的账务处理如下：

借：银行存款　　11 200

　　财务费用　　100

　贷：应收账款　　11 300

如果购买方在9月底才付款，则买方应按全额付款。齐鲁公司的账务处理如下：

借：银行存款　　11 300

　贷：应收账款　　11 300

4. 视同销售的销项税额的账务处理

视同销售是指企业以其自产的货物进行对外投资、换取固定资产、用于职工福利和无偿赠送他人等行为。按税法规定，视同销售货物，需要开具增值税专用发票，计算应交增值税。此时，计算应缴纳的增值税仍然作为销项税额，按同类货物的公允价值和规定的增值税税率计算的销项税额，贷记"应交税费——应交增值税（销项税额）"或"应交税费——简易计税"账户；按货物的公允价值，贷记"主营业务收入""其他业务收入"等账户；而借方应视具体情况，借记"在建工程""长期股权投资""应付职工薪酬"等账户；同时按规定结转产品的销售成本。

《企业会计准则》中的会计处理与税务会计处理已基本接近。按《企业会计准则——应用指南》有关解释，这些视同销售行为中，除将货物交付他人销售、视同买断的代销货物，以及自制、委托加工的商品产品用于职工福利、对外投资、分配给股东或投资者等，在会计核算时应确认为主营业务收入外，其余视同销售行为在会计上不作为销售处理。

【技能操作】

【例 2-23】 2019 年 9 月 10 日，齐鲁公司将自产的一批产品向华夏公司进行投资。该批产品的成本为 150 000 元，公允价值为 200 000 元，增值税税率为 13%。齐鲁公司的账务处理如下：

销项税额＝200 000×13%＝26 000(元)

借：长期股权投资——其他股权投资(华夏公司)	226 000	
贷：主营业务收入		200 000
应交税费——应交增值税(销项税额)		26 000
借：主营业务成本	150 000	
贷：库存商品		150 000

5. 包装物随同产品出售、出租及其押金的销项税额的账务处理

包装物是指为包装产品而储备的各种包装容器，如桶、箱、瓶、坛、袋等用于储存和保管产品的材料。

(1) 包装物随同产品出售的会计处理。包装物随同产品出售应按其是否单独计价，分别进行会计处理：

第一，包装物随同产品出售不单独计价时，其收入随同销售的产品一起记入“主营业务收入”账户，因此，其应缴纳的增值税与因产品销售应缴纳的增值税一起记入“应交税费——应交增值税(销项税额)”或“应交税费——简易计税”账户；即按包装物与产品的销售额合计计算的应纳增值税额，借记“银行存款”等账户，贷记“应交税费——应交增值税(销项税额)”或“应交税费——简易计税”账户。在企业销售产品时，按包装物的成本，借记“销售费用”账户，贷记“周转材料”或“包装物”账户。

【技能操作】

【例 2-24】 齐鲁公司销售产品领用包装用纸箱 10 个，纸箱实际单位成本为 60 元，不单独计价。齐鲁公司收取货款 10 000 元，增值税额 1 300 元，商品已发出，款项收到并已存入银行。齐鲁公司的账务处理如下：

借：银行存款	11 300	
贷：主营业务收入		10 000
应交税费——应交增值税(销项税额)		1 300

结转包装物成本时：

借：销售费用	600	
贷：周转材料		600

第二，包装物随同产品出售且单独计价的，其收入记入“其他业务收入”账户单独反映，于销售发出时视同销售材料，作为“其他业务收入”处理，并计算应交增值税，贷记“应交税费——应交增值税(销项税额)”或“应交税费——简易计税”账户；同时，应单独反映其销售成本(或支出)，借记“其他业务成本”账户，贷记“周转材料”或“包装物”账户。

【技能操作】

【例 2-25】 齐鲁公司销售产品领用包装用纸箱 10 个,纸箱实际单位成本为 50 元,单独计价。齐鲁公司收取货款 10 600 元,增值税额 1 378 元,其中商品款项 10 000 元,商品已发出,款项收到并已存入银行。齐鲁公司的会计处理如下:

借:银行存款　　11 978
　贷:主营业务收入　　10 000
　　其他业务收入　　600
　　应交税费——应交增值税(销项税额)　　1 378

结转包装物成本时:

借:其他业务成本　　500
　贷:周转材料　　500

(2) 包装物出租及其押金的账务处理。出租包装物,属于企业的其他业务。出租包装物价值较小的,在第一次领用新包装物时,应结转其成本,借记"其他业务成本"账户,贷记"周转材料"或"包装物"账户。收到出租包装物的租金时,借记"银行存款"等账户,贷记"其他业务收入"账户,并计算增值税。

为了能保证承租方及时归还包装物,企业要收取一定的押金。收到出租包装物的押金时,借记"银行存款"等账户,贷记"其他应付款"账户。退回押金时做相反的会计分录。

【技能操作】

【例 2-26】 齐鲁公司向 A 企业出租未用铁桶 10 个,实际单位成本为 50 元,租期为 1 个月。齐鲁公司收到出租包装物押金 678 元,租金 226 元,全部款项已存入银行。假设齐鲁公司包装物价值采用一次摊销法。齐鲁公司的账务处理如下:

① 领用出租包装物时:

借:其他业务成本　　500
　贷:周转材料——铁桶　　500

② 收到出租包装物押金时:

借:银行存款　　678
　贷:其他应付款——A 企业　　678

③ 收到出租包装物租金时:

计算应缴纳的增值税额 $=226\div(1+13\%)\times13\%=26$(元)

借:银行存款　　226
　贷:其他业务收入　　200
　　应交税费——应交增值税(销项税额)　　26

对于逾期未退的包装物,没收的押金收入应视同包装物销售,作为"其他业务收入"处理,并计算应交增值税。按没收的押金,借记"其他应付款"账户;按应交增值税额,贷记"应交税费——应交增值税(销项税额)"或"应交税费——简易计税"账户;按其差额,贷记"其他业务收入"账户。

【技能操作】

【例 2-27】 承[例 2-26]，假设 A 企业逾期未退包装物，齐鲁公司没收押金。齐鲁公司的账务处理如下：

计算应缴纳的增值税税额＝678÷(1＋13%)×13%＝78(元)

借：其他应付款——A 企业　　678

　贷：其他业务收入　　600

　　应交税费——应交增值税(销项税额)　　78

对于少数出租包装物，在产品出售时已包含包装物的价值，而在销售之外另加的押金，对于逾期未退包装物没收的和加收的押金，应转作“营业外收入”处理，企业应按加收的押金，借记“其他应付款”账户；按应交的增值税、消费税等税费，贷记“应交税费”等账户；按其差额，贷记“营业外收入——逾期包装物押金没收收入”账户。

6. 特殊销售行为的销项税额的账务处理

(1) 混合销售行为的销项税额的会计处理。《营业税改征增值税试点实施办法》第四十条规定，一项销售行为如果既涉及服务又涉及货物，为混合销售。从事货物的生产、批发或者零售的单位和个体工商户的混合销售行为，按照销售货物缴纳增值税；其他单位和个体工商户的混合销售行为，按照销售服务缴纳增值税。第四十条所称从事货物的生产、批发或者零售的单位和个体工商户，包括以从事货物的生产、批发或者零售为主，并兼营销售服务的单位和个体工商户。

【技能操作】

【例 2-28】 齐鲁公司(一般纳税人)向外地销售商品，不含税售价为 100 000 元，由本公司非独立核算车队负责运输，收取运费 3 390 元，款项收到并已存入银行。齐鲁公司的账务处理如下：

计算应缴纳的增值税额＝100 000×13%＋3 390÷(1＋13%)×13%＝13 390(元)

借：银行存款　　116 390

　贷：主营业务收入　　100 000

　　其他业务收入　　3 000

　　应交税费——应交增值税(销项税额)　　13 390

(2) 纳税人兼营销售货物、劳务、服务、无形资产或者不动产，适用不同税率或者征收率的，应当分别核算适用不同税率或者征收率的销售额；未分别核算的，从高适用税率。

【技能操作】

【例 2-29】 某建材公司(一般纳税人)本月购进的建材已入库，并已通过银行付款，取得的增值税专用发票上注明的销售额为 100 000 元，增值税额为 13 000 元。销售各种建材取得不含税收入 180 000 元，从事室内装饰取得收入 60 000 元，其中，销售建材适用增值税税率 13%，提供装饰服务适用增值税税率 9%，假定支票已认证相符。该建材公司的账务处理如下：

① 购进建材时：

借：库存商品　　100 000

　应交税费——应交增值税(进项税额)　　13 000

　贷：银行存款　　113 000

② 销售建材时：

借：银行存款　　203 400

　　贷：主营业务收入　　180 000

　　　　应交税费——应交增值税（销项税额）　　23 400

③ 取得室内装饰收入，应缴纳增值税额＝60 000×9%÷（1＋9%）＝4 954.13（元），则相应的账务处理如下：

借：银行存款　　60 000

　　贷：其他业务收入　　55 045.87

　　　　应交税费——应交增值税（销项税额）　　4 954.13

（四）预交增值税的账务处理

企业预交增值税时，借记“应交税费——预交增值税”账户，贷记“银行存款”账户。月末，企业应将“预交增值税”明细账户余额转入“未交增值税”明细账户，借记“应交税费——未交增值税”账户，贷记“应交税费——预交增值税”账户。房地产开发企业等在预交增值税后，应直至纳税义务发生时方可从“应交税费——预交增值税”账户结转至“应交税费——未交增值税”账户。

（五）减免增值税的账务处理

对于当期直接减免的增值税额，借记“应交税费——应交增值税（减免税款）”账户，贷记损益类相关账户。

（六）一般纳税人增值税结转及上缴的账务处理

一般纳税人在月末应计算出“应交税费——应交增值税”账户的本期借方、贷方发生额和期末余额。该账户期末若为贷方余额，表示本月应交未交增值税，则从“应交税费——应交增值税（转出未交增值税）”账户转入“应交税费——未交增值税”账户的贷方。该账户期末若为借方余额，则需要进行区分：如果借方余额表示本月尚未抵扣的进项税额，不必结转，可以结转下期继续抵扣；如果借方余额表示本月多交的增值税，则从“应交税费——应交增值税（转出多交增值税）”账户转入“应交税费——未交增值税”账户的借方。

为区分纳税人上缴以前月份应交未交增值税与上缴当月应交未交增值税，需进行不同的会计处理。纳税人将本月应交的增值税在本月上缴时，借记“应交税费——应交增值税（已交税金）”账户，贷记“银行存款”账户；如果企业收到税务机关退回多缴的增值税时，编制相反的会计分录。纳税人上缴以前月份应交未交的增值税，借记“应交税费——未交增值税”账户，贷记“银行存款”账户。

【技能操作】

【例 2-30】 假设齐鲁公司 6 月份上缴 5 月份未交增值税 10 000 元，6 月末上缴当月应交增值税 60 000 元，尚有 20 000 元应交增值税未交。齐鲁公司的会计处理如下：

① 本月上缴上月未交的增值税时：

借：应交税费——未交增值税　　10 000

　　贷：银行存款　　10 000

② 本月上缴本月应交的增值税时：

借：应交税费——应交增值税（已交税金）　　60 000

　　贷：银行存款　　60 000

③ 月末，结转本月未交增值税时：

借：应交税费——应交增值税（转出未交增值税） 20 000

贷：应交税费——未交增值税 20 000

二、小规模纳税人增值税的账务处理

（一）小规模纳税人增值税会计核算的账户设置

小规模纳税人的购销业务的会计处理与一般纳税人基本相同，但不得抵扣进项税。因此，小规模纳税人只需在“应交税费”总账账户下设置“应交增值税”二级账户，无须再设置除“转让金融商品应交增值税”“代扣代交增值税”外的明细账户。该账户可采用三栏式账簿格式，贷方登记按计税依据与征收率计算出的应纳税额，如有因销货退回应冲减的应纳税额，以红字登记；借方登记已缴纳的增值税额，如有多缴退回的增值税额，以红字登记。期末借、贷方发生额相抵之后，若为贷方余额，表示企业应交或欠交的增值税额；若为借方余额，表示企业多缴的增值税额；期末余额若为零，则表示企业已结清税款。

（二）小规模纳税人增值税的会计处理

1. 小规模纳税人采购等业务的账务处理

小规模纳税人购买物资、服务、无形资产或不动产，取得增值税专用发票上注明的增值税应计入相关成本费用或资产，不通过“应交税费——应交增值税”账户核算。

【技能操作】

【例 2-31】 甲企业为小规模纳税人，2019 年 8 月购入一批原材料，取得增值税专用发票，发票上注明价款 6 000 元，增值税额 780 元，价税合计 6 780 元。该企业采用实际成本计价法核算原材料，通过银行转账付款。甲企业的会计处理如下：

借：原材料 6 780

贷：银行存款 6 780

2. 小规模纳税人销售业务的账务处理

小规模纳税人销售货物、加工修理修配劳务、服务、无形资产或不动产，应当按应收或已收的金额借记“应收账款”“应收票据”“银行存款”等账户，按取得的收入金额，贷记“主营业务收入”“其他业务收入”“固定资产清理”“工程结算”等账户，按现行增值税制度规定计算的销项税额，贷记“应交税费——应交增值税”账户；发生销售退回的，做相反的会计分录。

【技能操作】

【例 2-32】 甲企业为小规模纳税人，采用销售额与税额合并定价。甲企业 2019 年 8 月销售货物取得贷款 103 000 元，已存入银行，按 3%的征收率计算增值税。甲企业的会计处理如下：

不含税销售额＝103 000÷（1＋3%）＝100 000（元）

应缴纳增值税＝100 000×3%＝3 000（元）

借：银行存款 103 000

贷：主营业务收入 100 000

应交税费——应交增值税 3 000

小规模纳税人不存在进项税额抵扣销项税额的问题，故当月实际应缴纳增值税 3 000 元。

3. 小微企业免征增值税的账务处理

小微企业在取得销售收入时，应当按照税法的规定计算应交增值税，并确认为应交税费，在达到增值税制度规定的免征增值税条件时，将有关应交增值税转入当期损益。

【技能操作】

【例 2-33】 A 企业为小微企业，当月取得销售含税收入 10 300 元，达到增值税制度规定的免征增值税条件。A 企业的账务处理如下：

当月 A 企业销售额＝10 300÷(1＋3%)＝10 000(元)

确认收入时：

借：银行存款	10 300	
贷：主营业务收入		10 000
应交税费——应交增值税		300

达到免征增值税条件时：

借：应交税费——应交增值税	300	
贷：营业外收入		300

第四讲　增值税的纳税申报

【知识要点】

一、纳税义务发生时间

纳税义务发生时间是纳税人销售货物、提供应税劳务和发生应税行为应当承担纳税义务的起始时间。《增值税暂行条例》明确规定了增值税纳税义务发生时间。具体规定如下所述。

(一) 销售货物或者提供应税劳务的纳税义务发生时间

纳税人销售货物或者提供应税劳务，其纳税义务发生时间为收讫销售款项或者取得索取销售款项凭据的当天；先开具发票的，为开具发票的当天。其中，收讫销售款项或者取得索取销售款项凭据的当天按销售结算方式的不同确定纳税义务发生时间：

(1) 采取直接收款方式销售货物，不论货物是否发出，均为收到销售款或者取得索取销售款凭据的当天。纳税人生产经营活动中采取直接收款方式销售货物，已将货物移送对方并暂估销售收入入账，但既未取得销售款或取得索取销售款凭据，也未开具销售发票的，其增值税纳税义务发生时间为取得销售款或取得索取销售款凭据的当天；先开具发票的，为开具发票的当天。

(2) 采取托收承付和委托银行收款方式销售货物，为发出货物并办妥托收手续的当天。

(3) 采取赊销和分期收款方式销售货物，为书面合同约定的收款日期的当天；无书面合同或者书面合同没有约定收款日期的，为货物发出的当天。

(4) 采取预收货款方式销售货物，为货物发出的当天，但生产销售生产工期超过 12 个月的大型机械设备、船舶、飞机等货物，为收到预收款或者书面合同约定的收款日期的当天。

(5) 委托其他纳税人代销货物，为收到代销单位的代销清单或者收到全部或者部分货款的当天。未收到代销清单及货款的，为发出代销货物满 180 天的当天。

(6) 销售应税劳务，为提供劳务同时收讫销售款或者取得索取销售款凭据的当天。

(7) 纳税人发生除将货物交付其他单位或者个人代销和销售代销货物以外的视同销售货物行为的，为货物移送的当天。

(8) 纳税人进口货物，其纳税义务发生时间为报关进口的当天。

(二) 发生应税行为的纳税义务发生时间

纳税人发生应税行为并收讫销售款项或者取得索取销售款项凭据的当天；先开具发票的，为开具发票的当天。

收讫销售款项是指纳税人销售服务、无形资产、不动产过程中或者完成后收到款项。

取得索取销售款项凭据的当天，是指书面合同确定的付款日期；未签订书面合同或者书面合同未确定付款日期的，为服务、无形资产转让完成的当天或者不动产权属变更的当天。

除了上述一般规定外，以下行业的纳税义务发生时间为：

(1) 纳税人提供建筑服务、租赁服务采取预收款方式的，其纳税义务发生时间为收到预收款的当天。

(2) 纳税人从事金融商品转让的，为金融商品所有权转移的当天。

(3) 纳税人发生《营业税改征增值税试点实施办法》第十四条规定情形的，其纳税义务发生时间为服务、无形资产转让完成的当天或者不动产权属变更的当天。

(4) 增值税扣缴义务发生时间为纳税人增值税纳税义务发生的当天。

二、纳税期限

根据《增值税暂行条例》的规定，增值税的纳税期限分别 1 日、3 日、5 日、10 日、15 日、1 个月或者 1 个季度。

纳税人的具体纳税期限，由主管税务机关根据纳税人应纳税额的大小分别核定。以 1 个季度为纳税期限的规定适用于小规模纳税人、银行、财务公司、信托投资公司、信用社，以及财政部和国家税务总局规定的其他纳税人。不能按照固定期限纳税的，可以按次纳税。

纳税人以 1 个月或者 1 个季度为 1 个纳税期的，自期满之日起 15 日内申报纳税；以 1 日、3 日、5 日、10 日或者 15 日为 1 个纳税期的，自期满之日起 5 日内预缴税款，于次月 1 日起 15 日内申报纳税并结清上月应纳税款。

扣缴义务人解缴税款的期限，按照前两款规定执行。

纳税人进口货物，应当自海关填发海关进口增值税专用缴款书之日起 15 日内缴纳税款。

纳税人出口货物适用退(免)税规定的，应当向海关办理出口手续，凭出口报关单位等有关凭证，在规定的出口退(免)税申报期内按月向主管税务机关申报办理该项出口货物的退(免)税。

三、纳税地点

(一) 固定业户的纳税地点

固定业户应当向其机构所在地或者居住地主管税务机关申报纳税。总机构和分支机构不在同一县(市)的，应当分别向各自所在地的主管税务机关申报纳税；经财政部和国家税务总局或者其授权的财政、税务机关批准，可以由总机构汇总向总机构所在地的主管税务机关申报纳税。

(二) 非固定业户的纳税地点

非固定业户销售货物、提供劳务和发生应税行为，应当向销售地、劳务发生地和应税行为发生地、不动产所在地、自然资源所在地主管税务机关申报纳税；未申报纳税的，由其机构所在地或者居住地的主管税务机关补征税款。

(三) 其他

其他个人提供建筑服务，销售或者租赁不动产，转让自然资源使用权，应向建筑服务发生地、不动产所在地、自然资源所在地主管税务机关申报纳税。

扣缴义务人应当向其机构所在地或者居住地主管税务机关申报缴纳扣缴的税款。

四、增值税一般纳税人纳税申报

中华人民共和国境内增值税纳税人均应按照公告的规定进行增值税纳税申报。纳税申报资料包括纳税申报表及其附列资料和纳税申报其他资料。

(一) 增值税一般纳税人纳税申报材料

1. 纳税申报表及其附列资料

(1)“增值税纳税申报表(一般纳税人适用)”(见表 2-1)。

(2)“增值税纳税申报表附列资料(一)”(本期销售情况明细)(略)。

(3)“增值税纳税申报表附列资料(二)”(本期进项税额明细)(略)。

(4)“增值税纳税申报表附列资料(三)”(服务、不动产和无形资产扣除项目明细)(略)。

一般纳税人销售服务、不动产和无形资产，在确定服务、不动产和无形资产销售额时，按照有关规定可以从取得的全部价款和价外费用中扣除价款的，需填报“增值税纳税申报表附列资料(三)”。其他情况不填写该附列资料。

(5)“增值税纳税申报表附列资料(四)”(税额抵减情况表)(略)。

(6)“增值税纳税申报表附列资料(五)”(不动产分期抵扣计算表)(略)。

(7)“固定资产(不含不动产)进项税额抵扣情况表”(略)。

(8)“本期抵扣进项税额结构明细表”(略)。

(9)“增值税减免税申报明细表”(略)。

2. 纳税申报其他资料

(1) 已开具的税控机动车销售统一发票和普通发票的存根联。

(2) 符合抵扣条件且在本期申报抵扣的增值税专用发票(含税控机动车销售统一发票)的抵扣联。

(3) 符合抵扣条件且在本期申报抵扣的海关进口增值税专用缴款书、购进农产品取得的普通发票的复印件。

(4) 符合抵扣条件且在本期申报抵扣的税收完税凭证及其清单，书面合同、付款证明和境外单位的对账单或者发票。

(5) 已开具的农产品收购凭证的存根联或报查联。

(6) 纳税人销售服务、不动产和无形资产，在确定服务、不动产和无形资产销售额时，按照有关规定从取得的全部价款和价外费用中扣除价款的合法凭证及其清单。

(7) 从事建筑、房地产、金融或生活服务等经营业务的增值税一般纳税人在办理增值税纳税申报时填报，具体名单由主管税务机关确定。

(8) 主管税务机关规定的其他资料。

表 2-1　　**增值税纳税申报表**

附件 1　　（一般纳税人适用）

根据国家税收法律法规及增值税相关规定制定本表，纳税人不论有无销售额，均应按税务机关核定的纳税期限填写本表，并向当地税务机关申报。

税款所属时间：自　　年　月　日至　　年　月　日　填表日期：　　年　月　日　　金额单位：元至角分

纳税人识别号					所属行业：	
纳税人名称	（公章）	法定代表人姓名		注册地址		生产经营地址
开户银行及账号		登记注册类型			电话号码	

	项　目	栏　次	一般项目		即征即退项目	
			本月数	本年累计	本月数	本年累计
销售额	（一）按适用税率计税销售额	1				
	其中：应税货物销售额	2				
	应税劳务销售额	3				
	纳税检查调整的销售额	4				
	（二）按简易办法计税销售额	5				
	其中：纳税检查调整的销售额	6				
	（三）免、抵、退办法出口销售额	7			—	—
	（四）免税销售额	8			—	—
	其中：免税货物销售额	9			—	—
	免税劳务销售额	10			—	—
税款计算	销项税额	11				
	进项税额	12				
	上期留抵税额	13		—		—
	进项税额转出	14				
	免、抵、退应退税额	15			—	—
	按适用税率计算的纳税检查应补缴税额	16			—	—
	应抵扣税额合计	17＝12＋13－14－15＋16		—		—
	实际抵扣税额	18（如 17＜11，则为 17；否则为 11）				
	应纳税额	19＝11－18				
	期末留抵税额	20＝17－18		—		—
	简易计税办公计算的应纳税额	21				
	按简易计税办法计算的纳税检查补缴税额	22			—	—
	应纳税额减征额	23				
	应纳税额合计	24＝19＋21－23				
税款缴纳	期初未缴税额（多缴为负数）	25				
	实收出口开具专用缴款书退税额	26			—	—
	本期已缴税额	27＝28＋29＋30＋31				
	① 分次预缴税额	28		—		—
	② 出口开具专用缴款书预缴税额	29		—	—	—
	③ 本期缴纳上期应纳税额	30				
	④ 本期缴纳欠缴税额	31				
	期末未缴税额（多缴为负数）	32＝24＋25＋26－27				
	其中：欠缴税额（≥0）	33＝25＋26－27		—		—
	本期应补（退）税额	34＝24－28－29		—		—
	即征即退实际退税额	35	—	—		
	期初未缴查补税额	36			—	—
	本期入库查补税额	37			—	—
	期末未缴查补税额	38＝16＋22＋36－37			—	—

授权声明

如果你已委托代理人申报，请填写下列资料：
为代理一切税务事宜，现授权
（地址）
为本纳税人的代理申报人，任何与本申报表有关的往来文件，都可寄予此人。

授权人签字：

申报人声明

此纳税申报表是根据《中华人民共和国增值税暂行条例》的规定填报的，我相信它是真实的、可靠的、完整的。

声明人签字：

主管税务机关：　　　　接收人：　　　　接收日期：

3. 必报资料和其他资料的报备要求

纳税申报表及其附列资料为必报资料。纳税申报其他资料的报备要求由各省、自治区、直辖市和计划单列市国家税务局确定。

注意：纳税人跨县（市）提供建筑服务、房地产开发企业预售自行开发的房地产项目、纳税人出租与机构所在地不在同一县（市）的不动产，按规定需要在项目所在地或不动产所在地主管国税机关预缴税款的，需填写“增值税预缴税款表”。

（二）增值税小规模纳税人纳税申报资料

增值税小规模纳税人（以下简称小规模纳税人）纳税申报表及其附列资料包括以下内容。

1. “增值税纳税申报表（小规模纳税人适用）”（见表 2-2）

表 2-2　　增值税纳税申报表

（小规模纳税人适用）

纳税人识别号：□□□□□□□□□□□□□□□□□□□□□

纳税人名称（公章）：　　　　金额单位：元至角分

税款所属期：　年　月　日至　年　月　日　　　　填表日期：　年　月　日

	项　目	栏次	本期数		本年累计	
			货物及劳务	服务、不动产和无形资产	货物及劳务	服务、不动产和无形资产
一、计税依据	（一）应征增值税不含税销售额（3%征收率）	1				
	税务机关代开的增值税专用发票不含税销售额	2				
	税控器具开具的普通发票不含税销售额	3				
	（二）应征增值税不含税销售额（5%征收率）	4	—		—	
	税务机关代开的增值税专用发票不含税销售额	5	—		—	
	税控器具开具的普通发票不含税销售额	6	—		—	
	（三）销售使用过的固定资产不含税销售额	7(7≥8)		—		—
	其中：税控器具开具的普通发票不含税销售额	8		—		—
	（四）免税销售额	9=10+11=12				
	其中：小微企业免税销售额	10				
	未达起征点销售额	11				
	其他免税销售额	12				
	（五）出口免税销售额	13(13≥14)				
	其中：税控器具开具的普通发票销售额	14				

（续表）

二、税款计算	本期应纳税额	15				
	本期应纳税额减征额	16				
	本期免税额	17				
	其中：小微企业免税额	18				
	未达起征点免税额	19				
	应纳税额合计	20＝15－16				
	本期预缴税额	21			—	—
	本期应补(退)税额	22＝20－21			—	—

纳税人或代理人声明：	如纳税人填报，由纳税人填写以下各栏：
本纳税申报表是根据国家税收法律法规及相关规定填报的，我确定它是真实的、可靠的、完整的。	办税人员：　　财务负责人： 法定代表人：　　联系电话：
	如委托代理人填报，由代理人填写以下各栏：
	代理人名称(公章)：　　经办人： 联系电话：

主管税务机关：　　　　接收人：　　　　接收日期：

2.“增值税纳税申报表(小规模纳税人适用)附列资料”(略)

小规模纳税人销售服务，在确定服务销售额时，按照有关规定可以从取得的全部价款和价外费用中扣除价款的，需填报“增值税纳税申报表(小规模纳税人适用)附列资料”。其他情况不填写该附列资料。

3.“增值税减免税申报明细表”(略)

单元测试

一、单项选择题

1. 2008年修订的《增值税暂行条例》规定，自2009年1月1日起，允许增值税一般纳税人抵扣固定资产的进项税额。这种类型的增值税被称为(　　)。

A. 生产型增值税　　B. 收入型增值税　　C. 消费型增值税　　D. 积累型增值税

2. 增值税是以从事销售货物或者加工、修理修配劳务，销售服务、无形资产及不动产以及进口货物的单位和个人取得的(　　)为计税依据征收的一种流转税。

A. 销售额　　B. 增值额　　C. 营业额　　D. 收入额

3. 我国对支付运费的增值税税率为(　　)。

A. 9%　　B. 10%　　C. 13%　　D. 17%

4. 根据增值税法律制度的规定，企业发生的下列行为，不属于视同销售货物的是(　　)。

A. 将自产的货物分配给投资者　　B. 将购进的货物作为投资提供给其他单位

C. 将购进的货物用于扩建职工食堂　　D. 将委托加工的货物用于职工食堂

5. 某服装厂为增值税一般纳税人。2019年2月，该服装厂销售男装开具增值税专用发票，取得含税销售额200万元；销售女装开具增值税普通发票，取得含税销售额120万元；将外购的布料用于集体福利，该布料购进价为20万元，同类布料不含税销售价为30万元。根据增值税法律制度的规定，该服装厂当月增值税销项税额为(　　)万元。

A. 36.8　　B. 49.9　　C. 51.6　　D. 54.4

6. 甲公司为增值税一般纳税人，2019年4月将500件衬衣销售给乙商场，含税单价为113元/件；由于乙商场购进的数量较多，甲公司决定给予7折优惠，开票时将销售额和折扣额在同一张发票上的"金额"栏分别注明，已知增值税税率为13%。根据增值税法律制度的规定，甲公司该笔业务增值税销项税额的下列计算中，正确的是(　　)。

A. 500×113×13%=9 945(元)

B. 500×113×13%/(1+13%)=6 500(元)

C. 500×113×70%×13%=5 141.5(元)

D. 500×113×70%×13%/(1+13%)=4 550(元)

7. 某粮油公司为增值税一般纳税人，其主管各种杂粮、食用植物油，并兼营烟酒、饮料和罐头食品。2019年5月取得杂粮、食用植物油含税销售收入109 000元，烟酒含税销售收入30 000元，饮料和罐头食品含税销售收入56 500元。该公司2019年5月份的销项税额为(　　)元。

A. 29 786.32　　B. 23 584.07　　C. 18 951.33　　D. 271 238.89

8. 增值税一般纳税人的下列行为中，涉及的进项税额不得从销项税额中抵扣的是(　　)。

A. 将外购的货物用于抵偿债务　　B. 将外购的货物用于交际应酬

C. 将外购的货物无偿赠送给外单位　　D. 将外购的货物对外投资

9. A家电厂在2019年3月签订合同，按照B单位的要求定制一批小家电，合同要求3月15日收取预收款30万元，5月15日给B单位供货，则A家电厂此笔销售业务的增值税纳税义务发生时间是(　　)。

A. 3月15日　　B. 4月15日前　　C. 5月15日　　D. 6月15日前

10. 甲公司为增值税一般纳税人。2019年5月，甲公司将一套机器设备出租给乙公司，收取了不含税租金10万元。甲公司该笔收入的销项税额为(　　)万元。

A. 1.7　　B. 1.3　　C. 1.1　　D. 0.6

11. 某生产企业(增值税一般纳税人)2019年7月销售化工产品取得含税销售额766.14万元，为销售货物出借包装物收取押金15.21万元，约定3个月内返还；当月没收逾期未退还包装物的押金1.254 3万元。该企业2019年7月上述业务的计税销售额为(　　)万元。

A. 679.11　　B. 691　　C. 692.11　　D. 794.56

12. 增值税一般纳税企业本月销项税额大于进项税额，则月末(　　)。

A. 企业会计不做任何账务处理

B. 企业会计暂不做任何账务处理，次月初再做上缴税金的分录，即：

借：应交税费——应交增值税(已交税金)

　　贷：银行存款

C. 企业的会计处理为：

借：应交税费——未交增值税

　　贷：应交税费——应交增值税(转出多交增值税)

D. 企业的会计处理为：

借：应交税费——应交增值税(转出未交增值税)

贷：应交税费——未交增值税

二、多项选择题

1. 依据增值税的有关规定，境外单位或个人在境内发生增值税劳务而在境内未设立经营机构的，增值税的扣缴义务人有(　　)。

A. 代理人　　B. 银行　　C.购买者　　D. 境外单位

2. 按照现行增值税制度的规定，下列行为中，应按“提供加工和修理修配劳务”征收增值税的有(　　)。

A. 商店服务部为顾客修理手表　　B. 企业受托为另一企业加工服装

C. 企业为另一企业修理锅炉　　D. 汽车修配厂为本厂修理汽车

3. 根据增值税法律制度的规定，增值税一般纳税人购进的下列服务中，不得抵扣进项税额的有(　　)。

A. 劳动保护　　B. 集体福利

C. 免征增值税项目　　D. 简易计税方法计税项目

4. 关于增值税一般纳税人和小规模纳税人划分的规定，下列选项中表述正确的有(　　)。

A. 个体工商户不需要办理增值税一般纳税人资格登记

B. 年应税销售额超过小规模纳税人标准的其他个人不属于一般纳税人

C. 已取得增值税一般纳税人资格并兼有应税行为的试点纳税人，全面“营改增”后需要重新登记

D. 年应税销售额未超过小规模纳税人标准的企业，也可以办理一般纳税人资格登记

5. 根据我国《增值税暂行条例》的规定，下列项目中，其进项税额不得从销项税额中抵扣的有(　　)。

A. 因自然灾害毁损的库存商品

B. 因管理不善被盗窃的产成品所耗用的外购原材料

C. 在建工程耗用的外购原材料

D. 生产免税产品接受的劳务

6. 增值税一般纳税人的下列行为中，涉及的进项税额可以从销项税额中抵扣的有(　　)。

A. 将外购的货物用于不动产基建工程　　B. 将外购的货物发给职工作为福利

C. 将外购的货物无偿赠送给外单位　　D. 将外购的货物作为实物投资

7. 下列行为中，属于增值税视同销售的有(　　)。

A. 在同一个县(市)范围内设有两个机构并实行统一核算的纳税人，将货物从一个机构移送另一机构用于销售

B. 将自产的货物作为投资

C. 将自产的货物作为股利分配给股东

D. 将委托加工收回的货物用于个人消费

8. “税金及附加”账户核算企业销售产品，提供工业性劳务或服务等负担的销售税金及附加，主要包括(　　)。

A. 城市维护建设税　　B. 消费税

C. 印花税　　D. 资源税

9. 某企业为增值税的一般纳税人，其发生(　　)业务时，应作进项税额转出。

A. 已抵扣税款的购进货物用于在建工程

B. 水灾后损失的产成品所耗用的购进货物

C. 混合销售行为涉及的非应税劳务所用购进货物

D. 为捐赠而购进的货物对外捐赠

10. 关于增值税的纳税义务发生时间和纳税地点，下列表述中正确的有(　　)。

A. 纳税人发生视同销售货物行为的，纳税义务发生时间为货物移送的当天

B. 委托其他纳税人代销货物，未收到代销清单不发生纳税义务

C. 固定业户到外县(市)提供应税劳务并持有“外出经营活动税收管理证明”的，应向劳务发生地主管税务机关申报纳税

D. 固定业户的分支机构与总机构不在同一县(市)的，应当分别向各自所在地主管税务机关申报纳税

三、判断题

1. 增值税是对纳税人生产经营活动的增值额征收的一种间接税。(　　)

2. 目前，我国增值税属于生产型增值税。(　　)

3. 只要增值税年应纳税销售额达到规定数额的企业，都可以认定为增值税一般纳税人；反之，年应税销售额未达到规定标准的企业，一律不能申请认定为一般纳税人。(　　)

4. 纳税人兼营不同税率的货物或者应税劳务，应当分别核算不同税率货物或者应税劳务的销售额，未分别核算销售额的从高适用税率。(　　)

5. 增值税一般纳税人从事应税行为，一律适用13%的基本税率。(　　)

6. 年应税销售额在30万元以上的小规模商业企业，如果会计核算健全，可以认定为一般纳税人。(　　)

7. 纳税人将自产、委托加工或者外购的货物用于集体福利或者个人消费的，视同销售货物，征收增值税。(　　)

8. 纳税人为鼓励购货方及早偿还货款，协议许诺给予购货方的销售折扣可以从销售额中减除，扣减折扣发生期的销项税额。(　　)

9. 企业因仓库保管不善，材料被盗，会计处理应为：借记“待处理财产损溢——待处理流动资产损溢”账户，贷记“原材料”“应交税费——应交增值税(销项税额)”账户。(　　)

10. 增值税的纳税人若有销售额，应按主管税务机关核定的纳税期限如实填写“增值税纳税申报表”，并于次月1日起15日内，向当地税务机关申报；若无销售额，则不用进行申报。(　　)

四、简答题

1. 增值税的概念及其特点是什么？

2. 增值税的征税范围有哪些？

3. 什么是进项税额？其应如何抵扣？哪些进项税额不得从销项税额中抵扣？

4. 对兼营或混合销售行为如何进行纳税？

5. 一般纳税人增值税会计处理需设置哪些会计账户？

实务训练

1. 甲企业(一般纳税人)受托代销某品牌服装,取得代销收入 9.04 万元(零售价),与委托方进行结算,取得的增值税专用发票上注明的税额为 0.8 万元。计算甲企业应缴纳的增值税额。

2. 某企业(一般纳税人)从某供销社购进劳保用品,取得增值税专用发票,注明价款 20 万元、增值税额 2.6 万元,赠送给关系单位。计算该企业应缴纳的增值税额。

3. 某商场为增值税一般纳税人,以旧换新电冰箱一台,新货零售价为 3 000 元/台,回收旧货价为 100 元/台。计算该商场应缴纳的增值税额。

4. 某食品厂为增值税一般纳税人。该厂 2019 年 2 月从农民手中购进小麦,收购发票上注明买价 5 万元,支付运费,取得增值税专用发票,注明金额 0.6 万元,本月销售黄豆制品等,取得不含税销售额 20 万元。假定当月取得的相关票据均符合税法规定并在当月抵扣进项税,请计算该厂当月应该缴纳的增值税额。

5. 齐鲁公司是增值税一般纳税人,2019 年 11 月外购原材料一批,取得的增值税专用发票上注明销售额为 100 000 元。11 月齐鲁公司用该批原材料的 20%向甲企业投资,原材料加价 10%后作为投资额;月底,齐鲁公司职工食堂装修领用该批原材料的 10%。计算齐鲁公司 11 月份销项税额和可以抵扣的进项税额。

6. 某商店为增值税小规模纳税人,8 月取得零售收入总额 12.36 万元。计算该商店 8 月应缴纳的增值税额。

7. M 公司接受 A 企业以原材料作为投资,开出一份增值税专用发票,直接将货物送到仓库验收入库。增值税专用发票上注明货款为 256 410 元、税款为 33 333.3 元,假设确认 M 公司的注册资本份额为 250 000 元。编制该业务的会计分录。

8. 甲公司 3 月份向农业生产者购进免税农产品一批,买价为 10 000 元,产品已验收入库,价款尚未支付。编制该业务的会计分录。

9. 甲公司属增值税一般纳税人,销售货物采用 13%的增值税税率。2019 年甲公司购入一批生产用原材料,该批原材料的不含税价格为 10 000 元,取得了增值税专用发票,后来该批原材料由于管理不善变质导致无法使用。编制该业务的会计分录。

10. 甲公司为一家家电生产企业,共有职工 300 名,其中,生产工人 240 人,生产车间技术人员、管理人员 40 人,企业管理人员 20 人。2 月份,公司以其生产成本为 500 元的加湿器作为春节福利发放给公司每名职工。该型号加湿器的售价为每台 700 元。编制该业务的会计分录。

第三单元　消费税

导学目标

本单元主要讲述消费税的主要内容、应纳税额的计算及其会计处理，同时介绍消费税的纳税申报。完成学习任务后，应该掌握如下内容：

1. 掌握消费税的纳税人、税目、征收范围、减免税规定。
2. 理解并掌握应纳税额的计算。
3. 掌握消费税的核算账户及其会计处理方法。
4. 了解消费税的申报与缴纳。

导学案例

小王大学毕业后到三保实业有限公司担任税务会计工作，该公司是一家化妆品生产销售企业，主要生产“青春宝”牌化妆品，纳税人识别号为110100023422335555。2019年9月，该公司销售化妆品一批，不含增值税价款为9.2万元。随同化妆品出售包装物单独作价，共计8 000元（不含增值税），货款已收，产品发出。小王根据该笔业务计算出的公司应交消费税为27 600元（92 000×30%），但是老会计刘大姐却告诉小王他的税款计算有误，企业消费税的计税依据应该为100 000元（92 000+8 000），应纳消费税为3 000元（100 000×30%）。这让小王百思不得其解。

刘大姐说，税法规定，应税消费品连同包装物出售的，无论是否单独作价，均应并入销售额中计算消费税，因此，计税依据是100 000元，而不是92 000元。所以，要正确计算公司应缴纳的消费税，就应先熟悉消费税的纳税人、征税范围、税目和税率等具体规定，在此基础上分析企业的相关业务，才能正确计算消费税应纳税额，进行消费税的会计核算，月末还应填制消费税的纳税申报表并进行纳税申报。

我国消费税的征收历史久远，最早可以追溯到汉朝。汉昭帝为了避免酒的专卖与“商人争市利”，改酒专卖为普遍征税，允许地主、商人自行酿酒卖酒，每升酒缴税4文，纳税环节在销售之后，这可以说是我国较早的消费税征税行为。从国际上看，消费税和具有消费税性质的税种是世界各国普遍采用的一种税收征收方式。据不完全统计，目前世界上已有100多个国家开征了这一税种或类似税种。

我国现行消费税是1994年税制改革中新设置的一个税种。现行消费税的基本规范是2008年11月5日国务院第34次常务会议修订通过并颁布的《中华人民共和国消费税暂行条例》(以下简称《消费税暂行条例》)和2008年12月15日财政部和国家税务总局第51号令颁布的《中华人民共和国消费税暂行条例实施细则》(以下简称《消费税暂行条例实施细则》)。

第一讲 消费税的基本规定

【知识要点】

一、消费税的概念及特点

(一) 消费税的概念

消费税是对在我国境内从事生产、委托加工、进口应税消费品的单位和个人,就其应税消费品的销售额或销售量征收的一种税。消费税是以特定消费品为课税对象所征收的一种税,属于流转税的范畴。

消费税在征收时与增值税相配套,在对货物普遍征收增值税的基础上,选择少数消费品再征收一道消费税,形成与增值税交叉征收的双层次调节模式,目的是为了调节产品结构,抑制奢侈品、高能耗产品的生产,正确引导消费方向,缓解分配不公,保证国家财政收入。

(二) 消费税的特点

在我国的税制体制中,消费税作为一种税收,对比增值税,可以说是"配角"。两者相比,有许多共同点,包括征收对象都是货物,都以货物的流转额为计税依据,都是流转税,都是具有转嫁性质的间接税。但两者也有许多不同点。相比增值税,消费税的主要特点如下所述。

1. 征收范围的选择性

消费税是在对货物普遍征收增值税的基础上,选择少数消费品再征收一道消费税。我国消费税目前共设置15个税目,并且明确规定,只对消费税税目上列举的应税消费品征收消费税,没有列举的则不征收消费税。

2. 征收环节的单一性

一般情况下,消费税征税环节具有单一性,主要在生产销售和进口环节征收。只要在其中一个环节纳税后,其他环节都不再征收消费税。因此,消费税属于一次课税制,而增值税则是多次课税制。

3. 平均税率水平较高且税负差异较大

消费税是国家运用税收杠杆对某些消费品进行特殊调节的税种,为了有效体现国家调节产品结构、正确引导消费方向、缓解分配不公的政策,其平均税负水平较高,且对不同税目的应税消费品,税率、税额差异较大,即根据国家政策,设计高低不等的消费税税率、税额。对一些限制生产,同时限制消费的应税消费品设计较高的税率;对一些只限制消费,不限制生产的应税消费品,从低设计税率。我国消费税是与增值税相互配合而设置的。这种办法下对某些需要特殊调节的消费品在征收增值税的同时,再征收一道消费税,从而形成了一种交叉调节的间接税体系。

4. 征收方法的灵活性

为体现消费税的调节目的,消费税根据不同消费品的价格和计量特点选择了不同的计征方法。与其他流转税单一的征收方法相比，消费税更具有灵活性。目前消费税的计征方法有从价定率、从量定额和从价定率从量定额复合计征三种。

5. 税负具有转嫁性

消费税是对消费应税消费品的课税。与增值税相同的是，两者都属于间接税，税收随价格转嫁给消费者负担，消费者是税款的实际负担者。与增值税不同的是，消费税是价内税，形成商品价格的组成部分，而增值税则是价外税。

二、消费税的纳税人和征税范围

（一）消费税的纳税人

《消费税暂行条例》规定，在中华人民共和国境内生产、委托加工和进口《消费税暂行条例》规定的应税消费品的单位和个人，以及国务院确定的销售《消费税暂行条例》规定的消费品的其他单位和个人，为消费税的纳税人，应当依照《消费税暂行条例》缴纳消费税。

其中，“在中华人民共和国境内”是指生产、委托加工和进口应税消费品的起运地或所在地在我国境内。

“单位”包括企业、行政单位、事业单位、军事单位、社会团体及其他单位。

“个人”是指个体工商户及其他个人。

（二）消费税的征税范围

目前，消费税的征税范围包括生产、委托加工、进口、零售、移送使用应税消费品及卷烟批发，消费税分别在相应的环节征收。

1. 对生产应税消费品在生产销售环节征税

生产应税消费品销售是消费税征收的主要环节，因为一般情况下，消费税具有单一环节征税的特点。对于大多数消费税应税商品而言，在生产销售环节征税以后，流通环节不用再缴纳消费税。纳税人生产应税消费品，除了直接对外销售应征收消费税外，如将生产的应税消费品换取生产资料、消费资料、投资入股、偿还债务，以及用于继续生产应税消费品以外的其他方面都应缴纳消费税。

2. 对委托加工应税消费品在委托加工环节征税

所谓委托加工的应税消费品，是指由委托方提供原料和主要材料，受托方只收取加工费和代垫部分辅助材料加工的应税消费品。由受托方提供原材料或其他情形的一律不能视同加工应税消费品。委托加工的应税消费品收回后，再继续用于生产应税消费品销售且符合现行政策规定的，其加工环节缴纳的消费税款可以扣除。

3. 对进口应税消费品在进口环节征税

单位和个人进口属于消费税纳税范围的货物，在进口环节需要缴纳消费税。为了减少征税成本，进口应税消费品的消费税由海关代征。

4. 对零售应税消费品在零售环节征税

经国务院批准，自1995年1月1日起，金银首饰消费税由生产销售环节征收改为零售环节征收。改在零售环节征收消费税的金银首饰仅限于金基、银基合金首饰以及金、银和金基、银基合金的镶嵌首饰，进口环节暂不征收，零售环节适用税率5%，在纳税人销售金银首饰、钻石及钻石饰品时征收。

5. 对移送使用应税消费品在移送使用环节征税

如果企业在生产经营的过程中，将应税消费品移送用于加工非应税消费品，则应对移送部分征收消费税。

6. 对批发卷烟在卷烟的批发环节征税

纳税人兼营卷烟批发和零售业务的，应分别核算批发和零售环节的销售额、销售数量；未分别核算的，按照全部销售额、销售数量计征批发环节消费税。纳税人销售给纳税人以外的单位和个人的卷烟于销售时纳税。纳税人之间销售的卷烟不缴纳消费税。卷烟消费税在生产和批发两个环节征收后，批发企业在计算纳税时不得扣除已含的生产环节的消费税税款。

【知识点归纳】

1. 消费税与增值税纳税的比较

消费税与增值税纳税环节对比，如表 3-1 所示。

表 3-1　　消费税与增值税纳税环节对比

环　节		增值税	消费税
进口应税消费品		缴纳	缴纳（金、银、钻、铂金除外）
生产应税消费品出厂销售		缴纳	缴纳（金、银、钻、铂金除外）
移送使用	将自产应税消费品用于连续生产应税消费品	无	无
	将自产应税消费品用于连续生产非应税消费品	无	缴纳
将自产应税消费品用于投资、分红、赠送、职工福利		缴纳	缴纳
批发应税消费品		缴纳	缴纳（仅限于卷烟）
零售应税消费品		缴纳	缴纳（仅限于金银首饰、铂金首饰、钻石及钻石饰品）

2. 消费税纳税人范围

消费税纳税人范围，如表 3-2 所示。

表 3-2　　消费税纳税人范围

消费税的纳税人		备　注
生产（含视为生产行为）应税消费品的单位和个人	自产销售	纳税人销售时使用
	自产自用	纳税人自产的应税消费品，用于连续生产应税消费品的，不纳税用于其他方面的，于移送使用时纳税
进口应税消费品的单位和个人		进口应税消费品的收货人或办理报关手续的单位和个人为消费税的纳税人，进口消费税由海关代征
委托加工应税消费品的单位和个人		委托加工的应税消费品，除受托方为个人外，由受托方在向委托方交货时代收代缴税款
零售金银首饰、铂金首饰、钻石及钻石饰品的单位和个人		生产、进口和批发金银首饰、铂金首饰、钻石及钻石饰品时不征收消费税，纳税人在零售时纳税
从事卷烟批发业务的单位和个人		纳税人（卷烟批发商）销售给纳税人以外的单位和个人的卷烟于销售时纳税，纳税人（卷烟批发商）之间销售的卷烟不缴纳消费税

注意：鉴于消费税与增值税的双重征收关系，加之消费税的征收限定了特定的消费品范围，又限定了具体征税的环节，使得缴纳消费税的纳税人一般也是缴纳增值税的纳税人。

三、消费税的税目和税率

目前，我国消费税税目包括烟、酒、化妆品等15类商品，部分税目还进一步划分了若干子目。

当然这些税目还会根据经济发展、环境保护等国家大政方针进行修订。2014年12月1日，我国取消对汽车轮胎、酒精征收消费税。2015年2月1日起，我国对电池、涂料征收消费税。

现行消费税税目、税率(额)表，如表3-3所示。

表3-3　现行消费税税目、税率(额)表

税　目	税率(额)
一、烟	
1. 卷烟	
(1) 甲类卷烟(生产或进口环节)	56%加0.003元/支
(2) 乙类卷烟(生产或进口环节)	36%加0.003元/支
(3) 批发环节	11%加0.005元/支
2. 雪茄烟	36%
3. 烟丝	30%
二、酒	
1. 白酒	20%加0.5元/500克(或者500毫升)
2. 黄酒	240元/吨
3. 啤酒	
(1) 甲类啤酒	250元/吨
(2) 乙类啤酒	220元/吨
4. 其他酒	10%
三、高档化妆品	15%
四、贵重首饰及珠宝玉石	
1. 金银首饰、铂金首饰和钻石及钻石饰品	5%
2. 其他贵重首饰和珠宝玉石	10%
五、鞭炮、焰火	15%
六、成品油	
1. 汽油	1.52元/升
2. 柴油	1.20元/升
3. 航空煤油	1.20元/升
4. 石脑油	1.52元/升

（续表）

税　目	税率(额)
5. 溶剂油	1.52 元/升
6. 润滑油	1.52 元/升
7. 燃料油	1.20 元/升
七、摩托车	
1. 气缸容量(排气量,下同)为 250 毫升(含 250 毫升)以下的	3%
2. 气缸容量为 250 毫升以上的	10%
八、小汽车	
1. 乘用车	
(1) 气缸容量(排气量,下同)在 1.0 升(含 1.0 升)以下的	1%
(2) 气缸容量在 1.0 升以上至 1.5 升(含 1.5 升)的	3%
(3) 气缸容量在 1.5 升以上至 2.0 升(含 2.0 升)的	5%
(4) 气缸容量在 2.0 升以上至 2.5 升(含 2.5 升)的	9%
(5) 气缸容量在 2.5 升以上至 3.0 升(含 3.0 升)的	12%
(6) 气缸容量在 3.0 升以上至 4.0 升(含 4.0 升)的	25%
(7) 气缸容量在 4.0 升以上的	40%
2. 中轻型商用客车	5%
九、高尔夫球及球具	10%
十、高档手表	20%
十一、游艇	10%
十二、木制一次性筷子	5%
十三、实木地板	5%
十四、电池	4%
十五、涂料	4%

在学习消费税税目时,需要注意以下问题。

(一) 烟

本税目设置子目:

(1) 卷烟。

(2) 雪茄烟。

(3) 烟丝。

卷烟生产、批发、委托加工和进口环节均采用从量加从价的复合计税的方式。

自 2009 年 5 月 1 日起,在卷烟批发环节加征一道从价计征的消费税,适用税率 5%,2015 年 5 月 10 日起,卷烟批发环节从价税税率由 5%调整为 11%,并按 0.005 元/支加征从量税。

雪茄烟和烟丝执行比例税率。

(二) 酒

本税目设置子目：

(1) 白酒。

(2) 黄酒。

(3) 啤酒。

(4) 其他酒。

白酒采用复合计税的方法。

对以蒸馏酒或食用酒精为酒基，具有国食健字或卫食健字文号且酒精度低于38度(含)的配制酒，或以发酵酒为酒基，酒精度低于20度(含)的配制酒，按“其他酒”10%适用税率征收消费税。其他配制酒，按“白酒”税率征收消费税。

啤酒(220元/吨和250元/吨)、黄酒采用定额税率。

果啤属于啤酒税目。

饮食业、商业、娱乐业举办的啤酒屋(啤酒坊)利用啤酒生产设备生产的啤酒，应当征收消费税。

葡萄酒消费税适用“酒”税目下设的“其他酒”子目。

(三) 高档化妆品

这里的高档化妆品含高档美容、修饰类化妆品、成套化妆品、高档护肤类化妆品，不含舞台、戏剧、影视演员化妆用的上妆油、卸妆油、油彩。

(四) 贵重首饰及珠宝玉石

这里的贵重首饰及珠宝玉石包括各种金银珠宝首饰和经采掘、打磨、加工的各种珠宝玉石。其纳税环节，如图3-1所示。

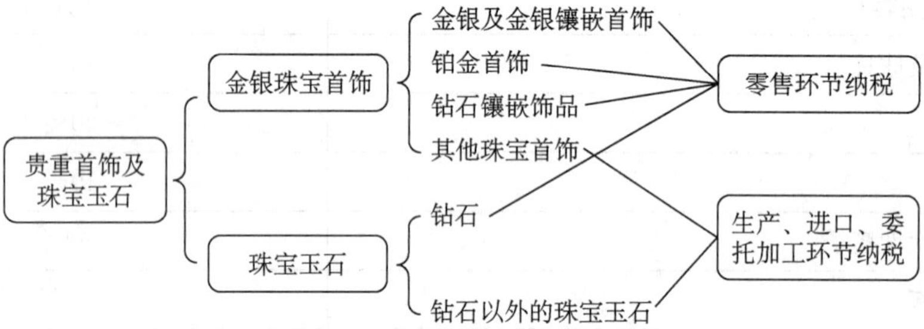

图3-1 贵重首饰及珠宝玉石的纳税环节

(五) 鞭炮焰火

本税目不含体育用的发令纸、鞭炮药引线。

(六) 成品油

成品油计税方法，如表3-4所示。

表3-4 成品油计税方法

税目	子　目	注意事项
成品油	1. 汽油 2. 柴油 3. 石脑油(也称化工轻油) 4. 溶剂油 5. 航空煤油(暂缓征收) 6. 润滑油 7. 燃料油(也称重油、渣油)	各子目计税时，吨与升之间计量单位换算标准的调整由财政部、国家税务总局确定

对成品油计税时，有以下注意事项：

(1) 用原油或其他原料加工生产的用于内燃机、机械加工过程的润滑产品均属于润滑油征税范围。润滑脂是润滑产品，生产、加工润滑脂应当征收消费税。

(2) 变压器油、导热类油等绝缘油类产品不属于润滑油，不征收消费税。

(3) 航空煤油暂缓征收消费税。

(4) 取消车用含铅汽油消费税，汽油税目不再划分二级子目，统一按照无铅汽油税率征收消费税。

(七) 小汽车

本税目设置子目：

(1) 乘用车。

(2) 中轻型商用客车。

(3) 超豪华小汽车。

含 9 座内乘用车、10～23 座内中型商用客车(按额定载客区间值下限确定)。

电动汽车以及沙滩车、雪地车、卡丁车、高尔夫车等均不属于本税目征税范围，不征消费税。

(八) 摩托车

本税目取消气缸容量 250 毫升(不含)以下的小排量摩托车税；取消最大设计车速不超过 50 千米/小时，发动机气缸点工作容量不超过 50 毫升的三轮摩托车消费税。

(九) 高尔夫球及球具

本税目包括高尔夫球、高尔夫球杆、高尔夫球包(袋)、高尔夫球杆的杆头、杆身和握把。

(十) 高档手表

这里指不含增值税售价每只在 10 000 元(含)以上的手表。

(十一) 游艇

本税目只涉及符合长度、材质、用途等项标准的机动艇。

(十二) 木制一次性筷子

本税目包括未经打磨、倒角的木质一次性筷子。

(十三) 实木地板

本税目含各类规格的实木地板、实木指接地板、实木复合地板及用于装饰墙壁、天棚的侧端面为榫、槽的实木装饰板，以及未经涂饰的素板。

(十四) 电池(新增)

本税目范围包括原电池、蓄电池、燃料电池、太阳能电池和其他电池。

自 2015 年 2 月 1 日起对电池(铅蓄电池除外)征收消费税。

【提示】

电池中的免税规定，对无汞原电池、金属氢化物镍蓄电池(又称“氢镍蓄电池”或“镍氢蓄电池”)、锂原电池、锂离子蓄电池、太阳能电池、燃料电池和全钒液流电池免征消费税。

电池中的缓税规定，铅蓄电池在 2015 年 12 月 31 日前缓征消费税，自 2016 年 1 月 1 日起按 4%税率征收消费税。

(十五) 涂料(新增)

涂料是指涂于物体表面能形成具有保护、装饰或特殊性能的固态涂膜的一类液体或固体材料的总称。自 2015 年 2 月 1 日起对涂料征收消费税，施工状态下挥发性有机物（Volatile Organic Compounds，VOC）含量低于 420 克/升（含）的涂料免征消费税。

需要着重指出的是，消费税税目、税率（税额）的调整由国务院确定，地方无权调整。

第二讲　消费税的计算

【知识要点】

一、消费税的计税依据

按照现行消费税法的基本规定，消费税应纳税额的计算主要包括从价定率计征、从量定额计征、从价从量复合计税三种方法，如表 3-5 所示。其中，对价格变动较大且便于按价格计税的税目实行从价定率征税；对价格变动较小，品种、规格比较单一的税目实行从量定额征税；对卷烟、白酒实行从价从量复合征税。

表 3-5　　消费税计税方法一览表

计税方法	计算公式	适用范围
从价定率法	应纳税额＝销售额（同类消费品售价、组成计税价格）×比例税率	表 3-3 中实行比例税率的应税消费品
从量定额法	应纳税额＝销售数量（移送使用数量、交货数量、进口数量）×定额税率	表 3-3 中实行定额税率的应税消费品（黄酒、啤酒、成品油）
复合计税法	应纳税额＝销售额（同类消费品售价、组成计税价格）×比例税率＋销售数量（移送使用数量、交货数量、进口数量）×定额税率	表 3-3 中实行复合税率的应税消费品（卷烟、白酒）

（一）从价定率计征

1. 销售额的基本内容

销售额是纳税人销售应税消费品向购买方收取的全部价款和价外费用，包括消费税但不包括增值税。

价外费用是指价外向买方收取的基金、集资费、返还利润、补贴、违约金（延期付款利息）和手续费、包装费、包装物租金、储备费、优质费、运输装卸费、代收款项、代垫款项以及其他各种性质的价外收费。但承运部门的运费发票开具给购货方的，纳税人将该项发票转交给购货方的代垫运费不包括在内。

同时，符合下列条件的代为收取的政府性基金或行政事业收费也不包括在销售额内：

（1）由国务院或者财政部门批准设立的政府性基金，由国务院或者省级人民政府及其财政、价格主管部门批准设立的行政事业性收费。

（2）收取时开具省级以上财政部门印制的财政票据。

（3）所收款项全额上缴财政。

2. 包装物的计税问题

对于非酒类应税消费品包装物押金收入，在逾期的前提下，既计征增值税又计征消费税。

包装物押金一般为含增值税的收入，在将包装物押金并入消费额征税时，应将押金换算为不含增值税的收入。

【技能操作】

【例 3-1】 三保化妆品厂(增值税一般纳税人)销售化妆品,出借包装物收取押金 1 500 元,包装物逾期未还,没收押金。

应纳消费税=1 500÷(1+13%)×15%=199.11(元)

应纳增值税=1 500÷(1+13%)×13%=172.57(元)

对于酒类应税消费品包装物押金收入的计税分为:一是啤酒、黄酒包装物押金收入,无论是否逾期,均不计征消费税(因为啤酒、黄酒从量计征消费税);但在逾期的前提下,啤酒、黄酒包装物押金则应计征增值税。二是其他酒类产品包装物押金收入,在收取当期应计征增值税和消费税。没收押金不重复计算增值税和消费税。

【技能操作】

【例 3-2】 香泉酒厂(增值税一般纳税人)主要生产粮食白酒、啤酒、黄酒等酒品。2019 年 5 月发生下列经济业务:5 月 8 日,销售粮食白酒一批,同时收取包装物押金 22 600 元;5 月 18 日,销售啤酒一批,同时收取包装物押金 58 500 元;5 月 28 日,没收已逾期一年的啤酒、黄酒包装物押金 45 200 元。

应纳消费税=22 600÷(1+13%)×20%=4 000(元)

应纳增值税=22 600÷(1+13%)×13%+45 200÷(1+13%)×13%=7 800(元)

包装物计税规则,如表 3-6 所示。

表 3-6　　包装物计税规则一览表

计税方式	包装物状态
直接并入销售额计税	应税消费品连同包装物销售的,无论包装物是否单独计价,也不论在会计上如何核算,均应并入应税消费品的销售额中征收消费税
	对酒类产品(啤酒、黄酒除外)收取的包装物押金,无论押金是否返还及会计上如何核算,均应并入酒类产品销售额中征收消费税
逾期并入销售额计税	对酒类产品、成品油以外的其他应税消费品收取的包装物押金,未到期押金不计税。但对逾期未收回的包装物不再退还的或已收取 12 个月以上的押金,应并入应税消费品的销售额,按照应税消费品的适用税率征收消费税
	对于既作价随同产品出售又另外收取押金的,凡纳税人在规定期限内没有退还押金的,均应并入应税消费品的销售额,按照应税消费品的适用税率征收消费税

3. 含增值税销售额的换算

应税消费品的销售额不应包括向买方收取的增值税额。但如果计算消费税的价格中含有增值税额时,应换算为不含增值税的销售额。换算公式为:

应税消费品的销售额=含增值税的销售额÷(1+增值税的税率或征收率)

如果消费税纳税人属于增值税一般纳税人,就按 13%的增值税税率适用上述换算公式计算;如果属于小规模纳税人,按规定不得开具增值税专用发票,就要按征收率 3%适用换算公式计算。

一般情况下,从价计算消费税的销售额与计算增值税销项税额的销售额是同一个数字。

(二) 从量定额计征

从量定额计征消费税的计算方法为销售数量和单位税额的乘积，这两个因素决定了应纳税额的多少。销售数量的具体确定方法如下：

(1) 销售应税消费品的，为应税消费品的销售数量。

(2) 自产自用应税消费品的，为应税消费品的移送使用数量。

(3) 委托加工应税消费品的，为纳税人收回的应税消费品数量。

(4) 进口的应税消费品的，为海关核定的应税消费品进口征税数量。

(三) 从价从量复合计税

只有卷烟、应税白酒采用复合计税的方法。应纳税额等于应税销售数量乘以定额税率再加上应税销售额乘以比例税率。

生产、委托加工、进口环节卷烟的从量计税部分，是以每支 0.003 元为单位税额；批发环节的卷烟从量计税部分是以每支 0.005 元为单位税额；白酒的从量计税部分是以每 500 克或每 500 毫升 0.5 元为规定的单位税额。

(四) 计税依据的特殊规定

消费税的计税依据除上述规定外，还存在着一些特殊规定，具体如下：

(1) 纳税人通过自设非独立核算门市部销售的自产应税消费品，应当按照门市部对外销售额或者销售数量计算征收消费税。

【技能操作】

【例 3-3】 某橡胶厂为增值税一般纳税人，本月销售给一汽车修理厂(小规模纳税人)汽车轮胎，开具增值税专用发票上注明的价款为 11.7 万元，以成本价转给统一核算的门市部汽车轮胎 20 万元，门市部当月取得含税收入 28.08 万元。计算该纳税人当月应纳消费税税额。

应纳消费税税额＝(11.7＋28.08)÷(1＋13％)×3％＝1.06(万元)

(2) 纳税人用于换取生产资料、消费资料、投资入股、抵偿债务等方面的应税消费品，应当以纳税人同类应税消费品的最高销售价格为依据计算消费税。

【技能操作】

【例 3-4】 某卷烟厂 5 月份以 10 个标准箱卷烟(消费税税率为 56％)换入烟丝一批，以 4 个标准箱卷烟换入家用电器一批，以 6 个标准箱卷烟抵偿某企业货款。本月按三种不含税价格销售同类卷烟，分别为 17 000 元/标准箱、17 500 元/标准箱、18 000 元/标准箱。计算应纳消费税税额。

应纳消费税税额＝20×150＋20×18 000×56％＝204 600(元)

注：一标准箱卷烟 250 条，一条 200 支，一箱 50 000 支卷烟。50 000×0.003 元/支＝150 元。

(3) 酒类关联企业之间的关联交易，应按照独立企业之间的业务往来作价计算消费税。白酒生产企业向商品销售单位收取的“品牌使用费”应并入应税白酒的销售价款，进行消费税的计算。

(4) 纳税人兼营不同税率的应税消费品，应当分别核算不同税率应税消费品的销售额或销售数量。未分别核算销售额和销售数量的,或者将不同税率的应税消费品组成成套消费品销售的,从高适用税率。

(5) 对既销售金银首饰又销售非金银首饰的生产经营单位,应将两类商品划分清楚,分别核算销售额。凡划分不清或不能分别核算的,在生产环节销售的,一律从高适用税率征收消费税;在零售环节销售的,一律按金银首饰征收消费税。金银首饰与其他产品组成成套消费品销售的,应按销售额全额征收消费税。

金银首饰连同包装物销售的,无论包装物是否单独计价,也无论会计上如何核算,均应并入金银首饰的销售额,计征消费税。

带料加工的金银首饰,应按受托方销售同类金银首饰的销售价格确定计税依据征收消费税。没有同类金银首饰销售价格,按照组成计税价格计算纳税。组成计税价格的计算公式为:

组成计税价格=(材料成本+加工费)÷(1−金银首饰消费税税率)

采用以旧换新(含翻新改制)方式销售的金银首饰,按实际收取的不含增值税的全部价款确定计税依据征收消费税。此时,金银首饰增值税计税依据也照此计算。

【技能操作】

【例 3-5】 某商场首饰部销售业务如下:采用以旧换新方式销售金银首饰,该批首饰市场零售价 14.04 万元,旧首饰作价的含税金额为 5.85 万元,商场实际收到 8.19 万元;修理金银首饰取得含税收入 2.34 万元;零售镀金首饰取得收入 7.02 万元。计算该商场当月应纳消费税。(金银首饰消费税税率 5%)

纳税人采用以旧换新方式销售的金银首饰,应按实际收取的不含增值税的全部价款确定计税依据征收消费税;修理、清洗金银首饰不征收消费税;镀金首饰不属于零售环节征收消费税的金银首饰范围,不在零售环节计征消费税。

该商场当月应纳消费税=8.19÷(1+13%)×5%=0.36(万元)

二、生产销售环节应纳消费税的计算

企业自行生产的应税消费品既可以采用直接对外销售,又可以拿来自用,两者应纳消费税的计算方法不同。

(一) 直接对外销售应纳消费税的计算

1. 从价定率计征

应纳税额=应税消费品的销售额×比例税率

(1) 销售额的确定。

销售额是纳税人销售应税消费品向购买方收取的全部价款和价外费用。

(2) 含增值税销售额的换算。

销售额不包括应向购货方收取的增值税税款。

应税消费品的销售额=含增值税的销售额÷(1+增值税税率或者征收率)

(3) 组成计税价格。

组成计税价格=成本×(1+成本利润率)÷(1−消费税比例税率)

【技能操作】

【例 3-6】 三保实业有限公司为增值税一般纳税人,5 月 15 日向某大型商场销售化妆品

一批，开具增值税专用发票，取得不含增值税销售额30万元，增值税额5.1万元；5月20日向某单位销售化妆品一批，开具普通发票，取得含增值税销售额4.68万元。该化妆品生产企业5月应缴纳的消费税为多少？（化妆品适用的消费税税率为15%）

化妆品的应税销售额＝30＋4.68÷（1＋13%）＝30.7（万元）

应缴纳的消费税税额＝34×15%＝5.1（万元）

2. 从量定额计征

应纳税额＝应税消费品的销售数量×定额税率

【技能操作】

【例3-7】 香泉酒厂8月份销售啤酒400吨，每吨出厂价格2 800元（不含税）。该厂8月应纳消费税为多少？

每吨售价在3 000元以下的为乙类啤酒，适用单位税额220元。

应纳消费税税额＝销售数量×定额税率＝400×220＝88 000（元）

3. 复合计征

现行消费税的征税范围中，只有卷烟、白酒采用复合计征方法。

应纳税额＝应税消费品的销售数量×定额税率＋应税销售额×比例税率

【技能操作】

【例3-8】 香泉酒厂为增值税一般纳税人，8月份销售白酒50吨，取得不含增值税的销售额150万元。该厂8月应纳消费税为多少？

白酒适用比例税率20%，定额税率每500克0.5元。

应纳消费税税额＝50×2 000×0.5＋1 500 000×20%＝350 000（元）

（二）自产自用应纳消费税的计算

1. 自产自用应税消费品的税法规定

自产自用是指纳税人生产应税消费品后，不是用于直接对外销售，而是用于自己连续生产应税消费品或用于其他方面。如果属于自产自用的应税消费品，需要针对不同情况判断是否计算消费税。

（1）用于连续生产应税消费品的，不缴纳消费税。

（2）用于其他方面的，应于移送使用时缴纳消费税。例如，用于本企业连续生产非应税消费品和在建工程，用于管理部门和非生产机构，用于提供劳务，用于馈赠、赞助、集资、广告、样品、职工福利和奖励等方面。

自产自用应税消费品的税法规定，如表3-7所示。

表3-7　自产自用应税消费品的税法规定

项　目	用　途	税法规定
用于连续生产应税消费品	纳税人将自己生产的应税消费品作为中间产品连续生产应税消费品	为避免重复征税和从简计税，对此情况，纳税人不纳税

（续表）

项　目	用　途	税法规定
用于其他方面	用于生产非应税消费品	将自己生产的应税消费品用于与生产《消费税暂行条例》税目、税率表所列15类产品以外的产品，由于生产出的非应税消费品不交消费税，因此，应将自产应税消费品于移送时缴纳消费税
	用于在建工程	将自己生产的应税消费品用于本单位各项建设项目，原因同上，应将自产应税消费品于移送时缴纳消费税
	用于管理部门、非生产机构	将自己生产的应税消费品用于与本单位有隶属关系的管理部门、非生产机构，原因同上，应将自产应税消费品于移送时缴纳消费税
	用于馈赠、赞助、集资、广告、样品、职工福利、奖励	将自己生产的应税消费品无偿赠送他人或以资金的形式投资于外单位或作为商品广告、经销样品，以福利、奖励的形式发给职工。原因同上，应将自产应税消费品于移送时缴纳消费税

总之，企业自产的应税消费品虽然没有用于销售或连续生产应税消费品，但只要是用于税法所规定的范围的都要视同销售，依法缴纳消费税。

2. 自产自用应税消费品（用于其他方面）应纳税额的计算

第一种情况：有同类消费品的销售价格的，按照纳税人生产的同类消费品销售价格计算纳税。

应纳税额＝同类消费品销售单价×自产自用数量×适用税率

第二种情况：没有同类消费品销售价格的，按照组成计税价格计税。

（1）实行从价定率计征。

应纳税额＝组成计税价格×比例税率

组成计税价格＝（成本＋利润）÷（1－比例税率）

＝成本×（1＋成本利润率）÷（1－比例税率）

（2）实行复合计税办法计征。

组成计税价格＝（成本＋利润＋自产自用数量×定额税率）÷（1－比例税率）

＝［成本×（1＋成本利润率）＋自产自用数量×定额税率］÷（1－比例税率）

公式中的“成本”，是指应税消费品的产品生产成本。

“利润”，是指根据应税消费品的全国平均成本利润率计算的利润。应税消费品的全国平均成本利润率由国家税务总局确定。

【知识点归纳】

增值税与消费税组价公式对比，如表3-8所示。

表3-8　增值税与消费税组价公式对比

	消费税组价	增值税组价	成本利润率
从价计税	$\frac{成本+利润}{1-消费税比例税率}$	成本×（1＋成本利润率）＋消费税 或：$\frac{成本\times(1+成本利润率)}{1-消费税比例税率}$	消费税的成本利润率

（续表）

	消费税组价	增值税组价	成本利润率
从量计税	不组价	成本×(1＋成本利润率)＋消费税	规定的成本利润率
复合计税	$\dfrac{\text{成本}+\text{利润}+\text{自产自用数量}\times\text{定额税率}}{1-\text{消费税比例税率}}$	成本×(1＋成本利润率)＋消费税	消费税的成本利润率
不缴纳消费税货物	不计税	成本×(1＋成本利润率)	规定的成本利润率

【技能操作】

【例 3-9】 三保日用化妆品厂为增值税一般纳税人，将自产化妆品一批用于职工福利，化妆品生产成本为 6 000 元，成本利润率为 5%，无同类产品售价。该批化妆品应缴纳的消费税为多少？

组成计税价格＝[6 000×(1＋5%)]÷(1－15%)＝7 411.76(元)

应纳消费税税额＝7 411.76×15%＝1 111.76(元)

【技能操作】

【例 3-10】 香泉啤酒厂 6 月将自产啤酒作为夏季福利发放给职工 200 人，每人 2 箱，共 10 吨，同类产品出厂价格为每箱 60 元(不含增值税)。计算当月啤酒厂应缴纳的消费税和增值税。

(注：啤酒 1 吨税额 240 元、成本利润率为 10%)

计算消费税不必组价。

应纳消费税税额＝220×10＝2 200(元)

计算增值税需要组成计税价格。

组成计税价格＝200×2×60×(1＋10%)＋2 200＝28 600(元)

应纳增值税税额＝28 600×13%＝3 718(元)

【技能操作】

【例 3-11】 某酒厂为增值税小规模纳税人，自产特制白酒 2 000 斤，用于厂庆活动，每斤白酒生产成本 12 元，无同类产品售价(白酒的成本利润率为 10%)。酒厂应缴纳的消费税额和增值税额为多少？

组成计税价格＝[2 000×12×(1＋10%)＋2 000×0.5]÷(1－20%)＝34 250(元)

应纳消费税额＝2 000×0.5＋34 250×20%＝7 850(元)

应纳增值税额＝[2 000×12×(1＋10%)＋7 850]×13%＝34 250×13%
＝4 452.5(元)

三、委托加工环节应纳消费税的计算

(一) 相关税法规定

所谓委托加工的应税消费品，是指由委托方提供原料和主要材料，受托方只收取加工费和代垫部分辅助材料加工的应税消费品。由受托方提供原材料生产的应税消费品，或受托方先

将原材料卖给委托方，然后再接受加工的应税消费品，以及由受托方以委托方名义购进原材料生产的应税消费品，不论纳税人在财务上是否做销售处理，都不得作为委托加工应税消费品，而应当按照销售自制应税消费品缴纳消费税。

委托加工的应税消费品，按税法规定由受托方在向委托方交货时代收代缴消费税。但委托个人(含个体工商户)加工的应税消费品，一律于委托方收回后在委托方所在地缴纳消费税。

(1) 受托方在交货时已代收代缴消费税，委托方收回后直接销售的，不再征收消费税。

(2) 委托加工的应税消费品，除受托方为个人外，由受托方在向委托方交货时代收代缴税款。

(3) 委托方收回后用于连续生产应税消费品的，其已经缴纳的税款准予从连续生产的应税消费品应纳消费税税额中抵扣。

(二) 委托加工应税消费品应纳税额的计算

第一种情况：受托方有同类消费品销售价格时，按照同类消费品上月或最近月份的销售价格计税。

应代收代缴消费税税额＝受托方同类消费品销售价格×委托加工数量×适用税率

第二种情况：没有同类消费品销售价格的，按照组成计税价格计税。

1. 从价定率计征

应代收代缴消费税税额＝组成计税价格×适用税率

组成计税价格＝成本×(1＋成本利润率)÷(1－比例税率)

或：

组成计税价格＝(材料成本＋加工费)÷(1－比例税率)

式中，“材料成本”是指委托方所提供的加工材料实际成本。

“加工费”是指受托方加工应税消费品向委托方收取的全部费用(包括代垫的辅助材料实际成本，不包括增值税税金)。

2. 复合计征

组成计税价格＝(材料成本＋加工费＋委托加工数量×定额税率)÷(1－比例税率)

应纳消费税税额＝组成计税价格×比例税率＋委托加工数量×定额税率

【技能操作】

【例 3-12】 某鞭炮企业 8 月受托为某单位加工一批鞭炮，委托单位提供的原材料金额为 30 万元，收取委托单位不含增值税的加工费 4 万元，鞭炮企业当地无加工鞭炮的同类产品市场价格(鞭炮的消费税税率为 15%)。鞭炮企业应代收代缴的消费税额为多少？

组成计税价格＝(30＋4)÷(1－15%)＝40(万元)

鞭炮企业应代收代缴消费税＝40×15%＝6(万元)

【技能操作】

【例 3-13】 香泉啤酒厂 5 月提供粮食一批，委托 B 白酒厂加工粮食白酒 4 吨，该批粮食的成本为 80 000 元，共计支付加工费 50 000 元，且该特制粮食白酒无同类产品销售价格。计算 B 白酒厂应代收代缴的消费税为多少？

组成计税价格＝(80 000＋50 000＋4×2 000×0.5)÷(1－20%)＝167 500(元)

B 白酒厂应代收代缴消费税＝167 500×20%＋4×2 000×0.5＝37 500(元)

四、进口环节应纳消费税的计算

由于进口的应税消费品不含消费税，其价格明显偏低，如果不对其征收消费税，不利于国内商品的竞争。因此，税法规定，进口的应税消费品，于报关时由海关代征进口环节消费税，纳税期限为自海关填发税款缴款书之日起15日内缴纳。

进口的应税消费品实行从价定率、从量定额、复合计征三种办法。

(一) 从价定率计征

组成计税价格＝(关税完税价格＋关税)÷(1－消费税比例税率)

应纳消费税税额＝组成计税价格×消费税比例税率

(二) 从量定额计征

应纳消费税税额＝海关核定进口应税消费品数量×消费税定额税率

(三) 复合计征

组成计税价格＝(关税完税价格＋关税＋进口数量×消费税定额税率)÷(1－消费税比例税率)

应纳消费税税额＝组成计税价格×消费税比例税率＋进口数量×消费税定额税率

进口环节消费税除国务院另有规定外，一律不得给予减税、免税。

【技能操作】

【例3-14】 某外贸公司3月从国外进口一批应税消费品，已知该批应税消费品的关税完税价格为90万元，按规定应缴纳关税18万元，假定进口的应税消费品的消费税税率为10%。进口环节应缴纳的消费税额为多少？

组成计税价格＝(90＋18)÷(1－10%)＝120(万元)

应纳消费税额＝120×10%＝12(万元)

五、消费税的出口退税计算

对纳税人出口应税消费品免征消费税，国务院另有规定的除外。

(一) 出口免税并退税

有进出口经营权的外贸企业购进应税消费品直接出口，以及外贸企业受其他外贸企业委托代理出口应税消费品。需要强调的是，外贸企业只有受其他外贸企业委托，代理出口应税消费品才可办理退税；外贸企业受其他企业(主要是非生产性的商贸企业)委托，代理出口应税消费品是不予退(免)税的。

(二) 出口免税但不退税

有出口经营权的生产性企业自营出口或生产企业委托外贸企业代理出口自产的应税消费品，依据其实际出口数量免征消费税，不予办理退还消费税。这里，免征消费税是指对生产性企业按其实际出口数量免征生产环节的消费税。

(三) 出口不免税也不退税

除生产企业、外贸企业外的其他企业，具体是指一般商贸企业，这类企业委托外贸企业代理出口应税消费品一律不予退(免)税。

六、以纳消费税扣除的计算

为避免重复征税，外购应税消费品和委托加工收回的应税消费品继续生产应税消费品销售的,可以将外购应税消费品和委托加工收回应税消费品已缴纳的消费税给予抵扣。

(一) 外购应税消费品已纳消费税的扣除

1. 扣除范围

由于某些应税消费品是用外购已缴纳消费税的应税消费品连续生产出来的,在对这些连续生产出来的应税消费品计算征税时,税法规定应按当期生产领用数量计算准予扣除外购应税消费品已纳的消费税款。扣除范围包括:

(1) 外购已税烟丝生产的卷烟。

(2) 外购已税化妆品原料生产的高档化妆品。

(3) 外购已税珠宝、玉石原料生产的贵重首饰及珠宝、玉石。

(4) 外购已税鞭炮、焰火原料生产的鞭炮、焰火。

(5) 外购已税杆头、杆身和握把为原料生产的高尔夫球杆。

(6) 外购已税木制一次性筷子为原料生产的木制一次性筷子。

(7) 外购已税实木地板为原料生产的实木地板。

(8) 以外购已税汽油、柴油、石脑油、燃料油、润滑油用于连续生产应税成品油。

2. 扣税计算

上述当期准予扣除外购应税消费品已纳消费税款的计算公式如下:

当期准予扣除的外购应税消费品已纳税款=当期准予扣除的外购应税消费品买价×外购应税消费品适用税率

当期准予扣除的外购应税消费品买价=期初库存的外购应税消费品买价+当期购进的应税消费品的买价－期末库存的外购应税消费品的买价

外购已税消费品的买价是指购货发票上注明的销售额(不包括增值税款)。

3. 扣税环节

(1) 纳税人用外购的已税珠宝、玉石原料生产的改在零售环节征收消费税的金银首饰(镶嵌首饰),在计税时一律不得扣除外购珠宝、玉石的已纳税款。

(2) 对自己不生产应税消费品,而只是购进后再销售应税消费品的工业企业,其销售的高档化妆品、鞭炮、焰火和珠宝、玉石,凡不能构成最终消费品直接进入消费品市场,而需进一步生产加工的,应当征收消费税,同时允许扣除上述外购应税消费品的已纳税款。

(3) 允许扣除已纳税款的应税消费品只限于从工业企业购进的应税消费品和进口环节已缴纳消费税的应税消费品,对从境内商业企业购进应税消费品的已纳税款一律不得扣除。

(4) 从商业企业购进应税消费品连续生产应税消费品的,符合抵扣条件的,准予扣除外购应税消费品已纳消费税款。

(5) 根据《葡萄酒消费税管理办法(试行)》的规定,自 2015 年 5 月 1 日起,从葡萄酒生产企业购进、进口葡萄酒连续生产应税葡萄酒的,准予从葡萄酒消费税应纳税额中扣除所耗用应税葡萄酒已纳消费税款。如当期应纳消费税不足抵扣的,余额留待下期抵扣。

(二) 委托加工收回的应税消费品已纳税款的扣除

1. 扣除范围

委托加工的应税消费品因为已由受托方代收代缴消费税,因此,委托方收回货物后用于连续生产应税消费品的,其已纳税款准予按照规定从连续生产的应税消费品应纳消费税额中抵扣。按照消费税法的规定,对委托加工收回的应税消费品已纳消费税税款,可按当期生产领用数量从应纳消费税额中扣除。其扣除范围与外购已税消费品连续生产应税消费品的扣税范围相同。

2. 计算公式

$$\text{当期准予扣除的委托加工应税消费品已纳税款}=\text{期初库存的委托加工应税消费品已纳税款}+\text{当期收回的委托加工应税消费品已纳税款}-\text{期末库存的委托加工应税消费品已纳税款}$$

3. 扣税环节

需要说明的是，纳税人用委托加工收回的已税珠宝、玉石原料生产的改在零售环节征收消费税的金银首饰(镶嵌首饰)，在计税时一律不得扣除委托加工收回的珠宝、玉石原料的已纳税款。

第三讲　消费税的账务处理

【知识要点】

一、消费税会计科目的设置

消费税与增值税之间存在着税基一致和交叉纳税的关系，所以消费税与增值税的会计处理也存在着密切的关系，两者往往同时进行。一般情况下，销售方开具给购货方的增值税专用发票或普通发票，既可以作为增值税会计的原始凭证，也可以作为消费税会计确认、记录和计量的原始凭证。

根据消费税是价内税、不实行税款抵扣的特点，消费税的纳税人可以设置以下账户。

(一)“应交税费”账户

消费税纳税义务人通过“应交税费”账户下设“应交消费税”二级账户进行消费税核算。其贷方登记纳税人计算出的应纳消费税额，借方登记已纳的消费税额；贷方余额表示尚未缴纳的消费税，借方余额表示多缴或待抵扣的消费税。

(二)“税金及附加”账户

由于消费税是价内税，其应纳的消费税已经通过“主营业务收入”等账户体现在销售收入中，因此，需通过损益类账户“税金及附加”扣除销售收入中的价内税。该账户核算纳税人日常活动中应负担的税费及附加，包括消费税、城市维护建设税、资源税、房产税、城镇土地使用税、车船税、印花税和教育费附加等。借方表示计算应纳的税费及附加，贷方表示期末转入“本年利润”的税费及附加，该账户期末结转后无余额。

【拓展链接】

全面试行营业税改征增值税后，“营业税金及附加”账户名称调整为“税金及附加”账户，该科目核算企业经营活动发生的消费税、城市维护建设税、资源税、教育费附加及房产税、城镇土地使用税、车船税和印花税等相关税费；利润表中的“营业税金及附加”项目调整为“税金及附加”项目。

需要注意的是房产税、城镇土地使用税、车船税和印花税不再使用“管理费用”列报，调整到“税金及附加”账户，对利润的列报也产生一定影响。

(三)“其他业务成本”“长期股权投资”“在建工程”“营业外支出”“应付职工薪酬”等账户

以生产的应税消费品作为投资，用于在建工程、非生产机构等，按规定应缴纳的消费税，借记“长期股权投资”“固定资产”“在建工程”“营业外支出”“应付职工薪酬”等账户，贷记“应交税费——应交消费税”账户。

随同产品出售但单独计价的包装物，按规定应缴纳的消费税，借记“其他业务成本”账户，贷记“应交税费——应交消费税”账户。出租、出借包装物逾期未收回而没收的押金应交的消费税，借记“其他业务成本”账户，贷记“应交税费——应交消费税”账户。

二、生产销售应税消费品消费税的会计处理

（一）一般销售业务的会计处理

销售应税消费品计提应交消费税时，借记“税金及附加”账户，贷记“应交税费——应交消费税”账户；实际缴纳消费税时，借记“应交税费——应交消费税”账户，贷记“银行存款”账户。

【技能操作】

【例 3-15】 华光家具有限公司 8 月对外销售实木地板一批，对外开具增值税专用发票，列明货款 1 500 000 元，增值税额 195 000 元。销货价税款已收妥存入银行，成本为 1 000 000 元。核定当期准予扣除的外购应税消费品已纳税款 18 000 元，核定当期准予抵扣的委托加工应税消费品已纳税款 5 600 元，计算结转本期销售实木地板的实际制造成本 1 100 000 元。要求进行账务处理。

（1）销售实现时：

借：银行存款	1 695 000	
贷：主营业务收入		1 500 000
应交税费——应交增值税（销项税额）		195 000
借：主营业务成本	1 000 000	
贷：库存商品		1 000 000

（2）期末计提应交消费税时：

应交消费税额＝1 500 000×5%－18 000－5 600＝51 400（元）

借：税金及附加	51 400	
贷：应交税费——应交消费税		51 400

（3）实际缴纳消费税时：

借：应交税费——应交消费税	51 400	
贷：银行存款		51 400

（二）应税消费品包装物销售及没收逾期包装物押金的会计处理

1. 应税消费品包装物随同产品销售不单独计价的会计处理

实行从价定率计征消费税的应税消费品连同包装物销售时，无论包装物是否单独计价，均应并入销售额征收消费税。如果包装物不单独计价，包装物价格已包含在主营业务收入中一并计算消费税，包装物成本转入“销售费用”账户。

【技能操作】

【例 3-16】 凉亭酒业有限公司 8 月销售药酒 8 吨，账面成本 80 000 元，不含税销售收入 120 000 元，销项税 15 600 元。随同药酒出售包装物一批，不单独计价，包装物成本 8 000 元，款项通过银行已收。

（1）销售实现时：

借：银行存款	135 600	
贷：主营业务收入		120 000
应交税费——应交增值税（销项税额）		15 600

借:主营业务成本　　80 000

　贷:库存商品　　80 000

借:销售费用　　8 000

　贷:周转材料　　8 000

(2) 计提消费税时:

应纳消费税＝120 000×10%＝12 000(元)

借:税金及附加　　12 000

　贷:应交税费——应交消费税　　12 000

2. 应税消费品包装物随同产品销售单独计价的会计处理

如果包装物单独计价,那么,包装物的销售额,记入"其他业务收入"账户,包装物成本转入"其他业务成本"账户;按其应纳的消费税,借记"其他业务成本"账户,贷记"应交税费——应交消费税"账户。

【技能操作】

【例 3-17】 D公司销售高尔夫球,包装物单独计价。8月销售高尔夫球 2 000 000 元(不含增值税),其中包装物价值 100 000 元,高尔夫球成本 1 300 000 元,包装物成本 80 000 元,款项通过银行已收。

应纳消费税＝2 000 000×10%＝200 000(元)

应纳增值税＝2 000 000×13%＝260 000(元)

有关会计处理如下:

(1) 销售实现时:

借:银行存款　　2 260 000

　贷:主营业务收入　　1 900 000

　　其他业务收入　　100 000

　　应交税费——应交增值税(销项税额)　　260 000

(2) 计缴应税消费品及包装物消费税时:

借:税金及附加　　190 000

　其他业务成本　　10 000

　贷:应交税费——应交消费税　　200 000

(3) 结转成本时:

借:主营业务成本　　1 300 000

　贷:库存商品　　1 300 000

借:其他业务成本　　80 000

　贷:周转材料　　80 000

3. 没收应税消费品包装物逾期押金的会计处理

没收应税消费品包装物逾期押金,需计算缴纳消费税和增值税。按没收的押金,借记"其他应付款"账户;按不含增值税的没收押金,贷记"其他业务收入"账户;按没收押金应纳的增值税,贷记"应交税费——应交增值税(销项税额)"账户;按没收押金应纳的消费税,借记"其他业务成本"账户,贷记"应交税费——应交消费税"账户。

【技能操作】

【例 3-18】 某卷烟厂出借烟丝包装物一批,收取押金 22 600 元,逾期未收回。结转成本 18 000 元,账务处理如下:

(1) 收取押金时:

借:银行存款	22 600	
贷:其他应付款		22 600

(2) 没收押金时:

包装物押金应交增值税=22 600÷(1+13%)×13%=2 600(元)

包装物押金应交消费税=22 600÷(1+13%)×30%=6 000(元)

借:其他应付款	22 600	
贷:其他业务收入		20 000
应交税费——应交增值税(销项税额)		2 600
借:其他业务成本	18 000	
贷:周转材料——包装物		18 000
借:其他业务成本	6 000	
贷:应交税费——应交消费税		6 000

为促使购货方将包装物退回,即使包装物已作价销售,还可以另外加收押金。对已作价随同应税消费品销售又另外收取押金的包装物逾期不返还而没收的押金,也需计算缴纳消费税额和增值税额。收到的押金,记入"其他应付款"账户;应缴纳的增值税额,记入"应交税费——应交增值税(销项税额)"账户;应缴纳的消费税额,贷记"应交税费——应交消费税"账户;该消费税可直接冲抵其他应付款,冲抵后的余额再转入"其他业务收入"账户。

【技能操作】

【例 3-19】 F 日化厂生产销售化妆品一批,包装物已随同产品销售,又另外收取押金 11 300 元,返还包装物的期限为 3 个月。3 个月后购买方未能返还包装物,F 厂计算应交消费税、增值税及会计处理如下:

应纳增值税=11 300÷(1+13%)×13%=1 300(元)

应纳消费税=11 300÷(1+13%)×15%=1 500(元)

(1) 收到押金时:

借:银行存款	11 300	
贷:其他应付款		11 300

(2) 没收押金时:

借:其他应付款	11 300	
贷:应交税费——应交增值税(销项税额)		1 300
——应交消费税		1 500
其他业务收入		8 500

(三) 销售退回的处理

企业已销售出去的应税消费品发生销售退回和退税时,其会计处理与直接销售时的账务处理方向相反，也可以用红字冲减。

三、视同销售应税消费品的会计处理

（一）纳税人自产自用应税消费品的会计处理

纳税人自产自用应税消费品是指纳税人将自己生产的应税消费品作为中间产品连续生产应税消费品，或者是用于其他方面，而不是直接对外销售。

自产自用应税消费品是一种内部结转关系，不存在销售行为，并没有因此而增加企业资金，不宜做销售处理，应按账面成本予以结转，并据其用途记入相应账户，借记"生产成本""在建工程""销售费用""营业外支出""应付职工薪酬"等账户，按自用产品的销售价格或组成计税价格计算消费税，也按用途记入上述相应账户，不再通过"税金及附加"账户贷记"库存商品""自制半成品""应交税费——应交消费税"账户。

企业将自产应税消费品作为职工福利发放时，应确认收入，即按销售进行会计处理，借记有关对应账户，贷记"主营业务收入""应交税费"等账户。

【技能操作】

【例 3-20】 某炼油厂本月将自产的应税消费品石脑油 10 000 升（成本为每升 2.00 元）生产乙烯产品，石脑油消费税为 1.52 元/升。

由于乙烯产品是非应税消费品，所以，石脑油移送加工时应缴纳消费税，其税额为：

应纳消费税额＝10 000×1.52＝15 200（元）

会计处理如下：

借：生产成本——乙烯产品	35 200	
贷：库存商品——石脑油		20 000
应交税费——应交消费税		15 200

【技能操作】

【例 3-21】 三保实业有限公司为增值税一般纳税人，特制一批化妆品分给职工。该厂以前从没有销售过此种消费品，税务机关确定按组成计税价格计算税费。该化妆品成本为 50 000 元，成本利润率为 5%。

应纳消费税额＝成本×（1＋成本利润率）÷（1－消费税税率）×消费税税率

＝50 000×（1＋5%）÷（1－15%）×15%＝9 264.71（元）

增值税销项税额＝组成计税价格×增值税适用税率

＝［成本×（1＋成本利润率）＋消费税额］×13%

＝［50 000×（1＋5%）＋9 264.71］×13%＝8 029.41（元）

会计处理如下：

借：应付职工薪酬	69 794.12	
贷：主营业务收入		61 764.71
应交税费——应交增值税（销项税额）		8 029.41
借：主营业务成本	50 000	
贷：库存商品		50 000

借:税金及附加　　9 264.71

　　贷:应交税费——应交消费税　　9 264.71

(二) 企业以生产的应税消费品作为投资的会计处理

企业以生产的应税消费品作为投资,应视同销售缴纳消费税;但在会计处理上,投资不宜做销售处理。因为投资与销售的性质不同,投资作价与用于投资的应税消费品账面成本之间的差额应由整个投资期间的损益来承担,而不应仅由投资当期损益承担。但现行税法要求做销售处理,主要是基于不影响所得税的计算。

企业在投资时,应按合同作价或评估价值,借记“长期股权投资”及“存货跌价准备”等账户,按该应税消费品的账面成本,贷记“库存商品”或“自制半成品”及“银行存款”等(反映支付的相关税费)账户,按合同作价与账面成本的差额,借记或贷记“资本公积”,但税法规定,其金额要计入同期应税所得额。按投资应税消费品售价或组成计税价格计算的应交消费税,贷记“应交税费——应交消费税”账户。

【技能操作】

【例 3-22】 某企业 7 月份以 20 辆小轿车(2.0 升)向市出租汽车公司投资。双方协议,税务机关认可的每辆汽车售价为 150 000 元,每辆车的实际成本为 120 000 元。有关的计算公式如下:

应交增值税额=150 000×13%×20=390 000(元)

应交消费税额=150 000×5%×20=150 000(元)

根据上述有关凭证和数据,会计分录处理如下:

借:长期股权投资　　3 390 000

　　贷:主营业务收入　　3 000 000

　　　　应交税费——应交增值税(销项税额)　　390 000

借:税金及附加　　150 000

　　贷:应交税费——应交消费税　　150 000

借:主营业务成本　　2 400 000

　　贷:库存商品　　2 400 000

(三) 企业以生产的应税消费品换取生产资料、消费资料或抵偿债务的会计处理

企业以生产的应税消费品换取生产资料、消费资料或抵偿债务、支付代购劳务费等,应视同销售行为,在会计上做销售处理。

以应税消费品换取生产资料和消费资料的,应按售价(若有不同售价,计算增值税时按加权平均售价,计算消费税时,应按最高售价),借记“材料采购”等账户,贷记“主营业务收入”账户;以应税消费品抵偿债务,借记“应付账款”等账户,贷记“主营业务收入”账户;以应税消费品支付代购劳务费,按售价,借记“应付账款”等账户,贷记“主营业务收入”账户。同时,按售价计算应交消费税,借记“税金及附加”账户,贷记“应交税费——应交增值税”账户,并结转销售成本。

【技能操作】

【例 3-23】 某白酒厂 1 月份用白酒 10 吨,抵偿胜利农场大米款 55 000 元。该白酒每吨本月售价在 4 800～5 200 元的范围浮动,平均销售价格 5 000 元/吨。10 吨白酒的市场售价为

51 000元。计算应交消费税额并做会计处理。

以物抵债属销售货物范畴。若有不同售价,计算增值税时按加权平均售价,计算消费税时,应按最高售价。

该白酒的平均销售价格为5 000元/吨。计算应纳增值税的销项税额如下:

5 000×10×13%=6 500(元)

该白酒的最高销售价格为5 200元/吨。计算应纳消费税额如下:

5 200×10×20%+10×2 000×0.5=20 400(元)

会计分录处理如下:

借:应付账款——胜利农场	55 000	
营业外支出	2 500	
贷:主营业务收入		51 000
应交税费——应交增值税(销项税额)		6 500
借:税金及附加	20 400	
贷:应交税费——应交消费税		20 400

四、委托加工应税消费品的会计处理

税法规定,需要缴纳消费税的委托加工物资,由受托方代收代缴税款。当委托方提货、受托方代收代缴税款时,受托方形成对税务部门的负债,通过"应交税费——应交消费税"账户核算,借记"应收账款""银行存款"等账户,贷记"应交税费——应交消费税"账户。

委托方收回委托加工物资后,直接用于销售的,在销售环节不再缴纳消费税,应把代收代缴的消费税计入委托加工物资的成本,借记"委托加工物资"等账户,贷记"应付账款""银行存款"等账户。

委托加工物资收回后用于连续生产应税消费品的,在委托方生产出消费品销售时缴纳消费税,为了避免重复征税,原来由受托方代收代缴的消费税可以按税法规定抵扣,因为修改后的税法已将收回扣税法改为生产实耗扣税法。为了在会计上清晰反映其抵扣过程,可设"待扣税金"账户。

【技能操作】

【例3-24】 5月3日,甲烟厂委托M烟厂加工烟丝,两家烟厂均为增值税一般纳税人。甲烟厂提供的烟叶价值55 000元,5月9日,M烟厂收取加工费20 000元,增值税额2 600元,M烟厂没有同类烟丝的售价。5月12日,甲烟厂收回烟丝。烟丝收回后直接对外销售或连续加工成卷烟销售的会计分录如下:

情况一:甲烟厂(委托方)烟丝收回后直接销售,售价为30 000元(不含税),开出增值税专用发票,取得货款。

5月3日,发出材料时:

借:委托加工物资	55 000	
贷:原材料		55 000

5月9日,支付加工费时:

借:委托加工物资	20 000	
应交税费——应交增值税(进项税额)	2 600	
贷:银行存款		22 600

5月12日，支付代收代缴消费税时：

消费税税额=(55 000+20 000)÷(1−30%)×30%=32 143(元)

借：委托加工物资　　32 143

　　贷：银行存款　　32 143

收回烟丝入库待销售：

借：库存商品——烟丝　　107 143

　　贷：委托加工物资　　107 143

如果烟丝按入库价对外销售，就不再计算缴纳消费税；如果加价销售，则其会计处理同[例3-25]。

情况二：甲厂用委托加工收回的烟丝加工成卷烟对外销售。

发出材料、支付加工费的会计分录与情况一相同。

支付代收消费税时的账务处理如下：

借：待扣税金——待扣消费税　　32 143

　　贷：银行存款　　32 143

收回委托加工烟丝时：

借：原材料——烟丝　　75 000

　　贷：委托加工物资　　75 000

【技能操作】

【例3-25】 上述委托加工烟丝经过继续加工，成为卷烟后对外销售，假设当月销售3个标准箱，每箱调拨价格60元，期初库存委托加工应税烟丝已纳消费税2 580元，期末库存委托加工应税烟丝已纳税额29 880元。有关会计分录如下：

取得收入时：

借：银行存款　　50 850

　　贷：主营业务收入(3×250×60)　　45 000

　　　　应交税费——应交增值税(销项税额)　　5 850

计算消费税时：

应纳消费税额=45 000×36%+150×3=16 650(元)

借：税金及附加　　16 650

　　贷：应交税费——应交消费税　　16 650

抵扣消费税时：

当月准予抵扣的消费税=2 580+32 143−29 880=4 843(元)

借：应交税费——应交消费税　　4 843

　　贷：待扣税金——待扣消费税　　4 843

当月实际上缴消费税时：

消费税额=16 650−4 843=11 807(元)

借：应交税费——应交消费税　　11 807

　　贷：银行存款　　11 807

五、进口应税消费品的会计处理

消费税作为价内税，决定了进口应税消费品应纳的消费税应计入消费品的购进成本，借记

“固定资产”“原材料”“库存商品”等账户。由于海关对进口货物实行先报关交税、后提货的管理模式，因而进口应税消费品的关税、消费税不必通过“应交税费”账户，而直接贷记“银行存款”账户。

六、出口应税消费品退(免)税的会计处理

(一) 生产企业出口应税消费品的会计处理

作为生产企业，对有出口经营权的生产企业自营出口或委托出口属消费税征收范围内的应税消费品，既免又退增值税，只免但不退消费税，因此，不做消费税的会计处理，但要办理消费税退、免税申报。

(二) 外贸企业出口应税消费品的会计处理

作为有进出口经营权的外贸企业购进应税消费品直接出口，以及外贸企业委托其他外贸企业代理出口应税消费品，消费税与增值税均实行免税并退税政策。外贸企业自营出口以及外贸企业委托其他外贸企业代理出口应税消费品的，其消费税会计处理如下：

自营出口应税消费品的外贸企业，在应税消费品报关出口申请出口退税时，借记“其他应收款”账户，贷记“主营业务成本”账户；收到退还的消费税时，借记“银行存款”账户，贷记“其他应收款”账户。上述应税消费品发生退关、退货时，做相反的会计分录。

外贸企业委托其他外贸企业代理出口应税消费品，发出委托出口货物时，借记“发出委托销售货物(出口)”账户，贷记“库存商品”账户；收到出口代销清单及出口货物报关单等资料时，借记“应收账款”等账户，贷记“出口销售收入——委托销售”账户；期末结转出口销售成本时，借记“出口销售成本——委托销售成本”账户，贷记“发出委托销售货物(出口)”账户；按规定应向税务机关申请的消费税出口退税，借记“应收补贴款——应收出口退税(消费税)”账户，贷记“出口销售成本——委托销售成本”账户；收到代理方交回代理出口贷款(已扣除代销手续费)时，借记“银行存款”“出口销售费用——代销手续费”账户，贷记“应收账款”账户；收到消费税出口退税时，借记“银行存款”账户，贷记“应收补贴款——应收出口退税(消费税)”账户。

第四讲　消费税的纳税申报

【知识要点】

一、纳税义务发生时间

消费税纳税义务发生时间，以货款结算方式或行为发生时间分别确定。

(1) 纳税人销售的应税消费品，其纳税义务的发生时间按货款结算方式分别确定：①采取赊销和分期收款结算方式的，为书面合同约定的收款日期的当天，书面合同没有约定收款日期或者无书面合同的，为发出应税消费品的当天。②采取预收货款结算方式的，为发出应税消费品的当天。③采取托收承付和委托银行收款方式的，为发出应税消费品并办妥托收手续的当天。④采取其他结算方式的，为收讫销售款或者取得索取销售款凭据的当天。

(2) 纳税人自产自用的应税消费品，其纳税义务的发生时间，为移送使用的当天。

(3) 纳税人委托加工的应税消费品，其纳税义务的发生时间，为纳税人提货的当天。

(4) 纳税人进口的应税消费品，其纳税义务的发生时间，为报关进口的当天。

二、纳税期限

消费税的纳税期限分别为 1 日、3 日、5 日、10 日、15 日、1 个月或者 1 个季度。纳税人的具体纳税期限，由主管税务机关根据纳税人应纳税额的大小分别核定；不能按照固定期限纳税的，可以按次纳税。

纳税人以 1 个月或者 1 个季度为一期纳税的，自期满之日起 15 日内申报纳税；以 1 日、3 日、5 日、10 日或者 15 日为一期纳税的，自期满之日起 5 日内预缴税款，于次月 1 日起至 15 日内申报纳税并结清上月应纳税款。企业应当按规定编制消费税纳税申报表，向主管税务机关申报纳税。对于进口货物，纳税义务人应当自海关填发海关进口消费税专用缴款书之日起 15 日内向指定银行缴纳税款。

三、消费税纳税地点

消费税纳税地点具体有以下几种情况：

(1) 纳税人销售的应税消费品，以及自产自用的应税消费品，除国务院财政、税务主管部门另有规定外，应当向纳税人机构所在地或者居住地的主管税务机关申报纳税。

(2) 委托加工的应税消费品，除受托方为个人外，由受托方向机构所在地或者居住地的主管税务机关解缴消费税款。

(3) 进口的应税消费品，由进口人或者其代理人向报关地海关申报纳税。

(4) 纳税人到外县（市）销售或者委托外县（市）代销自产应税消费品的，于应税消费品销售后，向机构所在地或者居住地主管税务机关申报纳税。

(5) 纳税人的总机构与分支机构不在同一县（市）的，应当分别向各自机构所在地的主管税务机关申报纳税。

纳税人的总机构与分支机构不在同一县（市），但在同一省（自治区、直辖市）范围内，经省（自治区、直辖市）财政厅（局）、国家税务局审批同意，可以由总机构汇总向总机构所在地的主管税务机关申报缴纳消费税。

省（自治区、直辖市）财政厅（局）、国家税务局应将审批同意的结果，上报财政部、国家税务总局备案。

(6) 纳税人销售的应税消费品，因质量等原因发生退回时，经机构所在地或者居住地主管税务机关审核批准后，可退还已缴纳的消费税费。

(7) 出口的应税消费品办理退税后，发生退关，或者国外退货进口时予以免税的，报关出口者必须及时向其机构所在地或者居住地主管税务机关申报补缴已退还的消费税款。

纳税人直接出口的应税消费品办理免税后，发生退关或者国外退货，进口时已予以免税的，经机构所在地或者居住地主管税务机关批准，可暂不办理补税，待其转为国内销售时，再申报补缴消费税。

(8) 个人携带或者邮寄进境的应税消费品的消费税，连同关税一并计征，具体办法由国务院关税税则委员会会同有关部门制定。

四、消费税纳税申报

消费税的纳税人应按规定及时办理纳税申报，并如实填写“消费税纳税申报表”。消费税纳税申报表，如表 3-9 和表 3-10 所示。

表 3-9　　酒类应税消费品消费税纳税申报表

税款所属期：　　年　　月　　日至　　年　　月　　日

纳税人名称(公章)：　　　　　纳税人识别号：□□□□□□□□□□□□□□□□□□□□

填表日期：　　年　　月　　日　　　　　　　　　　　　　金额单位：元(列至角分)

项目 应税消费品名称	适用税率		销售数量	销售额	应纳税额
	定额税率	比例税率			
粮食白酒	0.5 元/斤	20%			
薯类白酒	0.5 元/斤	20%			
啤酒	250 元/吨	—			
啤酒	220 元/吨	—			
黄酒	240 元/吨	—			
其他酒	—	10%			
合计	—	—	—	—	

本期准予抵减税额：	声明 此纳税申报表是根据国家税收法律的规定填报的，我确定它是真实的、可靠的、完整的。 经办人(签章)： 财务负责人(签章)： 联系电话：
本期减(免)税额：	
期初未缴税额：	
本期缴纳前期应纳税额：	(如果你已委托代理人申报，请填写) 授权声明 为代理一切税务事宜，现授权____ ____________(地址) ____________ 为本纳税人的代理申报人，任何与本申报表有关的往来文件，都可寄予此人。 授权人签章：
本期预缴税额：	
本期应补(退)税额：	
期末未缴税额：	

以下由税务机关填写

受理人(签章)：　　　　　受理日期：　　年　　月　　日　　　　　受理税务机关(章)：

表 3-10　　**其他应税消费品消费税纳税申报表**

税款所属期：　年　月　日至　年　月　日

纳税人名称(公章)：　　纳税人识别号：□□□□□□□□□□□□□□□□□□□□

填表日期：　年　月　日　　金额单位：元(列至角分)

<table>
<tr><td>项目
应税消费品名称</td><td>适用税率</td><td>销售数量</td><td>销售额</td><td>应纳税额</td></tr>
<tr><td></td><td></td><td></td><td></td><td></td></tr>
<tr><td></td><td></td><td></td><td></td><td></td></tr>
<tr><td></td><td></td><td></td><td></td><td></td></tr>
<tr><td></td><td></td><td></td><td></td><td></td></tr>
<tr><td>合计</td><td>—</td><td>—</td><td>—</td><td></td></tr>
<tr><td colspan="4">本期准予抵减税额：</td><td rowspan="3">声明
此纳税申报表是根据国家税收法律的规定填报的，我确定它是真实的、可靠的、完整的。
经办人(签章)：
财务负责人(签章)：
联系电话：</td></tr>
<tr><td colspan="4">本期减(免)税额：</td></tr>
<tr><td colspan="4">期初未缴税额：</td></tr>
<tr><td colspan="4">本期缴纳前期应纳税额：</td><td rowspan="4">(如果你已委托代理人申报，请填写)
授权声明
为代理一切税务事宜，现授权______
____________(地址)____________
为本纳税人的代理申报人，任何与本申报表有关的往来文件，都可寄予此人。
授权人签章：</td></tr>
<tr><td colspan="4">本期预缴税额：</td></tr>
<tr><td colspan="4">本期应补(退)税额：</td></tr>
<tr><td colspan="4">期末未缴税额：</td></tr>
</table>

以下由税务机关填写

受理人(签章)：　　受理日期：　年　月　日　　受理税务机关(章)：

单元测试

一、单项选择题

1. 根据我国现行的消费税制度，下列各种说法中不正确的是(　　)。

A. 消费税是价内税　　B. 消费税是选择部分特定消费品课税

C. 消费税对同一消费品只能课征一次　　D. 消费税实行的是差别比例税率

2. 某卷烟厂6月研发生产一种新型卷烟，当月生产20箱作为礼品样品用于市场推广，没有同类售价，已知成本为50万元，卷烟的成本利润率为10%，经税务机关批准，卷烟适用的税率为56%，则该批卷烟应纳消费税为(　　)万元。

A. 70.68　　B. 46.55　　C. 47.91　　D. 45.20

3. 某烟丝加工厂为增值税一般纳税人，2019年4月接受某烟厂委托加工烟丝，烟丝厂自行提供烟叶的成本为32 000元，代垫辅助材料2 000元，加工费支出50 000元；烟丝厂上月留抵税额为2 600元。税务机关对其采用核定价格计税(烟丝的成本利润率为5%)，加工费专用发票经过认证，下列说法中正确的是(　　)。

A. 加工厂应纳增值税3 900元，应代收代缴消费税28 450元

B. 加工厂应纳增值税10 115元，应纳消费税15 000元

C. 加工厂应纳增值税3 900元，应纳消费税15 000元

D. 加工厂应纳增值税13 780元，应纳消费税37 800元

4. 下列各项中，符合消费税法有关应按当期生产领用数量计算准予扣除外购的应税消费品已纳消费税税款规定的是(　　)。

A. 外购已税白酒生产的药酒　　B. 外购已税珠宝玉石生产的金银镶嵌首饰

C. 外购已税白酒生产的巧克力　　D. 外购已税润滑油生产的润滑油

5. 下列情形中，不征收消费税的是(　　)。

A. 用于广告宣传的样品白酒

B. 用于本企业招待的卷烟 C. 自其他企业委托加工收回以后直接销售的粮食白酒

D. 抵偿债务的汽车轮胎

6. 下列环节中，既征消费税又征增值税的是(　　)。

A. 粮食白酒的生产和批发环节　　B. 金银首饰的生产和零售环节

C. 金银首饰的进口环节　　D. 化妆品的生产环节

7. 3月，某酒厂将自产的一种新型粮食白酒5吨用作职工福利，粮食白酒的成本共计8 000元，该粮食白酒无同类产品市场销售价格，但已知其成本利润率为10%，该批粮食白酒应缴纳的消费税额为(　　)元。

A. 7 200　　B. 4 290　　C. 8 450　　D. 3 450

8. 下列各项行为中，一般无须自行缴纳消费税的是(　　)。

A. 将自产的应税消费品对外交换其他应税消费品

B. 将自产的应税消费品对外投资

C. 将外购的商品委托加工应税消费品

D. 将自产的应税消费品对外交换其他非应税消费品

9. 下列各项中，可按委托加工应税消费品的规定征收消费税的是(　　)。

A. 受托方代垫原料和主要材料，委托方提供辅助材料

B. 委托方提供原料和主要材料，受托方代垫部分辅助材料

C. 受托方负责采购委托方所需原材料

D. 受托方提供原材料、材料和全部辅助材料

10. 9月，某外贸进口单位进口卷烟20标准箱，每条的完税价格为120元，适用20%的关税税率，则海关代征进口消费税为(　　)元。

A. 923 181.80　　B. 490 909.09　　C. 591 545.45　　D. 594 545.45

11. 进口应税消费品，按照海关的相关规定，应当自(　　)缴纳消费税。

A. 应税消费品报关进口当天

B. 海关填发海关进口消费税专用缴款书之日起 15 日内

C. 海关填发海关进口消费税专用缴款书之日起 14 日内

D. 海关填发海关进口消费税专用缴款书次日起 7 日内

12. 根据税法规定，下列说法中不正确的是(　　)。

A. 应税消费品征收消费税的，其税基不含增值税

B. 凡是征收增值税的货物都征收消费税

C. 应税消费品征收增值税的，其税基含有消费税

D. 增值税属于价外税，消费税属于价内税

13. 下列消费品中，应征收消费税的是(　　)。

A. 手机　　B. 手提电脑　　C. 洗衣粉　　D. 口红

14. 按消费税条例规定，在委托加工应税消费品业务中，受托方成为应纳消费税的(　　)。

A. 纳税人　　B. 负税人　　C. 代扣代缴义务人　　D. 代理人

15. 我国消费税绝大部分选择在生产销售环节征税，下列不在此环节征税的应税消费品是(　　)。

A. 化妆品　　B. 小汽车　　C. 鞭炮、焰火　　D. 金银首饰

16. 下列消费品中，不征收消费税的是(　　)。

A. 进口香烟　　B. 进口服装　　C. 进口法国酒　　D. 进口化妆品

17. 实行从价定率征收消费税的应税消费品的计税依据是(　　)。

A. 含增值税不含消费税的销售额　　B. 含增值税含消费税的销售额

C. 不含增值税不含消费税的销售额　　D. 不含增值税含消费税的销售额

18. 通过自设非独立核算门市部直接销售应税消费品，若是从价计征消费税的，其计税依据是(　　)。

A. 应税消费品的成本价　　B. 应税消费品的出厂价

C. 应税消费品的批发价　　D. 应税消费品对外销售价

19. 纳税人将自产的应税消费品用于换取生产资料、投资入股或抵偿债务等，其计算消费税的计税依据是(　　)。

A. 按同类应税消费品的成本价　　B. 按同类应税消费品的最低价

C. 按同类应税消费品的最高价　　D. 按同类应税消费品的加权平均价

20. 下列各项中，与我国现行出口应税消费品的退(免)消费税政策不符的是(　　)。

A. 免税但不退税　　B. 不免税也不退税

C. 不免税但退税　　D. 免税并退税

二、多项选择题

1. 下列货物销售征收消费税的有(　　)。

A. 汽车销售公司代销小汽车

B. 汽车修理厂销售汽车轮胎

C. 金店零售金银首饰

D. 手表厂生产销售高档手表(不含税价为 12 000 元/块)

2. 下列关于零售环节征税的陈述中,正确的有(　　)。

A. 零售环节征收消费税的金银首饰仅限于金基、银基合金首饰以及金、银和金基、银基合金的镶嵌首饰

B. 零售环节适用税率为 5%,在纳税人销售金银首饰、钻石及钻石饰品时征收

C. 金银首饰与其他产品组成成套消费品销售的,应按销售额全额征收消费税

D. 金银首饰连同包装物销售的,无论包装物是否单独计价,也无论会计上如何核算,均应并入金银首饰的销售额,计征消费税

3. 甲企业委托乙企业加工一批粮食白酒和一批黄酒,甲企业提供原材料,实际成本分别为 7 000 元(不含税)和 3 000 元,支付加工费不含税分别为 2 000 元和 1 000 元,另开具普通发票收取代垫粮食白酒材料款 500 元,受托方无同类消费品价格,甲企业共收回粮食白酒 1 000 千克,黄酒 1 000 千克,则下列陈述中正确的有(　　)。

A. 甲企业收回粮食白酒后直接批发的,不再缴纳消费税

B. 甲企业实际负担的消费税为 3 050 元

C. 乙企业代收代缴的消费税为 3 846.84 元

D. 乙企业代收代缴的消费税为 3 456.84 元

4. 纳税人收回委托加工的应税消费品后,下列情况中无须再缴纳消费税的有(　　)。

A. 用于直接销售　　B. 继续加工成应税消费品并销售

C. 用于对外投资或无偿赠送他人　　D. 用于职工福利品发放

5. 下列项目中,属于消费税"高档化妆品"税目征收范围的有(　　)。

A. 口红　　B. 胭脂

C. 演员化妆用的上妆油　　D. 眉笔

6. 某企业生产的某系列高档化妆用品,用于(　　)时应征收消费税。

A. 促销活动中的赠送品　　B. 本企业职工运动会奖品

C. 加工生产其他系列化妆用品　　D. 电视广告的样品

7. 下列各项中,应征收消费税的有(　　)。

A. 外购的小客车改装成小货车　　B. 委托某个体户加工的鞭炮

C. 进口后用于生产轮胎的橡胶　　D. 商场销售的金银首饰

8. 我国现行消费税采用的税率形式有(　　)。

A. 差别比例税率　　B. 弹性比例税率

C. 超额累进税率　　D. 定额税率

9. 下列应税消费品中,采用定额税率征收消费税的有(　　)。

A. 白酒　　B. 啤酒　　C. 黄酒　　D. 汽油

10. 下列消费品中,属于化妆品税目的有(　　)。

A. 香水、香精　　B. 高档护肤类化妆品

C. 指甲油　　D. 洗发水、香皂

三、判断题

1. 我国现行消费税的征税对象大多为最终消费品,因此选择在零售环节征收。　　(　　)

2. 我国现行消费税采取多环节课征制,即每流转一个环节,课征一次。　　(　　)

3. 我国现行消费税条例规定将所有应税消费品的征收环节确定在产制环节。（　　）

4. 对于接受投资、赠与、抵债等方式取得的已税消费品，其所含的消费税不能扣除。（　　）

5. 委托加工应税消费品，受托方为消费税的纳税人。（　　）

6. 纳税人自产自用的应税消费品，包括用于连续生产应税消费品，用于在建工程及馈赠、赞助等方面的应税消费品，应缴纳消费税。（　　）

7. 如委托方只提供主要原材料，辅助材料由受托方提供，受托方收取加工费所加工出来的应税消费品，按销售自制应税消费品处理，缴纳消费税。（　　）

8. 卷烟、白酒在生产销售和进口环节实行复合计税方法计算消费税，但在委托加工环节代收代缴消费税时，实行单一从价计税方法。（　　）

9. 我国现行消费税采用单一比例税率的形式。（　　）

10. 我国现行消费税中采用定额税率的有啤酒、黄酒、成品油。（　　）

四、简答题

1. 消费税对哪些货物征税？在什么环节征税？

2. 如何理解消费税与增值税的相互关系？

3. 消费税会计核算应设置什么账户？如何对相关业务进行账务处理？

4. 消费税的出口退税有什么政策？如何对消费税的出口退税进行会计处理？

实务训练

1. 某市烟草集团公司属增值税一般纳税人，持有烟草批发许可证，3 月购进已税烟丝 800 万元（不含增值税），委托 M 企业加工甲类卷烟 500 箱（250 条/箱，200 支/条），M 企业按每箱 0.1 万元收取加工费（不含税）。当月 M 企业按正常进度投料加工生产卷烟 200 箱交由集团公司收回。

（说明：烟丝消费税税率为 30%，甲类卷烟生产环节消费税为 56%加 0.003 元/支。）

要求：计算 M 企业当月应当代收代缴的消费税。

2. 甲酒厂 8 月从农业生产者手中收购粮食，共计支付收购价款 60 000 元。甲酒厂将收购的粮食从收购地直接运往异地的乙酒厂生产加工白酒，白酒加工完毕，企业收回白酒 8 吨，取得乙酒厂开具防伪税控的增值税专用发票，注明加工费 25 000 元，代垫辅料价值 15 000 元，加工的白酒当地无同类产品市场价格。

要求：计算乙酒厂应代收代缴的消费税及应纳增值税额。

3. 某化妆品生产企业以账面价值 20 000 元的高档化妆品（最高售价 25 000 元，最低售价 23 000 元）换取甲公司账面价值为 19 000 元、公允价值为 25 000 元的乙材料，两家公司均未计提跌价准备，增值税税率为 13%，化妆品消费税税率为 15%。

要求：计算该生产企业的消费税、增值税，并进行账务处理。

4. 南方卷烟厂本月购进烟丝一批，用于加工卷烟，取得对方开来的增值税专用发票，列明货款 280 000 元，增值税额 36 400 元，款项以银行汇票付讫。本月购进烟丝全部领用，并生产销售卷烟（税率 36%）100 标准箱（50 000 支），开出增值税专用发票，列明货款 900 000 元，增值税额 117 000 元。

要求：计算应纳消费税额和增值税额，并进行账务处理。

第四单元 关 税

导学目标

本单元主要讲述关税的主要内容、应纳税额的计算及其会计处理，同时介绍关税的纳税申报。完成学习任务后，应该掌握如下内容：

1. 掌握关税的纳税人、税目、征收范围、减免税规定。
2. 理解并掌握应纳税额的计算。
3. 掌握关税的核算账户及其会计处理方法。
4. 了解关税的申报与缴纳。

导学案例

风雷汽车公司是一家从事跨国经营的汽车生产厂商，由多个设在不同国家和地区的子公司提供零配件，并且其销售业务已经遍布全球。最近，该公司发现中国具有巨大的汽车市场，而且在未来可以预见的几年内，中国的汽车消费将呈增长之势。因此，该公司的董事会决定从2019年开始，将自己的产品打入中国市场，计划首批投入公司最近研制的最新款甲品牌高档小汽车100辆。该种小汽车的市场销售价格为每辆90万元，而与此款汽车相近的其他品牌小汽车的市场销售价格为每辆70万元。据了解，小汽车的关税税率为50%。作为风雷汽车公司，应当如何筹划才能够将关税降到最低水平？

在这里，我们首先应熟悉关税的纳税人、征税范围、税目和税率等具体规定，在此基础上分析企业的相关业务，才能正确计算关税应纳税额，进行关税的会计核算。

关税是伴随着国家之间经济联系的需要而逐渐形成的最古老、最有效、最基本和最重要的调节国际经济关系的工具。我国关税历史悠久，早在西周就有“关市之征”的记载，征税的目的是“关市之赋，以待王之膳服”。到了近代，关税成为国家税收中的一个单独税种，形成了近代关税；其后，随着国际贸易往来的增多，又逐渐发展为现代各国所通行的现代关税。可见从古至今，关税一直都是各国调节和控制对外贸易和经济联系的一个重要手段，它在调节经济、促进改革开放、保护民族工业、防止国外经济侵略、争取关税互惠、促进对外贸易发展、调整进出口结构、增加国家财政收入等方面都具有重要作用。

关税法是指国家制定的调整关税征收与缴纳权利义务关系的法律规范。现行关税法律规范以全国人民代表大会于2000年7月修正颁布的《中华人民共和国海关法》(简称《海关法》)为法律依据,以国务院于2003年11月发布的《中华人民共和国进出口关税条例》(简称《关税条例》),以及由国务院关税税则委员会审定并报国务院批准,作为条例组成部分的《中华人民共和国海关进出口税则》(简称《关税税则》)和《中华人民共和国海关关于入境旅客行李物品和个人邮递物品征收进口税办法》为基本法律规范,由负责关税政策制定和征收管理的主管部门依据基本法规拟定的管理办法和实施细则为主要内容。

第一讲 关税的基本规定

【知识要点】

一、关税的概念

关税是由一国政府所设置的海关根据海关法、关税税则和有关规章,对进出其国境或关境的货物、物品所征收的一种流转税。关税与其他国内税种一样,具有强制性、无偿性和固定性。

一般情况下,关税均指进口关税,现在征收出口关税的国家已经很少了。在我国,为了更好地促进对外贸易,提高我国产品的国际竞争力,关税绝大部分是指进口关税,仅对少数盈利高、易削价竞争、国内紧俏的商品征收出口关税。

二、关税的种类

在各国每个阶段不同的关税政策下,采用不同的关税征收办法,关税也因此形成了不同的类型。依据不同的分类标准和依据,关税可以划分为不同的种类。

(一)按照征收对象的流向分类

按照征收对象的流向,关税可以划分为进口关税、出口关税和过境关税。

(1)进口关税是指进口国海关在国外货物输入其关境或国境时征收的正常关税。它是关税中最重要的一种。这种关税在外国商品直接进入关境或国境时征收,或者外国商品从保税仓库提出运往进口国的国内市场销售时征收。如今,世界各国的关税主要是征收进口税,其目的在于保护本国市场和增加财政收入。

(2)出口关税是指出口国的海关对本国产品输往国外在出口时所征收的一种关税。通常一国不征收出口关税,因为对本国出口商品征收关税,势必提高本国商品在国外市场的销售价格,不利于商品竞争和扩大出口。目前征收出口税的国家集中在少数发展中国家。这些国家征收出口税的目的是增加财政收入,保护本国资源充分利用,保证国内市场需要和稳定本国出口商品在国外的价格,控制某一商品的出口数量。

(3)过境关税是指一国对通过其关境的外国货物所征收的一种关税。征收过境关税的目的是增加财政收入。但随着国际贸易的发展,特别是交通条件的改善,按照《1994年关贸总协定》第5条的规定,各成员方除了对过境货物收取部分服务管理费外,过境关税应免征。

(二)按照关税的计征方式分类

按照关税的征收方法,关税可以划分为从量关税、从价关税、混合关税、滑动关税和选择税。

(1)从量关税是指以征税对象的数量为标准计征的关税,按每单位数量预先制定应税额计征。

(2)从价关税是指以征税对象的价值(价格)作为标准计征的关税,依据一定比例的税率进行计征。

(3) 混合关税是指对某种进口商品同时采用从量关税和从价关税征收关税的方法。这种方法兼顾从量关税和从价关税的特点,使得税负合理。在使用混合关税时,往往以其中一种为主,加征另一种关税。

(4) 滑准税是指对某种货物在税则中预先按照该商品的价格规定几档税率,同种货物当价格高时适用较低的税率,价格低时适用较高的税率,目的是使该物品的价格在国内市场上保持相对稳定。

(5) 选择税是指对一种进口商品同时定有从价税和从量税两种税率,但征税时选择其税额较高的一种征税。

(三) 按照征收目的分类

按照征收目的,关税可以划分为财政关税和保护关税。

(1) 财政关税又称收入关税,是指以增加国家财政收入为主要目的而课征的关税。财政关税的税率比保护关税低,因为过高就会阻碍进出口贸易的发展,达不到增加财政收入的目的。随着世界经济的发展,财政关税的意义逐渐减弱,进而逐渐被保护关税所代替。

(2) 保护关税是指以保护本国经济发展为主要目的而课征的关税。保护关税主要是进口税,税率较高,有的高达百分之几百。通过征收高额进口税,使进口商品成本较高,从而削弱它在进口国市场的竞争能力,甚至阻碍其进口,以达到保护本国经济发展的目的。保护关税是实现一个国家对外贸易政策的重要措施之一。

(四) 按照税率制定分类

按照税率制定,关税可以划分为自主关税和协定关税。

(1) 自主关税又称国定关税,是指一个国家基于其主权,独立自主地制定、并有权修订的关税,包括关税税率及各种法规、条例。国定税率一般高于协定税率,适用于没有签订关税贸易协定的国家。

(2) 协定关税是指两个或两个以上的国家,通过缔结关税贸易协定而制定的关税税率。协定关税有双边协定税率、多边协定税率和片面协定税率。双边协定税率是两个国家达成协议而相互减让的关税税率。多边协定税率是两个以上国家之间达成协议而相互减让的关税税率,如关税及贸易总协定中相互减让税率的协议。片面协定税率是一国对他国输入的货物降低税率,为其输入提供方便,而他国并不以降低税率为回报的税率制度。

(五) 按照差别待遇和特定的实施情况划分

按照差别待遇,关税可以划分普通关税、优惠关税(包括特惠关税、普惠关税、最惠国待遇)、差别关税(包括加重关税、反补贴关税、反倾销关税、报复关税)。

三、关税的基本内容

(一) 征税对象

关税的征税对象是准许进出我国关境的货物和物品。凡准许进出口的货物,除国家另有规定的以外,均应由海关征收进口关税或出口关税。对从境外采购进口的原产于中国境内的货物,也应按规定征收进口关税。

这里的货物是指贸易性商品;物品包括入境旅客随身携带的行李和物品、个人邮递物品,各种运输工具上的服务人员携带进口的自用物品、馈赠物品,以及通过其他方式进入我国国境的个人物品。

(二) 纳税人

贸易性商品的纳税人是经营进口货物的收货人、出口货物的发货人。具体包括:①外贸进出口公司;②工贸或农贸结合的进出口公司;③其他经批准经营进出口商品的企业。

物品的纳税人包括:①入境旅客随身携带的行李、物品的持有人;②各种运输工具上服务人员入境时携带自用物品的持有人;③馈赠物品及以其他方式入境个人物品的所有人;④进口个人邮件的收件人。

根据《关税条例》第五条规定:"进口货物的收货人、出口货物的发货人、进境物品的所有人,是关税的纳税义务人。"具体规定如下:进出口货物的收、发货人是依法取得对外贸易经营权,并进口或者出口货物的法人或者其他社会团体。进出境物品的所有人包括该物品的所有人和推定为所有人的人。一般情况下,对于携带进境的物品,推定其携带人为所有人;对分离运输的行李,推定相应的进出境旅客为所有人;对以邮递方式进境的物品,推定其收件人为所有人;以邮递或其他运输方式出境的物品,推定其寄件人或托运人为所有人。

(三) 关税税则、税率

1. 关税税则

关税税则是一国对进出口商品计征关税的规章和对进出口的应税与免税商品加以系统分类的一览表。海关凭此征收关税,是关税政策的具体体现。《关税税则》是确定商品归类、适用税率的法律文件。我国现行税则包括《进出口关税条例》《税率适用说明》《海关进口税则》《海关出口税则》及《进口商品从量税、复合税、滑准税税目税率表》《进口商品关税配额税目税率表》《进口商品税则暂定税率表》《出口商品税则暂定税率表》《非全税目信息技术产品税率表》等附录。可以分为两个部分:一部分是海关计征关税的规章条例及说明,另一部分是关税税目、税则列号和税率。

税率表作为税则主体,包括税则商品分类目录和税率栏两大部分。税则商品分类目录是把种类繁多的商品加以综合,按照其不同特点分门别类简化成数量有限的商品类目,分别编号按序排列,称为税则号列,并逐号列出该号中应列入的商品名称。商品分类的原则即归类规则,包括归类总规则和各类、章、目的具体注释。税率栏是按商品分类目录逐项订出的税率栏目。我国现行进口税则为四栏税率,出口税则为一栏税率。从 1992 年 1 月起,我国开始实施以《商品名称及编码协调制度》为基础的进出口税则,适应了国内改革开放和对外经济贸易发展的需要。

2. 关税税率

关税税率分为进口税率和出口税率。

(1) 进口税率。自 2002 年起,我国进口关税税率主要由最惠国税率、协定税率、特惠税率和普通税率等构成。对进口货物在一定时期内可以实行暂定税率。进口货物适用何种关税税率是以进口货物的原产地为标准的。

最惠国税率是用于原产于与我国共同适用最惠国待遇条款的世界贸易组织(WTO)成员国或地区的进口货物,或原产于与我国签订有互相给予最惠国待遇条款的双边贸易协定的国家或地区的进口货物。

协定税率适用于原产于我国参加的含有优惠条款的区域性贸易协定的有关缔约方的进口货物。

特惠税率适用于原产于与我国签订有特殊优惠关税协定的国家或地区的进口货物。

普通税率适用于原产于上述国家或地区以外的国家和地区的进口货物。

根据经济发展的需要，国家对部分进口原材料、零部件、农药原药和中间体、乐器及生产设备实行暂定税率。适用最惠国税率的进口货物有暂定税率的，应当适用暂定税率；适用协定税率、特惠税率的进口货物有暂定税率的，应当从低适用税率；适用普通税率的进口货物，不适用暂定税率。

（2）出口税率。出口货物税率只对少数资源性产品及易于竞相杀价、盲目进口、需要规范出口秩序的半制成品征收出口关税。我国现行税则对100余种商品征收出口关税。对部分商品征收暂定税率。

（3）特别关税。特别关税包括报复性关税、反倾销税与反补贴、保障性关税。

征收特别关税的货物、适用国别、税率、期限和征收办法，由国务院关税税则委员会决定并公布。

3. 税率的运用

进出口货物，应当依照《关税税则》规定的归类原则归入合适的税号，并按照适用的税率征税。其中：

（1）进出口货物，应当按照收发货人或者其代理人申报进口或者出口之日实施的税率征税。

（2）进口货物到达前，经海关核准先行申报的，应当按照装载此项货物的运输工具申报进境之日实施的税率征税。

（3）进出口货物的补税和退税，适用该进出口货物原申报进口或者出口之日所实施的税率。具体办法由海关总署另行规定。

四、原产地规定

确定进境货物原产地的主要原因之一，是便于正确运用进口税则的各栏税率，对产自不同国家或地区的进口货物适用不同的关税税率。我国原产地规定基本上采用了"全部产地生产标准""实质性加工标准"两种国际上通用的原产地标准。

（一）全部产地生产标准

全部产地生产标准是指进口货物"完全在一个国家内生产或制造"，生产或制造国即为该货物的原产国。完全在一国生产或制造的进口货物包括：

（1）在该国领土或领海内开采的矿产品。

（2）在该国领土上收获或采集的植物产品。

（3）在该国领土上出生或由该国饲养的活动物及从其所得产品。

（4）在该国领土上狩猎或捕捞所得的产品。

（5）在该国的船只上卸下的海洋捕捞物，以及由该国船只在海上取得的其他产品。

（6）在该国加工船加工上述第(5)项所列物品所得的产品。

（7）在该国收集的只适用于做再加工制造的废碎料和废旧物品。

（8）在该国完全使用上述(1)至(7)项所列产品加工成的制成品。

（二）实质性加工标准

实质性加工标准是适用于确定有两个或两个以上国家参与生产的产品的原产国的标准，其基本含义是：经过几个国家加工、制造的进口货物，以最后一个对货物进行经济上可以视为实质性加工的国家作为有关货物的原产国。"实质性加工"是指产品加工后，在进出口税则中四位数税号一级的税则归类已经有了改变，或者加工增值部分所占新产品总值的比例已超过30%及以上的。

(三) 其他

对机器、仪器、器材或车辆所用零件、部件、配件、备件及工具,如与主件同时进口且数量合理的,其原产地按主件的原产地确定,分别进口的则按各自的原产地确定。

五、关税的完税价格

关税的完税价格是指货物的关税计税价格。它分为进口货物的完税价格和出口货物的完税价格。

《海关法》规定,进出口货物的完税价格,由海关以该货物的成交价格为基础审查确定。成交价格不能确定时,完税价格由海关依法估定。自我国加入世界贸易组织后,我国海关已全面实施《世界贸易组织估价协定》,遵循客观、公平、统一的估价原则,并依据 2014 年 2 月 1 日起实施的《中华人民共和国海关审定进出口货物完税价格办法》(以下简称《完税价格办法》)审定进出口货物的完税价格。

(一) 一般进口货物的完税价格

根据《海关法》规定,进口货物的完税价格包括货物的货价、货物运抵我国境内输入地点起卸前的运输及其相关费用、保险费。我国境内输入地为入境海关地,包括内陆河、江口岸,一般为第一口岸。

1. 成交价格估价方法

进口货物的成交价格是指卖方向我国境内销售该货物时,买方为进口该货物向卖方实付、应付的,并且按照《完税价格办法》有关规定调整后的价款总额,包括直接支付的价款和间接支付的价款。

(1) 进口货物成交价格应当符合下列要求:

第一,对买方处置或使用进口货物不予限制,但法律、行政法规规定实施的限制和对货物销售地域的限制,以及对货物价格无实质影响的限制除外。

第二,进口货物的价格不得受使该货物成交价格无法确定的条件或因素的影响。

第三,卖方不得直接或间接获得因买方销售、处置或使用进口货物而产生的任何收益,或者虽有收益但能够按照《完税价格办法》的有关规定做出调整。

第四,买卖双方之间没有特殊关系,或者虽有特殊关系,但是按照规定未对成交价格产生影响。

(2) 应计入完税价格的调整项目。采用成交价格估价方法,以成交价格为基础审查确定进口货物的完税价格时,如下列费用或者价值未包括在进口货物的实付或者应付价格中,应当计入完税价格:

一是由买方负担的除购货佣金以外的佣金和经纪费。"购货佣金"是指买方为购买进口货物向自己的采购代理人支付的劳务费用。"经纪费"是指买方为购买进口货物向代表买卖双方利益的经纪人支付的劳务费用。

二是由买方负担的与该货物视为一体的容器费用。

三是由买方负担的包装材料和包装劳务费用。

四是与该货物的生产和向中华人民共和国境内销售有关的,由买方以免费或者以低于成本的方式提供并可以按适当比例分摊的料件、工具、模具、消耗材料及类似货物的价款,以及在境外开发、设计等相关服务的费用。

五是与该货物有关并作为卖方向我国销售该货物的一项条件,应当由买方直接或间接支付的特许权使用费。“特许权使用费”是指进口货物的买方为取得知识产权的权利人及权利人有效授权人关于专利权、商标权、专有技术、著作权、分销权或者销售权的许可或者转让而支付的费用。

六是卖方直接或间接从买方对该货物进口后转售、处置或使用所得中获得的收益。

上列所述的费用或价值，应当由纳税义务人向海关提供客观量化的数据资料。如果纳税义务人不能提供，海关与纳税义务人进行价格磋商后，由海关按《完税价格办法》列明的海关估价方法审查确定完税价格。

(3) 不计入完税价格的调整项目。

下列费用，如能与该货物实付或者应付价格区分，则不得计入完税价格：

一是厂房、机械、设备等货物进口后发生的基建、安装、装配、维修和技术援助费用，但是保修费用除外。

二是进口货物运抵境内输入地点起卸后发生的运输费用、保险费和其他相关费用。

三是进口关税、进口环节海关代征税和其他国内税。

四是为在境内复制进口货物而支付的费用。

五是境内外技术培训及境外考察费用。

六是同时符合下列条件的利息费用：利息费用是买方为购买进口货物而融资所产生的；有书面的融资协议的；利息费用单独列明的；纳税义务人可以证明有关利率不高于在融资当时当地此类交易通常应当具有的利率水平，且没有融资安排的相同或者类似进口货物的价格与进口货物的实付、应付价格非常接近的。

2. 进口货物海关估价方法

进口货物的成交价格不符合规定条件或者成交价格不能确定的，海关应当依次以相同货物成交价格估价方法、类似货物成交价格估价方法、倒扣价格估价方法、计算价格估价方法及其他合理方法审查确定该货物的完税价格。如果进口货物的收货人提出要求，并提供相关资料，经海关同意，可以选择倒扣价格估价方法和计算价格估价方法的适用次序。

(1) 相同或类似货物成交价格方法。相同或类似货物成交价格方法，即海关以与进口货物同时或大约同时向中华人民共和国境内销售的相同或类似货物的成交价格为基础，审查确定进口货物的完税价格的估价方法。

以该方法估定完税价格时，应当首先使用同一生产商生产的相同或类似货物的成交价格，只有在没有这一成交价格的情况下，才可以使用同一生产国或地区其他生产商生产的相同或类似货物的成交价格。如果有多个相同或类似货物的成交价格，应当以最低的成交价格为基础，审查确定进口货物的完税价格。

上述“相同货物”是指与进口货物在同一国家或地区生产的，在物理性质、质量和信誉等所有方面都相同的货物，但表面的微小差异允许存在；“类似货物”是指与进口货物在同一国家或地区生产的，虽然不是在所有方面都相同，但却具有相似的特征、相似的组成材料、同样的功能，并且在商业中可以互换的货物。

(2) 倒扣价格估价方法。倒扣价格估价方法即海关以进口货物、相同或类似的进口货物在境内销售的价格为基础估定完税价格。按该价格销售的货物应当同时符合以下五个条件：①在被估货物进口时或大约同时销售；②按照进口时的状态销售；③在境内第一环节销售；④合计的货物销售总量最大；⑤向境内无特殊关系方销售。

以该方法估定完税价格时，下列各项应当扣除：

第一，该货物的同等级或同种类货物，在境内第一销售环节销售时的利润和一般费用（包括直接费用和间接费用）及通常支付的佣金。

第二，货物运抵境内输入地点起卸后的运费、保险费、装卸费及其他相关费用。

第三，进口关税、进口环节海关代征税和其他国内税。

（3）计算价格估价方法。计算价格估价方法即海关以下列各项的总和为基础，审查确定进口货物完税价格的估价方法。有关项为：

第一，生产该货物所使用的料价成本和加工费用。

第二，向境内销售同等级或同种类货物通常的利润和一般费用（包括直接费用和间接费用）。

第三，该货物运抵境内输入地点起卸前的运输及相关费用、保险费。

（4）其他合理方法。使用其他合理方法时，应当根据《完税价格办法》规定的估价原则，以在境内获得的数据资料为基础估定完税价格。

（二）出口货物的完税价格

1. 以成交价格为基础的完税价格

出口货物的完税价格，由海关以该货物的成交价格为基础审查确定，并应包括货物运至我国境内输出地点装载前的运输及其相关费用、保险费，但其中包含的出口关税额以及在货物价款中单独列明的货物运至我国境内输出地点装载后的运输及其相关费用、保险费应当扣除。

出口货物的成交价格，是指该货物出口销售时，卖方为出口该货物应当向买方直接收取和间接收取的价款总额。

2. 出口货物海关估价方法

出口货物的成交价格不能确定时，完税价格由海关了解相关情况并与纳税义务人进行价格磋商后，依次使用下列方法估定：

（1）同时或大约同时向同一国家或地区出口的相同货物的成交价格。

（2）同时或大约同时向同一国家或地区出口的类似货物的成交价格。

（3）根据境内生产相同或类似货物的成本、利润和一般费用，境内发生的运输及其相关费用、保险费计算所得的价格。

（4）按照合理方法估定的价格。

（三）进口货物完税价格中的运输及其相关费用、保险费的计算

1. 进口货物的运输及其相关运费的计算

这项费用应当按照买方实际支付或者应当支付的费用计算。如果进口货物的运输及其相关费用无法确定的，海关应当按照该货物进口同期的正常运输成本审查确定。

2. 运输工具的费用计算

运输工具作为进口货物，利用自身动力进境的，海关在审查确定完税价格时，不再另行计入运输及其相关费用。

3. 进口货物的保险费计算

进口货物的保险费应当按照实际支付的费用计算。如果进口货物的保险费无法确定或者未实际发生，海关应当按照“货价＋运费”两者总额的3‰。计算保险费，其计算公式如下：

保险费＝（货价＋运费）×3‰

4. 邮运进口的货物费用的计算

邮运进口的货物应当以邮费作为运输及其相关费用、保险费。

第二讲　关税的计算

【知识要点】

一、应纳税额的计算

(一) 适用从价定率计征方法的关税额的计算公式

应纳关税税额＝应纳进(出)口货物的数量×单位完税价格×适用关税税率

【技能操作】

【例4-1】　某进出口公司从美国进口货物一批，以离岸价格成交，折合人民币1 410万元、入关前发生的运费、保险费、其他费用分别为10万元、6万元、4万元。关税税率20%。计算该公司应纳进口关税额。

关税完税价格＝1 410＋10＋6＋4＝1 430(万元)

进口关税额＝1 430×20%＝286(万元)

(二) 适用从量定额计征方法的关税额的计算公式

应纳关税额＝应纳进(出)口货物的数量×单位货物税额

【技能操作】

【例4-2】　某进出口公司从美国进口某品牌啤酒600箱，每箱24瓶，每瓶550毫升，进口关税税率为3元/升。计算该公司进口该批啤酒应纳的进口关税额。

应纳进口关税额＝600×24×550÷1 000×3＝23 760(元)

(三) 适用复合计征方法的关税额的计算公式

目前，我国实行的复合税都是先计征从量税，再计征从价税。

$$\text{应纳关税额}=\frac{\text{应税进(出)口}}{\text{货物的数量}}\times\frac{\text{单位货物}}{\text{税额}}+\frac{\text{应纳进(出)口}}{\text{货物的数量}}\times\frac{\text{单位完税}}{\text{价格}}\times\frac{\text{适用关税}}{\text{税率}}$$

【技能操作】

【例4-3】　某企业进口广播级录像机5台，每台价格2 800美元，共支付运费、保险费等150美元，假定人民币汇价为1美元＝7.35元人民币(关税税率：当每台价格不高于2 000美元时，执行36%的单一从价税；当每台价格高于2 000美元时，每台征收5 480元的从量税，再加上3%的从价税)。计算该企业应缴纳的关税。

应纳关税额＝5×5 480＋(5×2 800＋150)×7.35×3%＝30 520.08(元)

(四) 滑准税应纳关税的计算公式

关税额＝应税进(出)口应税货物数量×单位完税价格×滑准税税率

二、关税税收优惠

关税的减税、免税分为法定性减免税、政策性减免税和临时性减免税。

《海关法》和《进出口关税条例》中规定的减免税称为法定性减免税,主要有下列情形:

(1) 一票货物关税税额、进口环节增值税或者消费税额在人民币50元以下的。

(2) 无商业价值的广告品及货样。

(3) 国际组织、外国政府无偿赠送的物资。

(4) 进出境运输工具装载的途中必需的燃料、物料和饮食用品。

(5) 因故退还的中国出口货物,可以免征进口关税,但已征收的出口关税,不予退还。

(6) 因故退还的境外进口货物,可以免征出口关税,但已征收的进口关税不予退还。

上述情况经海关审查无误后可以免税。

下列情形之一的进口货物,海关可以酌情减免税:

(1) 在境外运输途中或者在起卸时,遭受到损坏或者损失的。

(2) 起卸后海关放行前,因不可抗力遭受损坏或者损失的。

(3) 海关查验时已经破漏、损坏或者腐烂,经证明不是保管不慎造成的。

为境外厂商加工、装配成品和为制造外销产品而进口的原材料、辅料、零件、部件、配套件和包装物料,海关按照实际加工出口的成品数量免征进口关税;或者对进口料、件先征进口关税,再按照实际加工出口的成品数量予以退税。

中国缔结或参加的国际条约规定减征、免征关税的货物、物品,海关应当按照规定减免关税。

第三讲 关税的账务处理

【知识要点】

企业缴纳进出口关税,应设置"应交税费——应交关税"账户进行核算,也可以分别设置"应交进口关税""应交出口关税"两个二级账户。企业按规定计算应纳税额时,借记有关账户,贷记"应交税费——应交关税"账户;实际缴纳时,借记"应交税费——应交关税"账户,贷记"银行存款"账户。

下面分别就工业企业和外贸企业的关税会计核算进行说明。

一、工业企业关税的会计处理

(一) 进口关税的账务处理

工业企业通过外贸企业代理或直接从国外进口原材料、应支付的进口关税,企业也可以不通过"应交税费——应交关税"账户核算,应与进口原材料等的价款及其他费用一并计入进口原材料的采购成本。在会计核算上,借记"材料采购"或"原材料"账户,贷记"银行存款"等账户。但这种处理方法不便于获得完整的企业涉税会计信息,不利于进行企业税负分析。如果进口关税通过"应交税费"账户核算,反映应交关税时,借记"材料采购"账户,贷记"应交税费——应交进口关税"账户。

【技能操作】

【例4-4】 某有进出口经营权的工业企业,8月1日,从国外购进一批货物,价款为100 000美元,当日人民币兑美元汇率为7∶1。进口该货物应付关税30 000元,物资已验收入库。增值税税率为13%。

(1) 购入现汇时:

借:银行存款——美元 700 000

　贷:银行存款——人民币 700 000

(2) 支付货物价款、关税、增值税时:

借:材料采购 730 000

　应交税费——应交增值税(进项税额)(730 000×13%) 94 900

　贷:银行存款——美元 700 000

　　　——人民币 124 900

(3) 验收入库时:

借:原材料 730 000

　贷:材料采购 730 000

(二) 出口关税的账务处理

工业企业出口产品应缴纳的出口关税,支付时可直接记入“税金及附加”账户的借方,“银行存款”“应付账款”等账户的贷方。如果出口关税通过“应交税费”账户核算,反映应交关税时,借记“税金及附加”账户,贷记“应交税费——应交出口关税”账户。

二、外贸企业关税的会计处理

(一) 自营进出口业务关税的会计处理

1. 自营进口业务关税的会计处理

外贸企业自营进口业务,按规定计算应缴纳的进口关税,借记“在途物资”账户,贷记“应交税费——应交进口关税”账户。实际缴纳时,借记“应交税费——应交进口关税”账户,贷记“银行存款”账户;也可不通过“应交税费——应交进口关税”账户核算,直接借记“在途物资”账户,贷记“银行存款”“应付账款”等账户。

出口业务会计处理亦然。

【技能操作】

【例4-5】 某外贸企业自营进口货物一批,CIF价格折合人民币400 000元,进口关税税率为20%,增值税税率为13%,款项以银行存款支付。

应纳关税=400 000×20%=80 000(元)

在途物资成本=400 000+80 000=480 000(元)

应纳增值税=(400 000+80 000)×13%=62 400(元)

(1) 计提关税和增值税时:

借:在途物资 480 000

　贷:应交税费——应交进口关税 80 000

　　应付账款 400 000

(2) 支付关税和增值税时:

借:应交税费——应交进口关税 80 000

　贷:银行存款 80 000

借:应交税费——应交增值税(进项税额) 62 400

贷:银行存款 62 400

(3) 验收入库时:

借:库存商品 480 000

贷:在途物资 480 000

2. 自营出口业务关税的会计处理

外贸企业自营出口业务,按规定计算出应缴纳的关税,借记“营业税金及附加”账户,贷记“应交税费——应交出口关税”账户。实际缴纳时,借记“应交税费——应交出口关税”账户,贷记“银行存款”账户。

【技能操作】

【例 4-6】 某外贸公司自营出口货物一批,国内港口 FOB 价格折合人民币为 130 000 元,出口关税税率为 30%,关税已支付。

出口关税=130 000÷(1+30%)×30%=30 000(元)

借:税金及附加 30 000

贷:应交税费——应交出口关税 30 000

借:应交税费——应交出口关税 30 000

贷:银行存款 30 000

(二) 代理进出口业务关税的会计处理

1. 代理进口业务关税的会计处理

代理进口业务,对受托方来说,一般不垫付货款,多以收取手续费形式为委托方提供代理服务。因此,由于进口业务而应缴纳的关税均由委托方负担,受托方即使向海关缴纳了关税,也只是代垫或代付,日后仍要向委托方收回。

代理进口业务所计缴的关税,在会计核算上也是通过设置“应交税费”账户来反映,其对应账户是“应付账款”“应收账款”“银行存款”等。

2. 代理出口业务关税的会计处理

外贸企业代理出口业务,因出口而缴纳的关税仍由委托方负担。受托方按规定计算出代缴的关税时,借记“应收账款”账户,贷记“应交税费——应交出口关税”账户。实际缴纳时,借记“应交税费——应交出口关税”账户,贷记“银行存款”账户。

第四讲 关税的纳税申报

【知识要点】

进出口货物都必须按《海关法》的有关规定进行申报,《海关法》对进出口货物的申报时间、方式、内容、地点都有明确的规定。

一、关税的申报时间

关税的纳税人或其代理人应在规定的报关期限内向货物或物品进出境地海关申报。进口货物的报关期限为自运输工具进境之日起14日内，由收货人或其代理人向海关申报；出口货物除海关特准外，应在出口货物运抵海关监管区后装货的24小时之前，由发货人向海关申报。进口货物到达前，纳税义务人经海关核准可以先行申报。

二、关税的纳税期限

纳税义务人应当自海关填发税款缴款书之日起15日内向指定银行缴纳税款。纳税义务人未按期缴纳税款的，从滞纳税款之日起，按日加收滞纳税款5‱的滞纳金。

纳税义务人因不可抗力或者在国家税收政策调整的情形下，不能按期缴纳税款的，经海关总署批准，可以延期缴纳税款，但是最长不得超过6个月。

三、关税的纳税地点

进口货物自运输工具申报进境之日起14日内，出口货物在货物运抵海关监管区后装货的24小时以前，应由进出口货物的纳税义务人向货物进(出)境地海关申报。

为方便纳税义务人，经申请且海关同意，进(出)口货物的纳税义务人可以在设有海关的指运地(启运地)办理海关申报、纳税手续。

四、关税的追征、补征与退还

(一) 关税的追征、补征

补征和追征是海关在关税纳税义务人按海关核定的税额缴纳关税后，发现实际征收税额少于应当征收的税额(称为短征关税)时，责令纳税义务人补缴所差税款的一种行政行为。由于纳税人违反海关规定造成短征关税的，称为追征；非因纳税人违反海关规定造成短征关税的，称为补征。

根据《海关法》和《进出口关税条例》的规定，进出境货物和物品放行后，海关发现少征或者漏征税款，应当自缴纳税款或者货物、物品放行之日起1年内，向纳税义务人补征；因纳税义务人违反规定而造成少征或者漏征的税款，自纳税义务人应缴纳税款或者货物、物品放行之日起3年以内可以追征，并从应缴纳税款或者货物、物品放行之日起按日加收少征或者漏征税款5‱的滞纳金。

(二) 关税的退还

按规定，有下列情形之一的，应当立即通知纳税义务人办理退还手续：

(1) 因海关误征，多纳税款的。

(2) 海关核准免验进口的货物，在完税后，发现有短卸情形，经海关审查认可的。

(3) 已征出口关税的货物，因故未将其运出口，申报退关，经海关查验属实的。

(4) 对已征出口关税的出口货物和已征进口关税的进口货物，因货物品种或规格原因(非其他原因)原状复运进境或出境，经海关查验属实的，也应退还已征关税。如果属于其他原因且不能以原状复运进境或出境的，不能退税。

纳税义务人发现多缴税款的，自缴纳税款之日起1年内，可以以书面形式要求海关退还多缴的税款并加算银行同期活期存款利息；海关应当自受理退税申请之日起30日内查实并通知纳税义务人办理退还手续。纳税义务人应当自收到通知之日起3个月内办理有关退税手续。

单元测试

一、单项选择题

1. 下列各项中,不属于关税的纳税义务人的是( )。

A. 进口货物的收货人　　B. 出口货物的发货人

C. 进境物品的所有人　　D. 进口货物的发货人

2. 当一个国家存在自由港、自由区时,该国国境( )关境。

A. 大于　　B. 等于　　C. 小于　　D. 无法比较

3. ( )是指对同一种进口货物,由于输出国或生产国不同,或输入情况不同而使用不同税率征收的关税。

A. 反倾销税　　B. 歧视关税　　C. 报复关税　　D. 优惠关税

4. ( )是指对某种货物在税则中预先按照该商品的价格规定几档税率,价格高的适用较低税率,价格低的适用较高税率,目的是使该物品的价格在国内市场上保持稳定。

A. 反倾销税　　B. 复合关税　　C. 滑准税　　D. 歧视关税

5. ( )是指缔约国一方承诺现在或将来给予第三方的一切优惠、特权或豁免等待遇,缔约国另一方可以享受同样待遇。

A. 互惠关税　　B. 特惠关税　　C. 最惠国待遇关税　　D. 普遍优惠制关税

6. 任何国家或者地区对其进口的原产于我国的货物征收歧视性关税或者给予其他歧视性待遇的,我国对原产于该国家或者地区的进口货物征收( )。

A. 保障性关税　　B. 报复性关税　　C. 反倾销税　　D. 反补贴税

7. 进口产品原产地的"实质性加工"标准,其中的"实质性加工"是指产品加工后,在进出口税则中四位数税则号列一级税则归类已经有了改变,或者加工增值部分占新产品总值的比例已超过( )的。

A. 60%　　B. 50%　　C. 40%　　D. 30%

8. 根据我国关税法规,减免进出口关税的权限属于( )。

A. 中央　　B. 地方　　C. 省　　D. 市

9. 根据我国税法规定,进口货物以海关审定的成交价格为基础的( )为完税价格。

A. 公允价格　　B. 到岸价格　　C. 离岸价格　　D. 货价

10. 代理出口受托方计缴出口关税的会计分录是( )。

A. 借:应收账款
　　贷:应交税费——应交出口关税

B. 借:税金及附加
　　贷:应交税费——应交出口关税

C. 借:应交税费——应交出口关税
　　贷:银行存款

D. 借:应收账款
　　贷:应交税费——应交进口关税

二、多项选择题

1. 根据规定,下列各项中,属于关税纳税人的有( )。

A. 进口货物收货人　　B. 出口货物发货人

C. 携带物品进境的入境人员　　D. 进口货物的代理人

2. 我国特别关税的种类包括(　　)。

A. 报复性关税　　B. 保障性关税

C. 进口附加税　　D. 反倾销税与反补贴税

3. 按照关税的计征方式，可以将关税分为(　　)。

A. 从量关税　　B. 从价关税　　C. 混合关税　　D. 滑准税

4. (　　)是我国关税制度的两个最基本的法规。

A.《进出口关税条例》　　B.《进出口关税管理办法》

C.《进出口关税暂行规定》　　D.《进出口关税税则》

5. 进口货物(　　)应当计入完税价格。

A. 由买方负担的购货佣金

B. 由买方负担的在审查确定完税价格时与该货物视为一体的容器费用

C. 由买方负担的包装材料费用和包装劳务费用

D. 作为该货物向中华人民共和国境内销售的条件，买方必须支付的、与该货物有关的特许权使用费

6. 纳税义务人应当自海关填发税款缴款书之日起(　　)日内向指定银行缴纳税款。纳税义务人未按期缴纳税款的，从滞纳税款之日起，按日加收滞纳税款(　　)的滞纳金。

A. 7　　B. 3‰　　C. 15　　D. 5‰

7. 下列进出口货物中，免征关税的有(　　)。

A. 无商业价值的广告品和货样

B. 外国政府、国际组织无偿赠送的物资

C. 在海关放行前损失的货物

D. 进出境运输工具装载途中必需的燃料、物料和饮食用品

8. 外贸企业自营进口业务，实际缴纳进口关税的会计分录有(　　)。

A. 借：在途物资
　　贷：银行存款

B. 借：应交税费——应交进口关税
　　贷：银行存款

C. 借：税金及附加
　　贷：银行存款

D. 借：在途物资
　　贷：应交税费——应交进口关税

9. 工业企业进口货物应缴纳的关税，可能对应的借方账户有(　　)。

A.“材料采购”　　B.“固定资产”　　C.“原材料”　　D.“低值易耗品”

10. 某公司从美国进口啤酒，进口环节应缴纳的税金及其计税方法为(　　)。

A. 从价计征的关税　　B. 从量计征的关税

C. 从量计征的消费税　　D. 从价计征的增值税

三、判断题

1. 中华人民共和国准许进出口的货物、进境物品，除法律、行政法规另有规定外，由海关依照规定征收进出口关税。(　　)

2. 适用出口税率的出口货物有暂定税率的，应当适用暂定税率。(　　)

3. 进出口货物，应当适用海关接受该货物申报进口或者出口之日实施的税率。(　　)

4. 进口货物的纳税义务人应当自运输工具申报进境之日起14日内，出口货物的纳税义务人除海关特准的外，应当在货物运抵海关监管区后、装货的24小时以前，向货物的进出境地海

关申报。（　）

5. 纳税义务人因不可抗力或者在国家税收政策调整的情形下，不能按期缴纳税款的，经海关总署批准，可以延期缴纳税款，但是最长不得超过6个月。（　）

6. 外国政府、国际组织无偿赠送的物资免征关税。（　）

7. 海关发现海关监管货物因纳税义务人违反规定造成少征或者漏征税款的，应当自纳税义务人应缴纳税款之日起3年内追征税款，并从应缴纳税款之日起按日加收少征或者漏征税款3‰的滞纳金。（　）

8. 出口货物的成交价格，是指该货物出口时卖方为出口该货物应当向买方直接收取和间接收取的价款总额。出口关税应计入完税价格。（　）

9. 在进口货物成交的过程中，卖方付给进口人的正常回扣，在计算进口货物完税价格时不得从成交价格中扣除。（　）

10. 关税的计征方法有从价计征、从量计征、复合计征和滑准税。（　）

四、简答题

1. 目前我国对关税税率是如何规定的？
2. 如何确定进口货物的关税完税价格？
3. 如何确定出口货物的关税完税价格？
4. 关税应纳税额的计算有哪几种方法？
5. 外贸企业代理进出口应纳关税应如何进行会计处理？

实务训练

1. 某工业企业进口A材料需要100 000美元，当日人民币市场汇价为1美元=7元人民币。该企业对外付汇进口A材料，应付进口关税40 000元，材料已验收入库。代征增值税税率为13%，材料按实际成本核算。请做有关会计处理。

2. 某外贸公司从国外自营进口商品400台，以境外口岸FOB价格成交，单价折合人民币20 000元。已知该货物运抵中国关境内输入地点起卸前的包装费、运费、保险费和其他劳务费用为每台2 000元人民币。该商品的进口关税税率为20%，增值税税率为13%。请做有关会计处理。

3. 某外贸进出口公司为增值税一般纳税人，自营出口商品一批，该商品离岸(FOB)价为864 000元，出口关税税率为20%。请做有关会计处理。

第五单元　企业所得税

导学目标

本单元主要讲述企业所得税的主要内容、应纳税额的计算及其会计处理，同时介绍企业所得税的纳税申报。完成学习任务后，应该掌握如下内容：

1. 掌握企业所得税的纳税人、税目、征收范围、减免税规定。
2. 理解并掌握应纳税额的计算。
3. 掌握企业所得税的核算账户及其会计处理方法。
4. 了解企业所得税的申报与缴纳。

导学案例

未来星公司为居民企业，位于上海市，主要生产销售乳制品，公司资产总额 1 000 万元，职工人数 110 人。假定 2019 年取得商品销售收入 3 800 万元，商品销售成本 2 400 万元，非增值税销售税金及附加 20 万元；营业费用 200 万元（其中非广告性赞助 2 万元）；财务费用 8 万元（其中支付企业内部机构借款息 2 万元）；股权投资收益－5 万元，其他投资转让收益 3 万元；无法支付的应付账款 12 万元转入资本公积；营业外支出 50 万元（其中通过县级政府向灾区捐款 20 万元）；其他合理费用 600 万元。已预交企业所得税 100 万元，目前正值企业所得税的汇算清缴期，公司要在规定时间内准确计算企业所得税并及时进行纳税申报。税务会计小刘是刚毕业的大学生，对于新所得税法及实施条例并不熟悉，这给工作带来了很大困难。

会计主管陈大姐说，要想顺利完成工作，不给企业带来损失，小刘就必须认真学习相关税收条例，熟悉企业所得税的各项税制要素，明确纳税人、征税范围和税率等具体规定，在此基础上分析企业的相关业务，正确判断纳税调整项目，从而才能正确计算应纳税所得额和应纳所得税额，进行企业所得税的会计核算，月末还应填制所得税的纳税申报表并进行纳税申报。

所得税是国家以应纳税所得额为课税对象而征收的一种税。所得税于 1798 年诞生于英国，中国在 1936 年建立所得税制度，中华人民共和国成立后，在废除了旧的所得税制度后，实行了新的所得税制度。1994 年工商税制改革后，形成了由企业所得税、外商投资企业和外国企业所得税以及个人所得税组成的所得税体系。2007 年 3 月 16 日，第十届全国人民代表大会第五次会议通过的新《中华人民共和国企业所得税法》(简称《企业所得税法》)和 2007 年 11 月 28 日，国务院第 197 次常务会议通过的《中华人民共和国企业所得税法实施条例》(简称《企业所得税条例》)，统一了内外资企业所得税，《企业所得税法》自 2008 年 1 月 1 日起施行。

第一讲 企业所得税的基本规定

【知识要点】

企业所得税是国家对我国境内企业和其他取得收入的组织的生产经营所得和其他所得依法征收的一种税。它是国家参与企业利润分配的重要手段。

一、企业所得税的纳税人和扣缴义务人

(一) 企业所得税的纳税人

在中华人民共和国境内的企业和其他取得收入的组织(统称企业)，除个人独资企业、合伙企业外，都属于企业所得税的纳税人范围，包括国有企业、集体企业、私营企业、股份制企业和联营企业、外商投资企业、外国企业以及有生产、经营所得和其他所得的其他组织。

企业所得税的纳税人分为居民企业和非居民企业。

1. 居民企业

居民企业是指符合以下两个条件之一的企业：

(1) 依照中国法律、法规在中国境内成立的企业。

(2) 依照外国(地区)法律成立但实际管理机构在中国境内的企业。

例如，在我国注册成立的沃尔玛(中国)公司、通用汽车(中国)公司，就是我国的居民企业；在英国、百慕大群岛等国家和地区注册的公司，但实际管理机构在我国境内的，也是我国的居民企业。上述企业应就其来源于我国境内外的所得缴纳企业所得税。

2. 非居民企业

非居民企业是指符合以下两个条件之一的企业：

(1) 依照外国(地区)法律、法规成立且实际管理机构不在中国境内，但在中国境内设立机构、场所的企业。

(2) 在中国境内未设立机构、场所，但有来源于中国境内所得的企业。

例如，在我国设立的代表处及其他分支机构等外国企业。

(二) 企业所得税的扣缴义务人

(1) 非居民企业在中国境内未设立机构、场所的，或者虽然设立机构、场所但取得的所得与其所设机构、场所没有实际联系的，其来源于中国境内的所得缴纳企业所得税，实行源泉扣缴，以支付人为扣缴义务人。税款由扣缴义务人在每次支付或者到期应支付时，从支付或者到期应支付的款项中扣缴。

(2) 对非居民企业在中国境内取得工程作业和劳务所得应缴纳的所得税，税务机关可以指定工程价款或者劳务费的支付人为扣缴义务人。

实际管理机构是指对企业的生产经营、人员、账务和财产等实施实质性全面管理和控制的机构。机构、场所是指在中国境内从事生产经营活动的机构、场所，包括：

(1) 管理机构、营业机构、办事机构。

（2）工厂、农场、开采自然资源的场所。

（3）提供劳务的场所。

（4）从事建筑、安装、装配、修理、勘探等工程作业的场所。

（5）其他从事生产经营活动的机构、场所。

非居民企业委托营业代理人在中国境内从事生产经营活动的，包括委托单位或者个人经常代其签订合同，或者储存、交付货物等，该营业代理人视为非居民企业在中国境内设立的机构、场所。

二、企业所得税的征税对象

企业所得税的征税对象，是指企业的生产经营所得、其他所得和清算所得。

居民企业负有无限纳税义务，应当就其来源于中国境内、境外的全部所得缴纳企业所得税，包括销售货物所得、提供劳务所得、转让财产所得、股息红利等权益性投资所得、利息所得、租金所得、特许权使用费所得、接受捐赠所得和其他所得。

非居民企业负有有限纳税义务。非居民企业在中国境内设立机构、场所的，应当就其所设机构、场所取得的来源于中国境内的所得，以及发生在中国境外但与其所设机构、场所有实际联系的，缴纳企业所得税。

非居民企业在中国境内未设立机构、场所的，或者虽设立机构、场所但取得的所得与其所设机构、场所没有实际联系的，应当就其来源于中国境内的所得缴纳企业所得税。

三、企业所得税的税率

企业所得税实行的是比例税率。

（一）基本税率为25%

现行企业所得税基本税率设定为25%，适用于居民企业和在中国境内设有机构、场所且所得与机构、场所有关联的非居民企业。

（二）低税率为20%

该税率适用于在中国境内未设立机构、场所，或者虽设立机构、场所，但其取得的所得与其所设机构、场所没有实际联系的非居民企业。但实际征税时适用10%的税率。

（三）两档优惠税率

1. 小型微利企业

小型微利企业减按20%的税率缴纳企业所得税。

小型微利企业是指从事国家非限制和禁止行业，并符合以下条件的企业：

（1）工业企业——年度应纳税所得额不超过30万元，从业人数不超过100人，资产总额不超过3 000万元。

（2）其他企业——年度应纳税所得额不超过30万元，从业人数不超过80人，资产总额不超过1 000万元。

2. 国家重点扶持的高新技术企业

国家需要重点扶持的高新技术企业，减按15%的税率缴纳企业所得税。

国家需要重点扶持的高新技术企业是指拥有核心自主知识产权，同时符合以下条件的企业：

（1）产品（服务）属于国家需要重点扶持的高新技术领域规定的范围。

（2）研究开发费用占销售收入的比例不低于规定比例。

(3) 高新技术产品(服务)收入占企业总收入的比例不低于规定比例。

(4) 科技人员占企业职工总数的比例不低于规定比例。

(5) 高新技术企业认定管理办法规定的其他条件。

【知识点归纳】

企业所得税税率表,如表 5-1 所示。

表 5-1　　企业所得税税率表

税率种类	税　率	适用范围
基本税率	25%	居民企业
		在中国境内设有机构、场所且所得与机构、场所有关联的非居民企业
低税率	20%(减按 10%)	在中国境内未设立机构、场所的,或者虽设立机构、场所但取得的所得与其所设机构、场所没有实际联系的非居民企业
两档优惠税率	减按 20%	符合条件的小型微利企业
	减按 15%	国家重点扶持的高新技术企

四、企业所得税的税收优惠

税收优惠主要是为了照顾某些纳税人的特殊情况而给予的减征或免征所得税款的规定。它是税法原则性和灵活性相结合的体现,是发挥税收特殊调节作用的重要手段。

(一) 免税收入

企业的下列收入为免税收入:

(1) 国债利息收入。

(2) 符合条件的居民企业之间的股息、红利等权益性投资收益,是指居民企业直接投资于其他居民企业取得的投资收益。

(3) 在中国境内设立机构、场所的非居民企业从居民企业取得与该机构、场所有实际联系的股息、红利等权益性投资收益。

(4) 符合条件的非营利组织的收入(不包括非营利组织从事营利性活动取得的收入,但国务院财政、税务主管部门另有规定的除外)。

(二) 免税、减税

企业的下列所得,可以免征、减征企业所得税:

(1) 从事农、林、牧、渔业项目的所得。

(2) 从事国家重点扶持的公共基础设施项目投资经营的所得,自项目取得第一笔生产经营收入所属纳税年度起,第一至第三年免征企业所得税,第四至第六年减半征收企业所得税。

(3) 从事符合条件的环境保护、节能节水项目的所得,自项目取得第一笔生产经营收入所属纳税年度起,第一至第三年免征企业所得税,第四至第六年减半征收企业所得税。

(4) 一个纳税年度内,居民企业技术转让所得不超过 500 万元的部分,免征企业所得税;超过 500 万元的部分,减半征收企业所得税。

(三) 税率优惠

详见“任务一　企业所得税的基本规定”中“三、企业所得税的税率”的相关规定。

(四) 加计扣除优惠

加计扣除是指对企业支出项目按规定的比例给予税前扣除的基础上再给予追加扣除。

企业的下列支出,可以在计算应纳税所得额时加计扣除:

(1) 企业为开发新技术、新产品、新工艺发生的研究开发费用,未形成无形资产计入当期损益的,在按照规定据实扣除的基础上,按照研究开发费用的50%加计扣除;形成无形资产的,按照无形资产成本的150%摊销。

(2) 企业安置残疾人员的,在按照支付给残疾职工工资据实扣除的基础上,按照支付给残疾职工工资的100%加计扣除。

【新增规定】

科技型中小企业开展研发活动中实际发生的研发费用,未形成无形资产计入当期损益的,在按规定据实扣除的基础上,在2017年1月1日至2019年12月31日期间,再按照实际发生额的75%在税前加计扣除;形成无形资产的,在上述期间按照无形资产成本的175%在税前摊销。

【技能操作】

【例5-1】 某企业为居民企业,有残疾职工20人,2019年度发生工资支出500万元,其中支付给残疾职工的工资为80万元。请计算该企业工资薪金的税前扣除额。

允许税前扣除的工资薪金金额为580万元(500+80)。企业实际发生的工资薪金支出为500万元,80万元作为残疾人员工资在据实扣除的基础上,再按照支付给残疾职工工资的100%加计扣除。因此调减应纳税所得额。

(五) 创业投资企业优惠

创业投资企业采取股权投资方式投资于未上市的中小高新技术企业2年以上的,可以按照其投资额的70%在股权持有满2年的当年抵扣该创业投资企业的应纳税所得额;当年不足抵扣的,可以在以后纳税年度结转抵扣。

【技能操作】

【例5-2】 甲企业为居民企业,2019年1月1日,向乙企业(未上市的中小高新技术企业)投资500万元,股权持有到2020年12月31日,则甲企业2020年度可抵扣的应纳税所得额为350万元(500×70%)。

(六) 加速折旧优惠

下列固定资产可以采取缩短折旧年限或者加速折旧的方法:

(1) 由于技术进步,产品更新换代较快的固定资产。

(2) 常年处于强震动、高腐蚀状态的固定资产。

采取缩短折旧年限方法的,最低折旧年限不得低于规定折旧年限的60%;采取加速折旧方法的,可以采取双倍余额递减法或者年数总和法。

(七) 减计收入优惠

企业以《资源综合利用企业所得税优惠目录》规定的资源作为主要原材料,生产国家非限制和禁止并符合国家和行业相关标准的产品取得的收入，减按 90%计入收入总额。

(八) 税额抵免优惠

企业购置并实际使用环境保护、节能节水、安全生产等专用设备的，该专用设备投资额的 10%可以从企业当年的应纳税额中抵免；当年不足抵免的，可以在以后 5 个纳税年度结转抵免。

享受上述规定的企业所得税优惠的企业，应当实际购置并自身实际投入使用规定的专用设备；企业购置上述专用设备在 5 年内转让、出租的，应当停止享受企业所得税优惠，并补缴已经抵免的企业所得税税款。

需要注意的是，如果一个企业同时符合两项或几项税法规定的所得税减免优惠，可选择其中的一项优惠政策使用，而不可以将几项优惠累加使用。

(九) 小型微利企业 2019 年 1 月 1 日至 2021 年 12 月 31 日优惠政策。

对小型微利企业年应纳税所得额不超过 100 万元的部分，减按 25%计入应纳税所得额，按 20%的税率缴纳企业所得税；对年应纳税所得额超过 100 万元但不超过 300 万元的部分，减按 50%计入应纳税所得额，按 20%的税率缴纳企业所得税。

上述小型微利企业是指从事国家非限制和禁止行业，且同时符合年度应纳税所得额不超过 300 万元、从业人数不超过 300 人、资产总额不超过 5 000 万元等三个条件的企业。

第二讲 企业所得税的计算

【知识要点】

一、应纳税所得额的计算

应纳税所得额是企业所得税的计税依据，按照税法的规定，企业所得税应纳税所得额是指纳税人每一纳税年度的收入总额，减除不征税收入、免税收入、各项允许扣除项目金额以及允许弥补的以前年度亏损后的余额，是按税法规定的程序和标准确定的。其计算公式为：

$$\text{应纳税所得额}=\text{收入总额}-\text{不征税收入}-\text{免税收入}-\begin{matrix}\text{各项允许扣除}\\\text{项目金额}\end{matrix}-\begin{matrix}\text{允许弥补的}\\\text{以前年度亏损}\end{matrix}$$

应纳税所得额与会计利润是两个不同的概念。会计利润是确定应纳税所得额的基础，但不能等同于应纳税所得额。当税法与会计准则存在差异时，应根据税法规定对会计利润进行调整，才能得到应纳税所得额。

$$\text{应纳税所得额}=\text{会计利润}\pm\text{税收调整项目金额}$$

(一) 收入总额

企业所得税纳税人的收入总额是指企业以货币形式和非货币形式从各种来源取得的收入，包括销售货物收入，提供劳务收入，转让财产收入，股息、红利等权益性投资收益，利息收入，租金收入，特许权使用费收入，接受捐赠收入，其他收入。货币形式取得的收入，包括现金(库存现金、银行存款和其他货币资金)、应收账款和应收票据以及准备持有至到期的债券投资以及债务的额度等。非货币形式取得的收入，包括存货、固定资产、生物资产、无形资产、股权投资、不准备持有至到期的债券投资、劳务以及有关权益等。这些非货币资产应当按公允价值确定收入额，收入的具体构成如下所述。

1. 一般收入的确定

(1) 销售货物收入是指企业销售库存商品、产成品、半成品、原材料、包装物、低值易耗品以及其他货物取得的收入。

(2) 提供劳务收入是指企业从事建筑安装、交通运输、仓储、邮政、信息传输、计算机服务、住宿、餐饮、金融、商务服务、科学研究、技术服务、地质勘查、水利管理、环境管理、公共设施管理、居民服务、教育、卫生、社会保障、社会福利、文化、体育、娱乐和其他劳务服务活动取得的收入。

(3) 转让财产收入是指企业转让固定资产、无形资产、股权、股票、债券、债权等所取得的收入。

(4) 股息、红利等权益性投资收益是指企业凭借权益性投资从被投资方分配取得的收入,包括股息、红利、联营分利等。

(5) 利息收入是指企业将资金提供他人使用或他人占用本企业资金所取得的利息收入,包括存款利息、贷款利息、债券利息、欠款利息等收入。

(6) 租金收入是指企业提供固定资产、包装物和其他资产的使用权取得的收入。

(7) 特许权使用费收入是指企业提供专利权、非专利技术、商标权、著作权以及其他特许权的使用权而取得的收入。

(8) 接受捐赠收入是指企业接受捐赠的货币和非货币资产。

(9) 其他收入包括企业资产盘盈或溢余收入、罚款收入、逾期未返还的包装物押金、因债权人原因确实无法支付的应付款项、债务重组收入、非货币性资产交换实现的收入、政府补助(财政拨款、税收返还等)、视同销售收入、依法收取并纳入财政管理的行政事业性收费和政府性基金、已做坏账损失处理后又收回的应收账款,以及国务院规定的其他收入。

2. 特殊收入的确认

(1) 以分期收款方式销售货物的,按照合同约定的收款日期确认收入的实现。

(2) 企业受托加工制造大型机械设备、船舶、飞机,以及从事建筑、安装、装配工程业务或者提供其他劳务等,持续时间超过 12 个月的,按照纳税年度内完工进度或者完成的工作量确认收入的实现。

(3) 采取产品分成方式取得收入的,按照企业分得产品的日期确认收入的实现,其收入额按照产品的公允价值确定。

(4) 企业发生非货币性资产交换,以及将货物、财产、劳务用于捐赠、偿债、赞助、集资、广告、样品、职工福利或者利润分配等用途的,应当视同销售货物、转让财产或者提供劳务,但国务院财政、税务主管部门另有规定的除外。

(二) 不征税收入和免税收入

1. 不征税收入

收入总额中的下列收入为不征税收入:财政拨款,依法收取并纳入财政管理的行政事业性收费、政府性基金,国务院规定的其他不征税收入。

企业的不征税收入用于支出所形成的费用,不得在计算应纳税所得额时扣除;企业的不征税收入用于支出所形成的资产,其计算的折旧、摊销不得在计算应纳税所得额时扣除。

《企业所得税法》严格区分“不征税收入”和“免税收入”,两者的区别在于前者本身即不构成应税收入,而后者构成应税收入但予以免除。

2. 免税收入

企业免税收入参照本单元第一讲第四部分税收优惠中的内容,此处不再重复。

(三) 允许扣除的项目

1. 允许扣除的项目的基本内容

在计算应纳税所得额时允许从收入额中扣除的项目，是指企业实际发生的与取得收入有关的、合理的支出，具体包括成本、费用、税金、损失和其他支出。在实际中计算应纳税所得额时，还应注意三个方面的内容：

第一，企业发生的支出应当区分收益性支出和资本性支出。收益性支出在发生当期直接扣除；资本性支出应当分期扣除或者计入有关资产的成本，不得在发生当期直接扣除。

第二，企业的不征税收入用于支出所形成的费用或财产不得扣除或者计算对应的折旧、摊销扣除。

第三，除企业所得税法和本条例另有规定外，企业发生的成本、费用、税金、损失和其他支出不得重复扣除。

(1) 成本是企业的生产经营成本，即为生产产品、经营商品和提供劳务等所发生的各项直接费用和间接费用。

(2) 费用是纳税人为生产、经营商品和提供劳务等所发生的销售费用、管理费用和财务费用。已经计入成本的有关费用除外。

(3) 税金是企业发生的除企业所得税和允许抵扣的增值税以外的企业缴纳的各项税金及其附加，即企业按规定缴纳的消费税、关税、城市维护建设税、资源税、土地增值税、房产税、车船税、城镇土地使用税、印花税、教育费附加等产品销售税金及附加。

(4) 损失是企业在生产、经营活动中发生的固定资产和存货的盘亏、毁损、报废损失，转让财产损失，呆账损失，坏账损失，自然灾害等不可抗力因素造成的损失以及其他损失。

(5) 扣除的其他支出，是指除成本费用、税金、损失外，企业在生产经营活动中发生的与生产经营活动有关的、合理的支出。

2. 限定条件准予扣除的项目

(1) 工资薪金支出。企业发生的合理的工资薪金支出，准予扣除。即每一纳税年度支付给在本企业任职或者受雇的员工的所有现金形式或者非现金形式的劳动报酬，包括基本工资、奖金、补贴、津贴、年终加薪、加班工资，以及与任职或者受雇有关的其他支出。

(2) 职工福利费、工会经费、职工教育经费。未超过标准的按实际扣除，超过标准的只能按照标准扣除。

企业发生的职工福利费支出，不超过工资薪金总额14%的部分，准予扣除。

企业拨缴的工会经费，不超过工资薪金总额2%的部分，准予扣除。

除国务院财政、税务主管部门另有规定外，企业发生的职工教育经费支出，不超过工资薪金总额2.5%的部分，准予扣除；超过部分，准予结转在以后纳税年度扣除。

【技能操作】

【例 5-3】 某企业为居民企业，2019 年实际发生的工资、薪金支出为 100 万元，核算计提三项经费 18.5 万元，其中，福利费本期发生 13 万元，拨缴工会经费为 1.5 万元，已经取得工会拨缴收据，实际发生职工教育经费 4 万元。该企业 2014 年计算应纳税所得额时，应调整多少？

福利费扣除限额＝100×14%＝14(万元)，实际发生 13 万元，可以据实扣除。

工会经费扣除限额＝100×2%＝2(万元)，实际发生 1.5 万元，可以据实扣除。

职工教育经费扣除限额＝100×2.5%＝2.5(万元)，实际发生 4 万元，可扣除 2.5 万元。

应调增应纳税所得额=18.5-(13+1.5+2.5)=1.5(万元),该1.5万元可以结转下年继续抵扣。

(3) 社会保险费。企业依照国务院有关主管部门或者省级人民政府规定的范围和标准为职工缴纳的基本养老保险费、基本医疗保险费、失业保险费、工伤保险费、生育保险费等基本社会保险费和住房公积金,准予扣除。企业为投资者或者职工支付的补充养老保险费、补充医疗保险费,在国务院财政、税务主管部门规定的范围和标准内,准予扣除。企业参加财产保险、按照规定缴纳的保险费,准予扣除。企业为投资者或者职工支付的商业保险费,不得扣除。

(4) 利息费用。企业在生产经营活动中发生的下列利息支出,按下列规定扣除:

第一,非金融企业向金融企业借款的利息支出、金融企业的各项存款利息支出和同业拆借利息支出、企业经批准发行债券的利息支出,可据实扣除。

第二,非金融企业向非金融企业借款的利息支出,不超过按照金融企业同期同类贷款利率计算的数额的部分可据实扣除,超过部分不许扣除。

【技能操作】

【例5-4】 某企业为居民企业,2019年实现会计利润总额35.88万元。经注册会计师审核,"财务费用"账户中有两笔利息支出费用:一是向银行借款1 000万元,借款利率为6%,借款6个月,支付利息30万元;二是向兄弟企业借入资金80万元,借款6个月,支付利息4万元。请计算该公司2019年度允许税前扣除的利息支出。

按规定向银行借入的款项利息可以在税前全额扣除。但是企业向非金融企业借款的利息支出,只能在不超过银行同期同类贷款利率计算的数额的部分可据实扣除。

税前扣除额=80×6%×6÷12=2.4(万元),当年允许税前扣除的利息支出为32.4万元,超过标准的1.6万元应作为纳税调增额,并入应纳税所得额征收企业所得税。

(5) 借款费用。①企业在生产经营活动中发生的合理的不需要资本化的借款费用,准予扣除。②企业为购置、建造固定资产、无形资产和经过12个月以上的建造才能达到预定可销售状态的存货而发生的合理的借款,应作为资本性支出计入有关资产的成本,有关资产交付使用后发生的借款利息,可在发生当期扣除。③企业通过发行债券、取得贷款、吸收保户储金等方式融资而发生的合理的费用支出,符合资本化条件的,应计入相关资产成本;不符合资本化条件的,应作为财务费用,准予在企业所得税前据实扣除。

(6) 汇兑损失。企业在货币交易中,以及纳税年度终了时将人民币以外的货币性资产、负债按照期末即期人民币汇率中间价折算为人民币时产生的汇兑损失,除已经计入有关资产成本以及与向所有者进行利润分配相关的部分外,准予扣除。

【技能操作】

【例5-5】 A企业2019年7月1日出口一批产品到美国,应收账款为1 000万美元,当期的计期汇率为1美元=7元人民币。该年12月31日,收到款项,当期的计期汇率为1美元=6.9元人民币。请问A企业在计算应纳税所得税额时可以税前扣除的汇兑损失金额是多少?

A企业的会计账务处理如下:

7 月 1 日：

借：应收账款——美元 70 000 000

贷：主营业务收入 70 000 000

12 月 31 日：

借：财务费用 1 000 000

贷：应收账款——美元 1 000 000

该企业发生汇兑损失 100 万元准予税前扣除，由于其已记入费用账户，因此不需要进行纳税调整。

(7) 企业招待费。企业发生的与生产经营活动有关的业务招待费支出，按照发生额的 60%扣除，但最高不得超过当年销售(营业)收入的 5‰。这里的“销售(营业)收入”是指主营业务收入、其他业务收入和视同销售收入三部分的合计。

企业在筹建期间发生的与筹办活动有关的业务招待费支出，按照实际发生额的 60%计入企业筹办费并按有关规定在税前扣除。

【技能操作】

【例 5-6】 A 企业 2019 年销售收入 1 200 万元，当年发生业务招待费 15 万元。请计算该公司的业务招待费税前扣除额及其应调整的应纳税所得额。

准予扣除的金额＝15×60%＝9(万元)＞1 200×5‰＝6(万元)，所以准予扣除的招待费为 6 万元，应调增应纳税所得额 9 万元。

(8) 广告费和业务宣传费。企业发生的符合条件的广告费和业务宣传费支出，除国务院财政、税务主管部门另有规定外，不超过当年销售(营业)收入 15%(含)的部分，准予扣除；超过部分，准予在以后纳税年度结转扣除。这里的“销售(营业)收入”是指主营业务收入、其他业务收入和视同销售收入三部分的合计。企业在筹建期间发生的广告费和业务宣传费，可按实际发生额计入企业筹办费，并且可以按上述规定在税前扣除。

自 2016 年 1 月 1 日起至 2020 年 12 月 31 日止，对化妆品制造或销售、医药制造和饮料制造(不含酒类制造)企业发生的广告费和业务宣传费支出，不超过当年销售(营业)收入 30%的部分，准予扣除；超过部分，准予在以后纳税年度结转扣除。

【技能操作】

【例 5-7】 B 企业 2019 年销售收入 5 000 万元，转让技术使用权收入 400 万元。当年广告费支出 800 万元，业务宣传费 60 万元。请计算该企业的广告费和业务宣传费税前扣除额及其应调整的应纳税所得额。

广告费和业务宣传费准予扣除的金额＝(5 000＋400)×15%＝810(万元)

当年实际发生广告费和业务宣传费的金额＝800＋60＝860(万元)

当年应调增 50 万元，并允许在以后纳税年度结转扣除。

(9) 环境保护专项资金。企业依照法律、行政法规有关规定提取的用于环境保护、生态恢复等方面的专项资金，准予扣除。上述专项资金提取后改变用途的，不得扣除。

（10）保险费。企业参加财产保险，按照规定缴纳的保险费，准予扣除。

（11）租赁费。企业根据生产经营活动的需要租入固定资产支付的租赁费，按照以下方法扣除：

第一，以经营租赁方式租入固定资产发生的租赁费支出，按照租赁期限均匀扣除。

第二，以融资租赁方式租入固定资产发生的租赁费支出，按照规定构成融资租入固定资产价值的部分应当提取折旧费用，分期扣除。融资租赁是指在实质上转移与一项资产所有权有关的全部风险和报酬的一种租赁。

【技能操作】

【例 5-8】 C企业2019年3月26日以经营租赁的方式租入固定资产使用，租期1年，一次性支付年租金12万元；9月26日，又以融资租赁的方式租入设备一台，租期2年，当年支付租金25万元。企业2019年计算应纳税所得额时应扣除的租赁费用为多少万元？

企业以经营租赁方式租入固定资产发生的租赁费支出，按照租赁期限均匀扣除，在2017年使用收益10个月，在税前允许扣除的经营租赁费用10万元（12÷12×10）。

以融资租赁方式租入固定资产发生的租赁费支出，不得直接扣除，按照规定构成融资租入固定资产价值的部分应当提取折旧费用，分期扣除。

（12）劳动保护费。企业发生的合理的劳动保护支出，准予扣除。自2011年7月1日起，企业根据其工作性质和特点由企业统一制作并要求员工工作时统一着装所发生的工作服饰费用，可以作为企业合理的支出给予税前扣除。

（13）公益性捐赠支出。公益性捐赠是指企业通过公益性社会团体或者县及以上（含县级）人民政府及其部门，用于《中华人民共和国公益事业捐赠法》规定的公益事业的捐赠。企业发生的公益性捐赠支出，不超过年度利润总额12%（含）的部分，准予扣除。年度利润总额，是指企业依照国家统一会计制度的规定计算的年度会计利润。

【技能操作】

【例 5-9】 D企业2019年实现利润总额100万元，其中公益性捐赠支出20万元，无其他调整事项。

调整项目金额＝100×12%＝12（万元）

不得扣除项目金额＝20－12＝8（万元）

应纳税所得额调增额＝100＋8＝108（万元）

（14）有关资产费用。企业转让各类固定资产发生的费用，允许扣除。企业按规定计算的固定资产折旧费、无形资产和递延资产的摊销费，准予扣除。

（15）总机构分摊的费用。非居民企业在中国境内设立的机构、场所，就其中国境外总机构发生的与该机构、场所生产经营有关的费用，能够提供总机构出具的费用汇集范围、定额、分配依据和方法等证明文件，并合理分摊的，准予扣除。

（16）资产损失。企业当期发生的固定资产和流动资产盘亏、损毁净损失，由其提供清查盘存资料经主管税务机关审核后，准予扣除；企业因存货盘亏、损毁、报废等原因不得从销项税金中抵扣的进项税，视同企业财产损失，准予与存货损失一起在所得税前按规定扣除。

(17) 依照有关法律、行政法规和国家有关税法规定准予扣除的其他项目。例如，会员费、合理的会议费、差旅费、违约金、诉讼费等。

(18) 手续费及佣金支出。

第一，企业发生的与生产经营有关的手续费及佣金支出，不超过以下规定计算限额以内的部分，准予扣除；超过部分，不得扣除。

保险企业：财产保险企业按当年全部保费收入扣除退保金等后余额的15%(含本数，下同)计算限额，在计算应纳税所得额时准予扣除；超过部分，允许结转以后年度扣除；人身保险企业按当年全部保费收入扣除退保金等后余额的10%计算限额。

其他企业：按与具有合法经营资格中介服务机构或个人(不含交易双方及其雇员、代理人和代表人等)所签订服务协议或合同确认的收入金额的5%计算限额。

第二，企业应与具有合法经营资格的中介服务企业或个人签订代办协议或合同，并按国家有关规定支付手续费及佣金。除委托个人代理外，企业以现金等非转账方式支付的手续费及佣金不得在税前扣除。企业为发行权益性证券支付给有关证券承销机构的手续费及佣金不得在税前扣除。

第三，企业不得将手续费及佣金支出计入回扣、业务提成、返利和进场费等费用。

第四，企业已计入固定资产、无形资产等相关资产的手续费及佣金支出，应当通过折旧、摊销等方式分期扣除，不得在发生当期直接扣除。

第五，企业支付的手续费及佣金不得直接冲减服务协议或合同金额，并如实入账。

第六，电信企业在发展客户、拓展业务等过程中(如委托销售电话入网卡、电话充值卡等)，需向经纪人、代办商支付手续费及佣金的，其实际发生的相关手续费及佣金支出，不超过企业当年收入总额5%的部分，准予在企业所得税前据实扣除。

第七，从事代理服务、主营业务收入为手续费、佣金的企业(如证券、期货、保险代理等企业)，其为取得该类收入而实际发生的营业成本(包括手续费及佣金支出)，准予在企业所得税前据实扣除。

(19) 根据《企业所得税法》第二十一条规定，对企业依据财务会计制度规定，并实际在财务会计处理上已确认的支出，凡没有超过《企业所得税法》和有关税收法规规定的税前扣除范围和标准的，可按企业实际会计处理确认的支出，在企业所得税前扣除，计算其应纳税所得额。

(20) 企业维简费支出。

企业实际发生的维简费支出，属于收益性支出的，可作为当期费用税前扣除；属于资本性支出的，应计入有关资产成本，并按《企业所得税法》规定计提折旧或摊销费用在税前扣除。

自2013年1月1日起，除煤矿企业继续执行《国家税务总局关于煤矿企业维简费和高危行业企业安全生产费用企业所得税税前扣除问题的公告》(国家税务总局公告2011年第26号)外，其他企业按以下规定执行。

第一，企业按照有关规定预提的维简费，不得在当期税前扣除。

第二，本规定实施前，企业按照有关规定提取且已在当期税前扣除的维简费，按以下规定处理：

尚未使用的维简费，并未作纳税调整的，可不作纳税调整，应首先抵减2013年实际发生的维简费，仍有余额的，继续抵减以后年度实际发生的维简费，至余额为零时，企业方可按收益性支出、资本性支出各自的规定处理；已作纳税调整的，不再调回，直接按收益性支出、资本性支出各自的规定处理。

已用于资产投资并形成相关资产全部成本的，该资产提取的折旧或费用摊销额，不得税前扣除；已用于资产投资并形成相关资产部分成本的，该资产提取的折旧或费用摊销额中与该部分成本对应的部分，不得税前扣除；已税前扣除的，应调整作为2013年度应纳税所得额。

(21) 企业参与政府统一组织的棚户区改造支出。

第一，企业参与政府统一组织的工矿（含中央下放煤矿）棚户区改造、林区棚户区改造、垦区危房改造并同时符合一定条件的棚户区改造支出，准予在企业所得税前扣除。

第二，同时符合一定条件的棚户区改造支出，是指同时满足以下条件的棚户区改造支出：

棚户区位于远离城镇、交通不便，市政公用、教育医疗等社会公共服务缺乏城镇依托的独立矿区、林区或垦区。

该独立矿区、林区或垦区不具备商业性房地产开发条件。

棚户区市政排水、给水、供电、供暖、供气、垃圾处理、绿化、消防等市政服务或公共配套设施不齐全。

棚户区房屋集中连片户数不低于50户，其中，实际在该棚户区居住且在本地区无其他住房的职工（含离退休职工）户数占总户数的比例不低于75%。

棚户区房屋按照《房屋完损等级评定标准》和《危险房屋鉴定标准》评定属于危险房屋、严重损坏房屋的套内面积不低于该片棚户区建筑面积的25%。

棚户区改造已纳入地方政府保障性安居工程建设规划和年度计划，并由地方政府牵头按照保障性住房标准组织实施；异地建设的，原棚户区土地由地方政府统一规划使用或者按规定实行土地复垦、生态恢复。

第三，在企业所得税年度纳税申报时，企业应向主管税务机关提供其棚户区改造支出同时符合上述第二条规定条件的书面说明材料。

(22) 金融企业涉农贷款和中小企业贷款损失准备金税前扣除。

自2014年1月1日起至2018年12月31日，金融企业涉农贷款和中小企业贷款损失准备金企业所得税税前扣除按以下规定处理。

第一，金融企业根据《贷款风险分类指引》（银监发〔2007〕54号），对其涉农贷款和中小企业贷款进行风险分类后，按照以下比例计提的贷款损失准备金，准予在计算应纳税所得额时扣除：

关注类贷款，计提比例为2%。

次级类贷款，计提比例为25%。

可疑类贷款，计提比例为50%。

损失类贷款，计提比例为100%。

第二，涉农贷款是指《涉农贷款专项统计制度》（银发〔2007〕246号）统计的以下贷款：

农户贷款是指金融企业发放给农户的所有贷款。农户贷款的判定应以贷款发放时的承贷主体是否属于农户为准。农户是指长期（1年以上）居住在乡镇（不包括城关镇）行政管理区域内的住户，还包括长期居住在城关镇所辖行政村范围内的住户和户口不在本地而在本地居住1年以上的住户，国有农场的职工和农村个体工商户。位于乡镇（不包括城关镇）行政管理区域内和在城关镇所辖行政村范围内的国有经济的机关、团体、学校、企事业单位的集体户；有本地户口，但举家外出谋生1年以上的住户，无论是否保留承包耕地均不属于农户。农户以户为统计单位，既可以从事农业生产经营，也可以从事非农业生产经营。

农村企业及各类组织贷款，是指金融企业发放给注册地位于农村区域的企业及各类组织的所有贷款。农村区域是指除地级及以上城市的城市行政区及其市辖建制镇之外的区域。

第三，中小企业贷款是指金融企业对年销售额和资产总额均不超过2亿元的企业的贷款。

第四，金融企业发生的符合条件的涉农贷款和中小企业贷款损失，应先冲减已在税前扣除的贷款损失准备金，不足冲减部分可据实在计算应纳税所得额时扣除。

(23) 金融企业贷款损失准备金企业所得税税前扣除有关政策。

自2019年1月1日起至2023年12月31日，金融企业贷款(涉农贷款和中小企业贷款除外)损失准备金企业所得税税前扣除按以下规定处理。

第一，准予税前提取贷款损失准备金的贷款资产范围包括：

贷款(含抵押、质押、担保、信用等贷款)。

银行卡透支、贴现、信用垫款(含银行承兑汇票垫款、信用证垫款、担保垫款等)、进出口押汇、同业拆出、应收融资租赁款等各项具有贷款特征的风险资产。

由金融企业转贷并承担对外还款责任的国外贷款，包括国际金融组织贷款、外国买方信贷、外国政府贷款、日本国际协力银行不附条件贷款和外国政府混合贷款等资产。

第二，金融企业准予当年税前扣除的贷款损失准备金计算公式如下：

$$\text{准予当年税前扣除的贷款损失准备金}=\text{本年末准予提取贷款损失准备金的贷款资产余额}\times 1\%-\text{截至上年年末已在税前扣除的贷款损失准备金的余额}$$

金融企业按上述公式计算的数额如为负数，应当相应调增当年应纳税所得额。

第三，金融企业的委托贷款、代理贷款、国债投资、应收股利、上交央行准备金以及金融企业剥离的债权和股权、应收财政贴息、央行款项等不承担风险和损失的资产，不得提取贷款损失准备金在税前扣除。

第四，金融企业发生的符合条件的贷款损失，应先冲减已在税前扣除的贷款损失准备金，不足冲减部分可据实在计算当年应纳税所得额时扣除。

(四) 不得扣除的项目

在计算应纳税所得额时，下列支出不得扣除：

(1) 向投资者支付的股息、红利等权益性投资收益款项。

(2) 企业所得税税款。

(3) 税收滞纳金是指纳税人违反税收法规、被税务机关处以滞纳金。

(4) 罚金、罚款和被没收财物的损失，是指纳税人违反国家有关法律、法规规定，被有关部门处以的罚款，以及被司法机关处以的罚金和被没收财物。

(5) 超过规定标准的捐赠支出。

(6) 赞助支出是指企业发生的与生产经营活动无关的各种非广告性质支出。

(7) 未经核定的准备金支出，是指不符合国家财政、税务主管部门规定的各项资产减值准备、风险准备等准备金支出。

(8) 企业之间的管理费、内营机构之间支付的租金和特许权使用费，以及非银行企业内营机构等的准备金支出。

(9) 与取得收入无关的其他支出。

【技能操作】

【例5-10】 E企业2019年实现利润总额为300万元，全年销售额为5 000万元。发生税收滞纳金和罚款 5 万元，10 月份通过民政部门向希望工程捐款 50 万元，直接捐给灾区农民 5 万元。请确认纳税调整项目及纳税调整金额，并计算应纳税所得额。

公益性捐赠限额＝300×12%＝36(万元)，实际捐赠 50 万元，超过规定标准 14 万元不得税前扣除，调增14 万元。

非公益性捐赠不得税前扣除，调增 5 万元。

违反税法的税收滞纳金和罚款不得税前扣除，调增 5 万元。

该公司应纳税所得额＝300＋14＋5＋5＝324(万元)

(五) 资产的税务处理

税法中界定的资产是以资本投资而形成的财产。对资本性支出以及无形资产受让、开办、开发费用，不允许作为成本、费用从纳税人的收入总额中做一次性扣除，只能采取分次计提折旧或分次摊销的方式予以扣除。作为所得税处理的资产，包括固定资产、生物资产、无形资产、长期待摊费用、投资资产和存货等。

在我国现行企业所得税中用了“计税基础”的概念，是指企业取得某项资产时实际发生的支出。除盘盈固定资产外，企业的各项资产均以历史成本为计税基础。企业持有各项资产期间资产的增值或减值，除国务院、税务主管部门规定可以确认损益外，不得调整资产的计税基础。

1. 固定资产的税务处理

固定资产是指企业为生产产品、提供劳务、出租或者经营管理而持有的、使用时间超过 12 个月的非货币性资产，包括房屋、建筑物、机器、机械、运输工具以及其他与生产经营活动有关的设备、器具、工具等。

(1) 固定资产的计税基础。

第一，购入的固定资产，以购买价款和支付的相关税费以及直接归属于使该资产达到预定用途发生的其他支出为计税基础。从国外引进设备，以设备买价加上进口环节的税金、国内运杂费和安装费等后的价值为计税基础。

第二，自制自建的固定资产，以竣工结算前发生的支出为计税基础。

第三，以融资租赁方式租入的固定资产，以租赁合同约定的付款总额和承租人在签订租赁合同过程中发生的相关费用为计税基础。租赁合同未约定付款总额的，以该资产的公允价值和承租人在签订合同过程中发生的相关费用为计税基础。

第四，盘盈的固定资产，以同类固定资产的重置完全价值计价。

第五，接受赠与、投资、非货币性资产交换、债务重组等方式取得的固定资产，以该资产的公允价值和支付的相关税费为计税基础。

第六，在原有固定资产基础上进行改建的，除已足额提取折旧的固定资产和租入的固定资产以外的其他固定资产，以改建过程中发生的改建支出增加计税基础。

(2) 固定资产的折旧范围。不得计提折旧的固定资产有：

第一，房屋、建筑物以外未投入使用的固定资产。

第二，以经营租赁方式租入的固定资产。

第三，以融资租赁方式租出的固定资产。

第四，已提足折旧仍继续使用的固定资产。

第五，与经营活动无关的固定资产。

第六,单独估价作为固定资产入账的土地。

第七,其他不得计算折旧扣除的固定资产。

(3) 固定资产折旧的计提方法。企业应当自固定资产投入使用月份的次月起计算折旧;停止使用的固定资产,应当自停止使用月份的次月起停止计算折旧。企业应当根据固定资产的性质和使用情况,合理确定固定资产的预计净残值。固定资产的预计净残值一经确定,不得变更。固定资产按照直线法计算的折旧,准予扣除。

除国务院财政、税务主管部门另有规定外,固定资产计算折旧的最低年限如下:

第一,房屋、建筑物,为 20 年。

第二,飞机、火车、轮船、机器、机械和其他生产设备,为 10 年。

第三,与生产经营活动有关的器具、工具、家具等,为 5 年。

第四,飞机、火车、轮船以外的运输工具,为 4 年。

第五,电子设备,为 3 年。

从事开采石油、天然气等矿产资源的企业,在开始商业性生产前发生的费用和有关的固定资产的折耗、折旧方法,由国务院财政、税务主管部门另行规定。

2. 生物资产的税务处理

生产性生物资产,是指企业为生产农产品、提供劳务或者出租等而持有的生物资产,包括经济林、薪炭林、产畜和役畜等。

(1) 生产性生物资产按照以下方法确定计税基础:

第一,外购的生产性生物资产,以购买价款和支付的相关税费为计税基础。

第二,通过捐赠、投资、非货币性资产交换、债务重组等方式取得的生产性生物资产,以该资产的公允价值和支付的相关税费为计税基础。

(2) 生产性生物资产的折旧方法和折旧年限。

第一,生产性生物资产按照直线法计算的折旧,准予扣除。

第二,企业应当自生产性生物资产投入使用月份的次月起计算折旧;停止使用的生产性生物资产,应当自停止使用月份的次月起停止计算折旧。企业应当根据生产性生物资产的性质和使用情况,合理确定生产性生物资产的预计净残值。生产性生物资产的预计净残值一经确定,不得变更。

第三,生产性生物资产计算折旧的最低年限如下:林木类生产性生物资产,为 10 年;畜类生产性生物资产,为 3 年。

3. 无形资产的税务处理

无形资产,是指企业为生产产品、提供劳务、出租或者经营管理而持有的、没有实物形态的非货币性长期资产,包括专利权、商标权、著作权、土地使用权、非专利技术、商誉等。

(1) 无形资产的计税基础。《企业所得税法实施条例》(国务院令第 512 号)第 66 条规定:无形资产按照以下方法确定计税基础:

第一,外购的无形资产,以购买价款和支付的相关税费以及直接归属于使该资产达到预定用途发生的其他支出为计税基础。

第二,自行开发的无形资产,以开发过程中该资产符合资本化条件后至达到预定用途前发生的支出为计税基础。

第三,通过捐赠、投资、非货币性资产交换、债务重组等方式取得的无形资产,以该资产的公允价值和支付的相关税费为计税基础。

(2) 无形资产的摊销范围。在计算应纳税所得额时，企业按照规定计算的无形资产摊销费用，准予扣除。下列无形资产不得计算摊销费用扣除：

第一，自行开发的支出已在计算应纳税所得额时扣除的无形资产。

第二，自创商誉。

第三，与经营无关的无形资产。

第四，其他不得计算摊销费用扣除的无形资产。

(3) 无形资产的摊销方法及年限。

第一，无形资产按照直线法计算的摊销费用，准予扣除。

第二，无形资产的摊销年限不得低于 10 年。

第三，作为投资或者受让的无形资产，有关法律规定或者合同约定了使用年限的，可以按照规定或者约定的使用年限分期摊销。

第四，外购商誉的支出，在企业整体转让或者清算时，准予扣除。

4. 长期待摊费用的税务处理

长期待摊费用，是指企业发生的摊销期限在 1 年以上的费用。在计算应纳税所得额时，企业发生的下列支出作为长期待摊费用，按照规定摊销的，准予扣除：

(1) 已足额提取折旧的固定资产的改建支出。

(2) 租入固定资产的改建支出。

(3) 固定资产的大修理支出。

(4) 其他应当作为长期待摊费用的支出。

固定资产的大修理支出，是指同时符合下列条件的支出：第一，修理支出达到取得固定资产时的计税基础 50%以上；第二，修理后固定资产的使用年限延长 2 年以上。税法规定的大修理支出，按照固定资产尚可使用年限分期摊销。

其他应当作为长期待摊费用的支出，自支出发生月份的次月起分期摊销，摊销年限不得少于 3 年。

5. 存货的税务处理

存货是指企业持有以备出售的产品或者商品、处在生产过程中的在产品、在生产或者提供劳务过程中耗用的材料和物料等。

(1) 存货的计税基础。

存货按照以下方法确定成本：

第一，通过支付现金方式取得的存货，以购买价款和支付的相关税费为成本。

第二，通过支付现金以外的方式取得的存货，以该存货的公允价值和支付的相关税费为成本。

第三，生产性生物资产收获的农产品，以产出或者采收过程中发生的材料费、人工费和分摊的间接费用等必要支出为成本。

(2) 存货的成本计算方法。

企业使用或者销售的存货的成本计算方法，可以在先进先出法、加权平均法、个别计价法中选用一种。计价方法一经选用，不得随意变更。

企业转让以上资产，在计算企业应纳税所得额时，资产的净值允许扣除。其中，资产的净值是指有关资产、财产的计税基础减除已经按照规定扣除的折旧、折耗、摊销、准备金等后的余额。

6. 投资资产的税务处理

投资资产是指企业对外进行权益性投资和债权性投资形成的资产。

(1) 投资资产的成本。

第一,通过支付现金方式取得的投资资产,以购买价款为成本。

第二,通过支付现金以外的方式取得的投资资产,以公允价值和支付的相关税费为成本。

(2) 投资资产成本的扣除方法。企业对外投资期间,投资资产的成本在计算应纳税所得额时不得扣除,企业在转让或者处置投资资产时,投资资产的成本准予扣除。

(六) 亏损弥补

亏损是指企业依照《企业所得税法》及其暂行条例的规定,将每一纳税年度的收入总额减除不征税收入、免税收入和各项扣除后小于零的数额。税法规定,企业某一年度发生的亏损可以用下一年度的所得弥补;下一年度的所得不足以弥补的,可以逐年延续弥补,但最长不超过5年。而且,企业在汇总计算缴纳企业所得税时,其境外营业机构的亏损不得抵减境内营业机构的盈利。

自2018年1月1日起,当年具备高新技术企业或科技型中小企业资格(以下统称资格)的企业,其具备资格年度之前5个年度发生的尚未弥补完的亏损,准予结转以后年度弥补,最长结转年限由5年延长至10年。

税务会计中的亏损称为应税亏损,它是对财务会计亏损按税法调整后的金额。亏损弥补应注意如下几个问题:

(1) 亏损弥补期应连续计算,不得间断。

(2) 只能补5年,不论在弥补亏损的5年中是否盈利或亏损。

(3) 先亏先补,不得将亏损弥补期追加。

(4) 境内外盈亏不得互补,境外同一国内盈亏可以互补,不同国家之间不得互补。

【技能操作】

【例5-11】 某企业一直执行5年亏损弥补期,请根据表5-2分步说明如何弥补亏损并计算企业近10年各年应纳所得税额(所得税税率25%)。

表5-2 **某企业近10年盈亏情况** 单位:万元

年度	2010	2011	2012	2013	2014	2015	2016	2017	2018	2019
获利	100	−60	−80	−30	50	10	30	60	80	100

2010年应纳所得税额=100×25%=25(万元)

2011~2013年连续3年亏损,无须缴纳企业所得税。

2011年亏损60万元,其弥补期为2012~2016年(5年),即:

−60+50+10+30=30(万元),2016年弥补完亏损后余30万元。

2012年亏损80万元,其弥补期为2013~2017年(5年),即:

−80+30+60=10(万元),2017年弥补完亏损后余10万元。

2013年亏损30万元,其弥补期为2014~2018年(5年),即:

−30+10+80=60(万元),2018年弥补完亏损后余60万元。

2018年应纳所得税额=60×25%=15(万元)

2019年应纳所得税额=100×25%=25(万元)

二、企业所得税应纳税额的计算

(一) 居民企业应纳税额的计算

1. 查账征收应纳税额的计算

对于会计核算比较健全，能够据实核算企业生产经营状况、正确计算应纳税额的纳税人，一般采用查账征收的方式进行税款的缴纳。企业的应纳税所得额乘以适用税率，减除依照税收优惠的规定减免和抵免的税额后的余额，为应纳税额。

应纳税额＝应纳税所得额×适用税率－减免税额－抵免税额

根据计算公式可以看出，居民企业应纳税额的多少，取决于应纳税所得额和适用税率两个因素。在实际应用中，应纳税所得额的计算一般有两种方法：

(1) 直接计算法。在直接计算法下，居民企业每一纳税年度的收入总额减除不征税收入、免税收入、各项扣除金额以及允许弥补的以前年度亏损后的余额为应纳税所得额。计算公式为：

应纳税所得额＝收入总额－不征税收入－免税收入－各项扣除金额－允许弥补的以前年度亏损

(2) 间接计算法。在间接计算法下，在会计利润总额的基础上加或减按照税法规定调整的项目金额后，即为应纳税所得额。计算公式为：

应纳税所得额＝会计利润总额±纳税调整项目金额

税收调整项目金额包括两方面的内容：一是企业的财务会计处理和税收规定不一致的应予以调整的金额；二是税法规定扣除标准与会计规定不一致应予以调整的金额。

【技能操作】

【例 5-12】 假定某企业为居民企业，2019 年经营业务如下：

① 取得销售收入 2 500 万元。

② 销售成本 1 100 万元。

③ 发生销售费用 670 万元(其中广告费 450 万元)，管理费用 480 万元(其中业务招待费 15 万元)，财务费用 60 万元。

④ 销售税金 160 万元(含增值税额 120 万元)。

⑤ 营业外收入 70 万元，营业外支出 50 万元(含通过公益性社会团体向贫困山区捐款 30 万元，支付税收滞纳金 6 万元)。

⑥ 计入成本、费用中的实发工资总额 150 万元，拨缴职工工会经费 3 万元，支出职工福利费和职工教育经费 29 万元。

要求：计算该企业 2019 年度实际应缴纳的企业所得税。

① 会计利润总额＝2 500＋70－1 100－670－480－60－40－50＝170(万元)

② 广告费和业务宣传费调增所得额＝450－2 500×15％＝450－375＝75(万元)

③ 业务招待费调增所得额＝15－15×60％＝15－9＝6(万元)

2 500×5‰＝12.5(万元)＞15×60％＝9(万元)

④ 捐赠支出应调增所得额＝30－170×12％＝9.6(万元)

⑤ 工会经费、福利费、教育经费应调增所得额＝3＋29－150×18.5％＝4.25(万元)

⑥ 应纳税所得额＝170＋75＋6＋9.6＋6＋4.25＝270.85(万元)

⑦ 2019 年应交企业所得税＝270.85×25％＝67.71(万元)

企业所得税按年计算，分月或者分季预缴，由税务机关具体核定。企业分月或者分季预缴企业所得税时，应当按照月度或者季度的实际利润额预缴；按照月度或者季度的实际利润额预缴有困难的，可以按照上一纳税年度应纳税所得额的月度或者季度平均额预缴，或者按照经税务机关认可的其他方法预缴。预缴方法一经确定，该纳税年度内不得随意变更。年末汇算清缴，多退少补。

2. 居民企业核定征收应纳税额的计算

(1) 核定征收企业所得税的范围。

核定征收办法适用于居民企业纳税人，居民企业纳税人具有下列情形之一的，核定征收企业所得税：

第一，依照法律、行政法规的规定可以不设置账簿的。

第二，依照法律、行政法规的规定应当设置但未设置账簿的。

第三，擅自销毁账簿或者拒不提供纳税资料的。

第四，虽设置账簿，但账目混乱或者成本资料、收入凭证、费用凭证残缺不全，难以查账的。

第五，发生纳税义务，未按照规定的期限办理纳税申报，经税务机关责令限期申报，逾期仍不申报的。

第六，申报的计税依据明显偏低，又无正当理由的。

特殊行业、特殊类型的纳税人和一定规模以上的纳税人不适用核定征收办法。上述特定纳税人由国家税务总局另行明确。自 2012 年 1 月 1 日起，专门从事股权(股票)投资业务的企业，不得核定征收企业所得税。

(2) 核定征收办法。

税务机关应根据纳税人具体情况，对核定征收企业所得税的纳税人，核定应税所得率或者核定应纳所得税额。具有下列情形之一的，核定其应税所得率：

第一，能正确核算(查实)收入总额，但不能正确核算(查实)成本费用总额的。

第二，能正确核算(查实)成本费用总额，但不能正确核算(查实)收入总额的。

第三，通过合理方法，能计算和推定纳税人收入总额或成本费用总额的。

纳税人不属于以上情形的，由税务机关按照一定的标准和方法，直接核定其应纳所得税额。

采用应税所得率方式核定征收企业所得税的企业，依照税务机关核定的应税所得率，再根据纳税年度内的收入总额和成本费用等项目，计算出应缴纳的企业所得税，其计算公式如下：

应纳税所得额＝应税收入总额×应税所得率

或：

应纳税所得额＝成本(费用)支出额÷(1－应税所得率)×应税所得率

应纳所得税额＝应纳税所得额×适用税率

实行应税所得率方式核定征收企业所得税的纳税人，经营多业的，无论其经营项目是否单独核算，均由税务机关根据其主营项目确定适用的应税所得率。

主营项目应为纳税人所有经营项目中，收入总额或者成本(费用)支出额或者耗用原材料、燃料、动力数量所占比重最大的项目。

应税所得率的幅度标准，如表 5-3 所示。

表 5-3　　应税所得率的幅度标准

行　业	应税所得率
农、林、牧、渔业	3%～10%
制造业	5%～15%
批发和零售贸易业	4%～15%
交通运输业	7%～15%
建筑业	8%～20%
饮食业	8%～25%
娱乐业	15%～30%
其他行业	10%～30%

(二) 境外所得已纳税额的抵免

1. 适用范围

(1) 居民企业来源于中国境外的应税所得。

(2) 非居民企业在中国境内设立机构、场所,取得发生在中国境外但与该机构、场所有实际联系的应税所得。

居民企业从其直接或者间接控制的外国企业分得的来源于中国境外的股息、红利等权益性投资收益等来源于境外的所得,已在境外缴纳的所得税税款,准予在汇总纳税时,从其应纳税额中扣除,但是扣除额不得超过其境外所得依照企业所得税法规定计算的应纳税额。除国务院财政、税务主管部门另有规定外,该抵免限额应当分国(地区)不分项计算。

2. 抵免限额的计算

$$抵免限额=\frac{中国境内、境外所得依照企业所得税法和}{本条例规定计算的应纳税总额}\times\frac{来源于某国(地区)的}{应纳税所得额}\div\frac{中国境内、境外}{应纳税所得总额}$$

纳税人来源于境外所得在境外实际缴纳的税款高于扣除限额的,则按限额扣除;超过扣除限额的,其超过部分不得在本年度的应纳税额中扣除,也不得列为费用支出,但可用以后年度税额扣除的余额补扣,补扣期限最长不得超过 5 年;低于抵免限额的,则可从应纳税总额中据实扣除。

【技能操作】

【例 5-13】 某企业某年应纳税所得额为 100 万元,适用 25%的企业所得税税率。另外,该企业在 A 国设有分支机构(我国与 A 国已经缔结避免双重征税协定),在 A 国分支机构的应纳税所得额为 50 万元,A 国税率为 30%;假设该企业在 A 国所得按我国税法计算的应纳税所得额和按 A 国税法计算的应纳税所得额是一致的,分支机构在 A 国缴纳 15 万元的所得税。计算该企业汇总在我国应缴纳的企业所得税额。

(1) 该企业按我国税法计算的境内、境外所得的应纳税额:

应纳税额=(100+50)×25%=37.5(万元)

(2) A 国的扣除限额:

A 国扣除限额=37.5×50÷(100+50)=12.5(万元)

在 A 国缴纳的所得税为 15 万元,高于扣除限额 12.5 万元,其超过扣除限额的 2.5 万元不能扣除。

(3) 在我国应缴纳的所得税额：

应纳税额＝37.5－12.5＝25(万元)

(三) 非居民企业应纳税额的计算

对于在中国境内未设立机构、场所的，或者虽设立机构、场所但取得的所得与其所设机构、场所没有实际联系的非居民企业的所得，按照下列方法计算应纳税所得额：

(1) 股息、红利等权益性投资收益和利息、租金、特许权使用费所得，以收入全额为应纳税所得额。

(2) 转让财产所得，以收入全额减除财产净值后的余额为应纳税所得额。其中的财产净值是指财产的计税基础减除已经按照规定扣除的折旧、折耗、摊销、准备金后的余额。

(3) 其他所得，参照前两项规定的方法计算应纳税所得额。

非居民企业因会计账簿不健全，资料残缺难以查账，或者其他原因不能准确计算并据实申报其应纳税所得额的，采用核定征收办法，由税务机关按照一定方法核定其应纳税所得额。

(四) 预缴与汇算清缴所得税的计算

企业所得税实行按年计征、分期预缴、年终汇算清缴、多退少补的办法。

其应纳所得税额的计算分为按月(季)预缴所得税额计算和年终汇算清缴所得税额计算两部分。

1. 按月(季)预缴所得税的计算方法

纳税人预缴所得税时，应当按纳税期限内应纳税所得额的实际数预缴；按实际数预缴有困难的，可按上一年度应纳税所得额的月度$\left(\frac{1}{12}\right)$或季度$\left(\frac{1}{4}\right)$预缴，或者经当地税务机关认可的其他方法分期预缴所得税。预缴方法一经确定，该纳税年度内不得随意更改。

预缴税款的计算公式为：

(1) 据实预缴。

本月(季)应纳所得税额＝实际利润累计额×税率－减免税额－已累计预缴的所得税额

实际利润累计额是指纳税人按照会计制度核算的利润总额。平均预缴时，先按会计利润计算，暂不做纳税调整、待会计年度终了再做纳税调整。

【技能操作】

【例 5-14】 某企业 2019 年第一季度利润为 20 万元，第二季度累计利润为 32 万元，第三季度累计利润为 48 万元，每季度均按照规定预缴企业所得税。年终汇算清缴应纳税所得额为 72 万元。计算该企业 2019 年每季度应预缴的企业所得税额以及年终汇算清缴时应补缴的企业所得税额。

(1) 2019 年第一季度应交所得税额为：

第一季度预缴所得税额＝200 000×25%＝5(万元)

(2) 2019 年第二季度应交所得税额为：

第二季度预缴所得税额＝320 000×25%－50 000＝3(万元)

(3) 2019 年第三季度应交所得税额为：

第三季度预缴所得税额＝480 000×25%－50 000－30 000＝4(万元)

(4) 年终汇算清缴时应补缴所得税额为：

补缴所得税额＝720 000×25%－50 000－30 000－40 000＝6(万元)

(2) 按照上一年度应纳税所得额的平均额预缴。

$$\text{本月(季)应纳税所得额}=\text{上年应纳税所得额}\times\frac{1}{12}\left(\text{或}\frac{1}{4}\right)\times\text{税率}$$

按上一年度应纳税所得额的实际数除以12(或4)得出每月或每季纳税所得额，上一纳税年度所得额中不包括纳税人的境外所得。

2. 年终汇算清缴所得税的计算方法

全年应纳所得税额＝全年应纳税所得额×税率－减免税额－准予抵免的税额

多退少补所得税额＝全年应纳所得税额－月(季)已预缴所得税额

【技能操作】

【例 5-15】 某企业2019年全年应税所得额240万元。2020年，企业经税务机关同意，每月按2019年应纳税所得额的$\frac{1}{12}$预缴企业所得税。2020年全年实现利润经调整后的应纳税所得额为300万元。计算该企业2020年每月应预缴的企业所得税和年终汇算清缴时应补缴的企业所得税。

(1) 2020年1～12月每月应预缴所得税额为：

应纳税额＝240÷12×25%＝5(万元)

(2) 2020年1～12月实际预缴所得税额为：

实际预缴额＝5×12＝60(万元)

(3) 2020年全年应纳所得税额为：

应纳税额＝300×25%＝75(万元)

(4) 年终汇算清缴时应补缴所得税额为：

应补缴所得税额＝75－60＝15(万元)

第三讲　企业所得税的账务处理

【知识要点】

一、所得税与所得税会计

所得税自产生之日起就与会计有着密切的关系。所得税是对纳税人净收益缴纳的一种税，而计算会计利润正是会计的核心问题。会计的发展为所得税的缴纳提供了完整的会计凭证、会计记录和会计报表，为所得税的缴纳提供了必要的会计方法和会计期间。20世纪70年代，英国、美国、澳大利亚等国家开始采用会计原则编制财务报表，计税时编制纳税申报表，并通过会计核算处理会计利润和纳税所得之间的差异，所得税会计随之产生。

会计和税收遵循不同的原则，服务于不同的目的，即会计核算必须遵循一般会计原则，真实、完整地反映企业的财务状况、经营成果以及现金流量变动的全貌，为投资者、债权人、企业管理者以及会计报表使用者提供有用的决策信息。税法是以课税为目的，根据经济合理、公平税负、促进竞争的原则，依据有关的税收法规，确定一定时期纳税人应缴纳的税额。所以，按照财务会计方法计算的利润和按照税法规定计算的应纳税所得额之间就出现了差异，而所得税会计就是研究如何处理这两者之间差异的会计理论和方法。

二、所得税会计的基本概念

所得税会计是研究会计利润和按税法规定的应税所得额之间差异的会计方法。其目的在于协调财务会计与税务会计之间的关系。

所得税会计产生的原因是由于财务会计与税务会计目标不同，因此，导致按会计方法计算的利润与按税法规定计算的应纳税所得额的结果不同。

目前，我国所得税会计采用资产负债表债务法，要求企业从资产负债表出发，通过比较资产负债表上列示的资产、负债，按照会计准则规定确定的账面价值与按照税法规定确定的计税基础，对于两者之间的差异区分应纳税暂时性差异与可抵扣暂时性差异，确认相关的递延所得税负债与递延所得税资产，并在此基础上确定每一会计期间利润表中的所得税费用。

【拓展链接】

新会计准则下采用所得税会计核算方法的差别：《所得税准则》(2006)规定，采用资产负债表债务法核算所得税；《企业会计制度》(2000)规定，企业应当根据具体情况，选择采用应付税款法或者纳税影响会计法进行所得税核算；《小企业会计准则》(2013)规定，小企业应采用应付税款法核算所得税。

目前，在我国适用的企业会计制度有三种：大型、上市、国企采用《企业会计准则 2006》，中型企业可以选择《企业会计制度》，小型企业采用《小企业会计准则》。

(一) 应纳税所得额和税前会计利润

(1) 应纳税所得额(亏损额)，是指按照税法规定计算的某一会计期间的利润(亏损)，是企业缴纳所得税的依据。计算公式为：

应纳税所得额＝收入－扣除项目

(2) 税前会计利润(亏损)，是指某一会计期间利润表中“利润总额”项目列示的金额，即净利润减去所得税费用前的利润或亏损。计算公式为：

税前会计利润＝收入－费用

(二) 计税基础的确定

1. 资产的计税基础

资产的计税基础是指企业收回资产账面价值过程中，计算应纳税所得额时按照税法规定可以自应税经济利益中抵扣的金额，即某项资产在未来期间计税时可以税前扣除的金额。资产的计税基础用公式表示如下：

资产的计税基础＝未来可税前扣除的金额

资产负债表日某项资产的计税基础＝资产的账面价值－以前期间已在税前扣除的金额

资产的计税基础是假定企业按照税法规定进行核算所提供的资产负债表中资产的应有金额。

一般情况下，税法认定的资产取得成本为购入时实际支付的金额。在资产持续持有的过程中，可在未来期间税前扣除的金额是指资产的取得成本减去以前期间按照税法规定已经税前扣除的金额后的余额。

(1) 固定资产。固定资产在初始确认时,其入账价值一般等于其计税基础。

固定资产在持有期间进行后续计量时,固定资产的账面价值等于其成本减去累计折旧和固定资产减值准备后的余额。会计与税收处理的差异主要来自折旧方法、折旧年限的不同以及固定资产减值准备的计提。

账面价值=实际成本-累计折旧(会计)-减值准备

计税基础=实际成本-累计折旧(税法)

第一,因折旧方法、折旧年限产生的差异。按照会计准则,企业可以根据消耗固定资产经济利益的方式合理选择折旧方法,如可以采用直线法,也可以采用双倍余额递减法或年数总和法等方法计提折旧,前提是有关的方法能够反映固定资产为企业带来经济利益的情况。而税法一般会规定固定资产的折旧方法,除某些特殊情况按照规定可以采用加速折旧的情况外,税法上一般都要求采用直线法计提折旧。如果会计折旧大于税收折旧,则会导致固定资产的账面价值小于其计税基础,从而产生可抵扣暂时性差异;如果会计折旧小于税收折旧,则会导致固定资产的账面价值大于其计税基础,从而产生应纳税暂时性差异。

另外,税法上对于每一类固定资产的折旧年限会进行相关规定,而按照准则规定,会计上的折旧年限是由企业估计确定的,由此也会导致固定资产的账面价值与其计税基础之间产生差异。具体分析思路和上述由于折旧方法不同所引起的账面价值与计税基础的差异的分析思路是一致的。

第二,因计提固定资产减值准备所产生的差异。企业在固定资产持有期间,按照会计准则规定对固定资产计提了减值准备的,其账面价值应减去计提的减值准备,此时会减少固定资产的账面价值,而税法上在确定其计税基础时,对于会计上计提的减值准备不能税前扣除,所以计税基础不会因为减值准备的计提而发生变化,从而导致固定资产的账面价值和其计税基础之间产生差异。若假定会计和税法上的折旧方法和折旧年限的选择没有差异,则计提减值准备会导致固定资产的账面价值小于其计税基础,从而产生可抵扣暂时性差异。

【技能操作】

【例 5-16】 某企业某项设备原价 1 000 万元,寿命 10 年,净残值为 0。会计按双倍余额法计提折旧,使用 2 年后发生减值 80 万元,税法要求按照直线法提取折旧。

账面价值=1 000-200-160-80=560(万元)

计税基础=1 000-200=800(万元)

账面价值<计税基础,产生可抵扣暂时性差异。

(2) 无形资产。除了内部研究开发所形成的无形资产以外,企业以其他方式取得的无形资产,在初始确认时其账面价值一般等于计税基础,不会产生暂时性差异。而产生差异的原因通常为:会计与税法摊销基数不同产生的差异,摊销方法、摊销年限不同产生的差异,计提减值准备产生的差异。

第一,内部研究开发形成的无形资产在初始确认时所产生的差异。企业会计准则规定,研究开发支出区分两个阶段,研究阶段的支出应当费用化计入当期损益,而开发阶段符合资本化条件以后发生的支出应当资本化作为无形资产的成本;税法规定,企业发生的研究开发新产品、新技术、新工艺所发生的技术开发费用,可以在税前加计扣除,即按照当期实际发生的研究开发支出的150%扣除。

账面价值＝实际成本－累计摊销(会计)－减值准备

计税基础＝实际成本×150%－累计摊销(税法)

第二,因无形资产摊销所产生的差异。按照会计准则规定,对于无形资产应根据其寿命情况,区分为使用寿命有限的无形资产和使用寿命不确定的无形资产。对于使用寿命不确定的无形资产不要求摊销,在会计期末应进行减值测试。对于使用寿命有限的无形资产要按规定进行摊销。而按照税法规定,企业取得的无形资产成本应在一定期限内摊销。由此所产生的会计和税法上摊销金额的差异会引起无形资产的账面价值和其计税基础的差异,如果会计上的摊销金额大于税收上的摊销金额,则会导致无形资产的账面价值小于其计税基础,会产生可抵扣暂时性差异;如果会计上的摊销金额小于税收上的摊销金额,则会导致无形资产的账面价值大于其计税基础,会产生应纳税暂时性差异。

第三,因计提无形资产减值准备所产生的差异。按照会计准则规定,企业应在期末对无形资产进行减值测试,考虑计提减值准备,计提减值准备后,其账面价值应减去计提的减值准备,此时会减少无形资产的账面价值,而税法上在确定其计税基础时,对于会计上计提的减值准备不能税前扣除,所以计税基础不会因为减值准备的计提而发生变化,从而导致无形资产的账面价值和其计税基础之间产生差异。若假定摊销金额没有差异,则计提减值准备会导致无形资产的账面价值小于其计税基础,从而产生可抵扣暂时性差异。

【技能操作】

【例5-17】 某企业购入一项专利原价600万元,寿命不确定。会计上不予摊销,但税法规定按不短于10年的期限摊销。

账面价值＝600(万元)

计税基础＝600－60＝540(万元)

计税基础＜账面价值,产生应纳税暂时性差异。

(3) 以公允价值计量的金融资产。按照《企业会计准则第22号——金融工具确认和计量》的规定,以公允价值计量且其变动计入当期损益的金融资产,其于某一会计期末的账面价值为公允价值,但税法规定按照会计准则确认的公允价值变动在计税时不予考虑,即金融资产的计税基础保持其取得时的成本不变,则账面价值和计税基础之间就会产生差异。如果由于公允价值的变动导致金融资产的账面价值大于其计税基础的,则会产生应纳税暂时性差异;反之,则会产生可抵扣暂时性差异。

账面价值＝公允价值

计税基础＝实际成本

【技能操作】

【例5-18】 甲公司自公开市场取得一项权益性投资,支付价款2 000万元,作为交易性金融资产核算。2019年12月31日,该投资的市价为2 200万元。

账面价值＝2 200(万元)

计税基础＝2 000(万元)

该项交易性金融资产的期末市价为2 200万元,其按照会计准则规定进行核算,在

2014 年资产负债表日的账面价值为 2 200 万元。

因税法规定交易性金融资产在持有期间的公允价值变动不计入应纳税所得额，其在 2014 年资产负债表日的计税基础应维持原取得成本不变，为 2 000 万元。

计税基础<账面价值，产生应纳税暂时性差异。

(4) 存货。按照企业会计准则规定，存货类账面价值等于其取得成本减去存货跌价准备，按照税法规定，其计税基础等于其取得成本，这样在计提了跌价准备的情况下，其账面价值会小于其计税基础，从而产生可抵扣暂时性差异。

账面价值＝成本－存货跌价准备

计税基础＝成本

【技能操作】

【例 5-19】 A 公司 2019 年购入原材料成本为 5 000 万元，因部分生产线停工，当年未领用任何原材料，2019 年资产负债表日估计该原材料的可变现净值为 4 000 万元。假定该原材料在 2014 年的期初余额为零。

账面价值＝4 000(万元)

计税基础＝5 000(万元)

该项原材料因期末可变现净值低于成本，应计提的存货跌价准备为 1 000 万元(5 000－4 000)。计提该存货跌价准备后，该项原材料的账面价值为 4 000 万元。

该项原材料的计税基础不会因存货跌价准备的提取而发生变化，其计税基础为 5 000 万元不变。

账面价值<计税基础，产生可抵扣暂时性差异。

(5) 投资性房地产。按照企业会计准则规定，对于采用公允价值模式计量的投资性房地产，其期末账面价值为公允价值，而按照税法规定不认可该类资产在持有期间因公允价值变动产生的利得或损失，则其账面价值和其计税基础之间就会产生差异。若账面价值大于其计税基础，会产生应纳税暂时性差异；反之，则会产生可抵扣暂时性差异。

第一，成本模式。与固定资产和无形资产的计算思路相同。

第二，公允价值模式。

账面价值＝公允价值

计税基础＝取得时的历史成本－投资性房地产累计折旧(或摊销)(税法)

需要注意的是，某些不符合资产确认条件，未在财务会计报告中作为资产列示的项目，如果按照税法规定可以确定其计税基础的，则该计税基础与其账面价值之间的差额也属于暂时性差异。

2. 负债的计税基础

负债的计税基础是指负债的账面价值减去未来期间计算应纳税所得额时按照税法规定可予抵扣的金额。与账面价值的关系式为：

负债的计税基础＝负债的账面价值－将来负债在兑付时允许扣税的金额

一般情况下，负债的确认与偿还不会影响企业的损益，也不会影响其应纳税所得额。未来期间计算应纳税所得额时按照税法规定可予抵扣的金额为零，计税基础即为账面价值，如企业的短期借款、应付账款等。但是,在某些情况下,负债的确认可能会影响企业的损益,进而影响不同期间的应纳税所得额,使得其计税基础与账面价值之间产生差额,如按照会计规定确认的某些预计负债。

(1) 企业因销售商品提供售后服务等原因确认的预计负债。按照《企业会计准则第13号——或有事项》的规定,企业应将预计提供售后服务发生的支出在满足有关确认条件时,在销售当期确认为费用,同时确认预计负债。税法规定,与销售产品相关的支出应于发生时税前扣除,由于该类事项产生的预计负债在期末的计税基础为其账面价值与未来期间可税前扣除的金额之间的差额,故为零。

因其他事项确认的预计负债,应按照税法规定的计税原则确定其计税基础。在某些情况下,因有些事项确认的预计负债,如果税法规定其支出无论是否实际发生均不允许税前扣除,即未来期间按照税法规定可予抵扣的金额为零,其账面价值与计税基础相同。

(2) 预收账款。企业在收到客户预付的款项时,因不符合收入确认条件,会计上将其确认为负债。税法中对于收入的确认原则一般与会计规定相同,即会计上未确认收入时,计税时一般也不计入应纳税所得额,该部分经济利益在未来期间计税时可予税前扣除的金额为零,计税基础等于账面价值。

在某些情况下,因不符合企业会计准则规定的收入确认条件,未确认为收入的预收款项,按照税法规定应计入当期应纳税所得额时,有关预收账款的计税基础为零,即因其产生时已经计算缴纳所得税,未来期间可全额税前扣除,计税基础为账面价值减去在未来期间可全额税前扣除的金额,即其计税基础为零。

(3) 应付职工薪酬。企业会计准则规定,企业为获得职工提供的服务所给予的各种形式的报酬以及其他相关支出均应作为企业的成本费用,在未支付之前确认为负债。税法中对于职工薪酬基本允许税前扣除,但税法中明确规定了税前扣除标准的,按照会计准则规定计入成本费用支出的金额超过规定标准的部分,应进行纳税调整。

(4) 其他负债。如企业应交的罚款和滞纳金等,在尚未支付之前按照会计规定确认为费用,同时作为负债反映。税法规定,罚款和滞纳金不能税前扣除,其计税基础为账面价值减去未来期间计税时可予税前扣除的金额之间的差额,即计税基础等于账面价值,不产生差异。

(三) 暂时性差异

暂时性差异是指资产、负债的账面价值与其计税基础不同产生的差额。因资产、负债的账面价值与其计税基础不同,产生了在未来收回资产或清偿负债的期间内,应纳税所得额增加或减少并导致未来期间应交所得税增加或减少的情况,形成企业的资产和负债,在有关暂时性差异发生当期,符合确认条件的情况下,应当确认相关的递延所得税负债或递延所得税资产。

根据暂时性差异对未来期间应纳税所得额的影响,分为应纳税暂时性差异和可抵扣暂时性差异。

1. 应纳税暂时性差异

应纳税暂时性差异,是指在确定未来收回资产或清偿负债期间的应纳税所得额时,将导致产生应税金额的暂时性差异,即在未来期间不考虑该事项影响的应纳税所得额的基础上,由于该暂时性差异的转回,会进一步增加转回期间的应纳税所得额和应交所得税金额,在其产生当期应当确认相关的递延所得税负债。

应纳税暂时性差异通常产生于以下情况:

(1) 资产的账面价值大于其计税基础。一项资产的账面价值代表的是企业在持续使用或最终出售该项资产时将取得的经济利益的总额，而计税基础代表的是一项资产在未来期间可予税前扣除的金额。资产的账面价值大于其计税基础，该项资产未来期间产生的经济利益不能全部税前抵扣，两者之间的差额需要缴税，产生应纳税暂时性差异。

例如，一项无形资产账面价值为200万元，计税基础如果为150万元，两者之间的差额会造成未来期间应纳税所得额和应交所得税的增加。在其产生当期，在符合确认条件的情况下，应确认相关的递延所得税负债。

(2) 负债的账面价值小于其计税基础。一项负债的账面价值为企业预计在未来期间清偿该项负债时的经济利益流出，而其计税基础代表的是账面价值在扣除税法规定未来期间允许税前扣除的金额之后的差额。因负债的账面价值与其计税基础不同产生的暂时性差异，本质上是税法规定就该项负债在未来期间可以税前扣除的金额(即与该项负债相关的费用支出在未来期间可予税前扣除的金额)。负债的账面价值小于其计税基础，则意味着就该项负债在未来期间可以税前抵扣的金额为负数，即应在未来期间应纳税所得额的基础上调增，增加应纳税所得额和应交所得税金额，产生应纳税暂时性差异，应确认相关的递延所得税负债。但在实务操作中，此种情况几乎不存在。

2. 可抵扣暂时性差异

可抵扣暂时性差异是指在确定未来收回资产或清偿负债期间的应纳税所得额时，将导致产生可抵扣金额的暂时性差异。该差异在未来期间转回时会减少转回期间的应纳税所得额，减少未来期间的应交所得税。在可抵扣暂时性差异产生当期，符合确认条件时，应当确认相关的递延所得税资产。

可抵扣暂时性差异一般产生于以下情况：

(1) 资产的账面价值小于其计税基础。当资产的账面价值小于其计税基础时，从经济含义来看，资产在未来期间产生的经济利益少，按照税法规定允许税前扣除的金额多，其账面价值与计税基础之间的差额，企业在未来期间可以减少应纳税所得额并减少应交所得税，符合有关条件时，应当确认相关的递延所得税资产。

例如，一项资产的账面价值为200万元，计税基础为260万元，则企业在未来期间就该项资产可以在其自身取得经济利益的基础上多扣除60万元。从整体上来看，未来期间应纳税所得额会减少，应交所得税也会减少，形成可抵扣暂时性差异，符合确认条件时，应确认相关的递延所得税资产。

(2) 负债的账面价值大于其计税基础。当负债的账面价值大于其计税基础时，负债产生的暂时性差异实质上是税法规定就该项负债可以在未来期间税前扣除的金额。其计算公式如下：

负债产生的暂时性差异＝账面价值－计税基础

＝账面价值－(账面价值－未来期间计税时按照税法规定可予税前扣除的金额)

＝未来期间计税时按照税法规定可予税前扣除的金额

一项负债的账面价值大于其计税基础，意味着未来期间按照税法规定与该项负债相关的全部或部分支出可以从未来应税经济利益中扣除，减少未来期间的应纳税所得额和应交所得税额。

例如，企业对将发生的产品保修费用在销售当期确认预计负债200万元，但税法规定有关费用支出只有在实际发生时才能够税前扣除，其计税基础为0；企业确认预计负债的当期相关费用不允许税前扣除，但在以后期间有关费用实际发生时允许税前扣除，使得未来期间的应纳税所得额和应交所得税减少，产生可抵扣暂时性差异，符合有关确认条件时，应确认相关的递延所得税资产。

3. 特殊项目产生的暂时性差异

(1) 未作为资产、负债确认的项目产生的暂时性差异。某些交易或事项发生以后，因为不符合资产、负债的确认条件而未体现为资产负债表中的资产或负债，但按照税法规定能够确定其计税基础的，其账面价值与计税基础之间的差异也构成暂时性差异。

例如，企业在开始正常的生产经营活动以前发生的筹建等费用，会计准则规定应于发生时计入当期损益，不体现为资产负债表中的资产。按照税法规定，企业发生的该类费用可以在开始正常生产经营活动后的3年内分期摊销，可税前扣除。该类事项不形成资产负债表中的资产，但按照税法规定可以确定其计税基础，两者之间的差异也形成暂时性差异。

(2) 可抵扣亏损及税款抵减产生的暂时性差异。对于按照税法规定可以结转以后年度的未弥补亏损及税款抵减，虽不是因资产、负债的账面价值与计税基础不同产生的，但本质上可抵扣亏损和税款抵减，与可抵扣暂时性差异具有同样的作用，均能够减少未来期间的应纳税所得额和应交所得税，视同可抵扣暂时性差异，在符合确认条件的情况下，应确认与其相关的递延所得税资产。

例如，甲公司于2019年发生经营亏损4 000万元，按照《企业所得税法》第18条规定，企业纳税年度发生的亏损，可以向以后年度结转，用以后年度的所得弥补，但结转年限最长不得超过5年。该公司预计其于未来5年期间能够产生足够的应纳税所得额用于弥补该经营亏损。

该经营亏损虽不是因比较资产、负债的账面价值与其计税基础产生的，但从其性质上来看可以减少未来期间的应纳税所得额和应交所得税，视同可抵扣暂时性差异。在企业预计未来期间能够产生足够的应纳税所得额用于弥补该可抵扣亏损时，应确认相关的递延所得税资产。

(四) 递延所得税资产

资产、负债的账面价值与其计税基础不同产生可抵扣暂时性差异，在估计未来期间能够反映取得足够的应纳税所得额用于抵扣该可抵扣暂时性差异时，应当以很可能取得用来抵扣可抵扣暂时性差异的应纳税所得额为限，确认相关的递延所得税资产。简言之，期末，当企业产生可抵扣暂时性差异时，应确认为递延所得税资产。

(五) 递延所得税负债

递延所得税负债是指根据应纳税暂时性差异计算的未来期间应付所得税的金额，导致企业经济利益的流出，从其发生期间看，构成企业支付税金的义务，应作为递延所得税负债确认。简言之，期末，当企业产生应纳税暂时性差异时，应确认为递延所得税负债。

【知识点归纳】

资产与负债产生的暂时性差异的判断，如表5-4所示。

表5-4　资产与负债产生的暂时性差异的判断

项目	账面价值	计税基础	暂时性差异	账面价值＞计税基础	账面价值＜计税基础
资产	将来流入的金额	将来抵税的金额	未来应税所得	应纳税暂时性差异 (递延所得税负债)	可抵扣暂时性差异 (递延所得税资产)
负债	将来流出的金额	将来不能抵税的金额	未来抵扣金额	可抵扣暂时性差异 (递延所得税资产)	应纳税暂时性差异 (递延所得税负债)

(六) 所得税费用

利润表中的所得税费用由两部分组成：当期所得税和递延所得税。其计算公式如下：

$$所得税费用=当期所得税+递延所得税$$

$$当期所得税=当期应交所得税$$

$$递延所得税=\frac{当期递延所得税}{负债的增加}+\frac{当期递延所得税}{资产的减少}-\frac{当期递延所得税}{负债的减少}-\frac{当期递延所得税}{资产的增加}$$

所得税费用在利润表中单独列示。

三、所得税会计核算的一般程序

在采用资产负债表债务法核算所得税的情况下，企业一般应于每一资产负债表日进行所得税的核算。企业合并等特殊交易或事项发生时，在确认因交易或事项取得的资产、负债时即应确认相关的所得税影响。企业进行所得税核算一般应遵循以下程序：

(1) 按照相关会计准则规定确定资产负债表中除递延所得税资产和递延所得税负债以外的其他资产和负债项目的账面价值。资产、负债的账面价值，是指企业按照相关会计准则的规定进行核算后在资产负债表中列示的金额。对于计提了减值准备的各项资产，是指其账面余额减去已计提的减值准备后的金额。例如，企业持有的应收账款账面余额为 1 000 万元，企业对该应收账款计提了 50 万元的坏账准备，其账面价值为 950 万元。

(2) 按照会计准则中对于资产和负债计税基础的确定方法，以适用的税收法规为基础，确定资产负债表中有关资产、负债项目的计税基础。应予以说明的是，资产、负债的计税基础，是会计上的定义，但其确定应当遵循税法的规定进行。

(3) 比较资产、负债的账面价值与其计税基础，对于两者之间存在差异的，分析其性质，除准则中规定的特殊情况外，区分应纳税暂时性差异与可抵扣暂时性差异，确定资产负债表日递延所得税负债和递延所得税资产的应有金额，并与期初递延所得税资产和递延所得税负债的余额相比，确定当期应予进一步确认的递延所得税资产和递延所得税负债金额或应予转销的金额，作为递延所得税。

(4) 就企业当期发生的交易或事项，按照适用的税法规定计算确定当期应纳税所得额，将应纳税所得额与适用的所得税税率计算的结果确认为当期应交所得税额。

(5) 确定利润表中的所得税费用。利润表中的所得税费用包括当期所得税(当期应交所得税)和递延所得税两个组成部分，企业在计算确定了当期所得税和递延所得税后，两者之和(或之差)则为利润表中的所得税费用。

四、企业所得税的会计处理

(一) 账户设置

进行所得税会计核算时，需要设置“应交税费——应交所得税”“递延所得税资产”“递延所得税负债”“所得税费用”等账户。

1. “递延所得税资产”账户

本账户核算企业根据所得税准则确认的可抵扣暂时性差异产生的所得税资产以及根据税法规定可用以后年度税前利润弥补的亏损产生的所得税资产。本账户应当按照可抵扣暂时性差异等项目进行明细核算。

(1) 企业在确认相关资产、负债时，根据所得税准则应予确认的递延所得税资产，借记本账户，贷记“所得税费用”“资本公积——其他资本公积”等账户。

(2) 资产负债表日，企业根据所得税准则应予确认的递延所得税资产大于本账户余额的，借记本账户，贷记“所得税费用”“资本公积——其他资本公积”等账户；应予确认的递延所得税资产小于本账户余额的，做相反的会计分录。

(3) 资产负债表日，预计未来期间很可能无法获得足够的应纳税所得额用于抵扣可抵扣暂时性差异的，按应减记的金额，借记“所得税费用”“资本公积——其他资本公积”账户，贷记本账户。

本账户期末借方余额，反映企业已确认的递延所得税资产的余额。

2.“递延所得税负债”账户

本账户核算企业根据所得税准则确认的应纳税暂时性差异产生的所得税负债。本账户应当按照应纳税暂时性差异项目进行明细核算。

(1) 企业在确认相关资产、负债时，根据所得税准则应予确认的递延所得税负债，借记“所得税费用”“资本公积——其他资本公积”等账户，贷记本账户。

(2) 资产负债表日，企业根据所得税准则应予确认的递延所得税负债大于本账户余额的，借记“所得税费用”“资本公积——其他资本公积”等账户，贷记本账户；应予确认的递延所得税负债小于本账户余额的，做相反的会计分录。

本账户期末贷方余额，反映企业已确认的递延所得税负债的余额。

3.“所得税费用”账户

本账户核算企业确认的应从当期利润总额中扣除的所得税费用。本账户可按“当期所得税费用”“递延所得税费用”进行明细核算。

(1) 资产负债表日，企业按照税法规定计算确定的当期应交所得税，借记本账户(当期所得税费用)，贷记“应交税费——应交所得税”账户。

(2) 资产负债表日，根据递延所得税资产的应有余额大于“递延所得税资产”账户余额的差额，借记“递延所得税资产”账户，贷记本账户、“资本公积——其他资本公积”等账户；递延所得税资产的应有余额小于“递延所得税资产”账户余额的差额，做相反的会计分录。

期末，应将本账户的余额转入“本年利润”账户，结转后本账户无余额。

(二) 会计处理

资产负债表债务法以“资产/负债”观为收益确定理论，即基于资产和负债的变动来计量收益，当资产的价值增加或负债的价值减少时会产生收益。在资产负债表日，要逐项确认资产或负债的账面价值与其计税基础之间的差额，并将这些差异的未来纳税影响分为应纳税或可抵扣暂时性差异，确认为所得税负债或资产。

采用资产负债表债务法核算企业所得税时，如果预计转回的税率能够合理确定，发生时按预计转回期的税率核算。此外，无论发生或转销期间，如果税率变动，均应进行调整。

1. 递延所得税负债的确认及会计处理

企业应当将当期和以前期间应交未交的所得税确认为负债。当企业资产或负债的账面价值大于其计税基础，从而产生应纳税暂时性差异时，企业应将其确认为负债，作为递延所得税负债加以处理。

资产负债表日，根据所得税准则应予确认的递延所得税负债小于“递延所得税负债”账户余额的差额，借记“递延所得税负债”账户，贷记“所得税费用——递延所得税费用”“其他综合收益”等账户；对应予确认的递延所得税负债大于“递延所得税负债”账户余额的差额，做相反的会计分录。

2. 递延所得税资产的确认及会计处理

企业将已支付的所得税超过应支付的部分确认为资产。当企业资产或负债的账面价值小于其计税基础,从而产生可抵扣的暂时性差异时,企业应将其确认为资产,作为递延所得税资产加以处理。

资产负债表日,根据所得税准则应予确认的递延所得税资产大于"递延所得税资产"账户余额的差额,借记"递延所得税资产"账户,贷记"所得税费用——递延所得税费用""其他综合收益"等账户;对应予确认的递延所得税资产小于"递延所得税资产"账户余额的差额,做相反的会计分录。

第四讲 企业所得税的纳税申报

【知识要点】

一、纳税地点

除税收法律、行政法规另有规定外,居民企业以企业登记注册地为纳税地点;但登记注册地在境外的,以实际管理机构所在地为纳税地点。

居民企业在中国境内设立不具有法人资格的营业机构的,应当汇总计算并缴纳企业所得税。

非居民企业在中国境内设立机构、场所的,以机构、场所所在地为纳税地点。非居民企业在中国境内设立两个或者两个以上机构、场所的,经税务机关审核批准,可以选择由其主要机构、场所汇总缴纳企业所得税。

非居民企业在中国境内未设立机构、场所的,或者虽设立机构、场所但取得的所得与其所设机构、场所没有实际联系的,以扣缴义务人所在地为纳税地点。

二、纳税期限

企业所得税实行按年计算、分月或分季预缴、年度汇算清缴、多退少补的征纳方法。具体纳税期限由主管税务机关根据纳税人应纳税额的大小予以核定。

企业所得税按纳税年度计算。纳税年度自公历 1 月 1 日起至 12 月 31 日止。企业在一个纳税年度中间开业,或者终止经营活动,使该纳税年度的实际经营期不足 12 个月的,应当以其实际经营期为一个纳税年度。

企业所得税分月或者分季预缴。企业应当自月份或者季度终了之日起 15 日内,向税务机关报送预缴企业所得税纳税申报表,预缴税款。企业应当自年度终了之日起 5 个月内,向税务机关报送年度企业所得税纳税申报表,并汇算清缴,结清应缴应退税款。企业在年度中间终止经营活动的,应当自实际经营终止之日起 60 日内,向税务机关办理当期企业所得税汇算清缴。

三、纳税申报

企业所得税的纳税申报,主要涉及报送企业所得税纳税申报表,并应当按照规定附送财务会计报告和其他有关资料。

财务报告的编制应按财务会计的要求进行,纳税时无须做任何调整。企业所得税纳税申报表要求统一格式,以企业会计报表所反映的利润为基础,按照税法的规定进行调整,进而确定应纳税所得额和应纳税额。纳税申报表包括主表和附表,由于纳税申报表的有关附表比较复杂，本书未予列出，只给出了纳税申报表的主表，其样式如表 5-5 至表 5-7 所示。

表 5-5　　　　中华人民共和国企业所得税年度纳税申报表（A 类，2014 年版）

行次	类别	项　目	金　额
1	利润总额计算	一、营业收入（填写 A101010\101020\103000）	
2		减：营业成本（填写 A102010\102020\103000）	
3		营业税金及附加	
4		销售费用（填写 A104000）	
5		管理费用（填写 A104000）	
6		财务费用（填写 A104000）	
7		资产减值损失	
8		加：公允价值变动收益	
9		投资收益	
10		二、营业利润（1－2－3－4－5－6－7＋8＋9）	
11		加：营业外收入（填写 A101010\101020\103000）	
12		减：营业外支出（填写 A102010\102020\103000）	
13		三、利润总额（10＋11－12）	
14	应纳税额计算	减：境外所得（填写 A108010）	
15		加：纳税调整增加额（填写 A105000）	
16		减：纳税调整减少额（填写 A105000）	
17		减：免税、减计收入及加计扣除（填写 A107010）	
18		加：境外应税所得抵减境内亏损（填写 A108000）	
19		四、纳税调整后所得（13－14＋15－16－17＋18）	
20		减：所得减免（填写 A107020）	
21		减：抵扣应纳税所得额（填写 A107030）	
22		减：弥补以前年度亏损（填写 A106000）	
23		五、应纳税所得额（19－20－21－22）	
24		税率（25%）	
25		六、应纳所得税额（23×24）	
26		减：减免所得税额（填写 A107040）	
27		减：抵免所得税额（填写 A107050）	
28		七、应纳税额（25－26－27）	
29		加：境外所得应纳所得税额（填写 A108000）	
30		减：境外所得抵免所得税额（填写 A108000）	
31		八、实际应纳所得税额（28＋29－30）	
32		减：本年累计实际已预缴的所得税额	
33		九、本年应补（退）所得税额（31－32）	
34		其中：总机构分摊本年应补（退）所得税额（填写 A109000）	
35		财政集中分配本年应补（退）所得税额（填写 A109000）	
36		总机构主体生产经营部门分摊本年应补（退）所得税额（填写 A109000）	
37			
38	附列资料	以前年度多缴的所得税额在本年抵减额	
39		以前年度应缴未缴在本年入库所得税额	

表 5-6　　中华人民共和国企业所得税年度纳税申报表(A 类,2014 年版)

税款所属期间：　年　月　日至　年　月　日

纳税人识别号:□□□□□□□□□□□□□□□□□□

纳税人名称：　　　　　　　　　　　　　　金额单位:人民币元(列至角分)

<table>
<tr><th>行次</th><th colspan="2">项　目</th><th>本期金额</th><th>累计金额</th></tr>
<tr><td>1</td><td colspan="4">一、按照实际利润额预缴</td></tr>
<tr><td>2</td><td colspan="2">营业收入</td><td></td><td></td></tr>
<tr><td>3</td><td colspan="2">营业成本</td><td></td><td></td></tr>
<tr><td>4</td><td colspan="2">利润总额</td><td></td><td></td></tr>
<tr><td>5</td><td colspan="2">加:特定业务计算的应纳税所得额</td><td></td><td></td></tr>
<tr><td>6</td><td colspan="2">减:不征税收入和税基减免应纳税所得额(请填附表 1)</td><td></td><td></td></tr>
<tr><td>7</td><td colspan="2">固定资产加速折旧(扣除)调减额(请填附表 2)</td><td></td><td></td></tr>
<tr><td>8</td><td colspan="2">弥补以前年度亏损</td><td></td><td></td></tr>
<tr><td>9</td><td colspan="2">实际利润额(4 行+5 行−6 行−7 行−8 行)</td><td></td><td></td></tr>
<tr><td>10</td><td colspan="2">税率(25%)</td><td></td><td></td></tr>
<tr><td>11</td><td colspan="2">应纳所得税额(9 行×10 行)</td><td></td><td></td></tr>
<tr><td>12</td><td colspan="2">减:减免所得税额(请填附表 3)</td><td></td><td></td></tr>
<tr><td>13</td><td colspan="2">实际已预缴所得税额</td><td>—</td><td></td></tr>
<tr><td>14</td><td colspan="2">特定业务预缴(征)所得税额</td><td></td><td></td></tr>
<tr><td>15</td><td colspan="2">应补(退)所得税额(11 行−12 行−13 行−14 行)</td><td>—</td><td></td></tr>
<tr><td>16</td><td colspan="2">减:以前年度多缴在本期抵缴所得税额</td><td></td><td></td></tr>
<tr><td>17</td><td colspan="2">本月(季)实际应补(退)所得税额</td><td>—</td><td></td></tr>
<tr><td>18</td><td colspan="4">二、按照上一纳税年度应纳税所得额平均额预缴</td></tr>
<tr><td>19</td><td colspan="2">上一纳税年度应纳税所得额</td><td>—</td><td></td></tr>
<tr><td>20</td><td colspan="2">本月(季)应纳税所得额(19 行×1/4 或 1/12)</td><td></td><td></td></tr>
<tr><td>21</td><td colspan="2">税率(25%)</td><td></td><td></td></tr>
<tr><td>22</td><td colspan="2">本月(季)应纳所得税额(20 行×21 行)</td><td></td><td></td></tr>
<tr><td>23</td><td colspan="2">减:减免所得税额(请填附表 3)</td><td></td><td></td></tr>
<tr><td>24</td><td colspan="2">本月(季)实际应纳所得税额(22 行−23 行)</td><td></td><td></td></tr>
<tr><td>25</td><td colspan="4">三、按照税务机关确定的其他方法预缴</td></tr>
<tr><td>26</td><td colspan="2">本月(季)税务机关确定的预缴所得税额</td><td></td><td></td></tr>
<tr><td>27</td><td colspan="4">总分机构纳税人</td></tr>
<tr><td>28</td><td rowspan="4">总机构</td><td>总机构分摊所得税额(15 行或 24 行或 26 行×总机构分摊预缴比例)</td><td></td><td></td></tr>
<tr><td>29</td><td>财政集中分配所得税额</td><td></td><td></td></tr>
<tr><td>30</td><td>分支机构分摊所得税额(15 行或 24 行或 26 行×分支机构分摊比例)</td><td></td><td></td></tr>
<tr><td>31</td><td>其中:总机构独立生产经营部门应分摊所得税额</td><td></td><td></td></tr>
</table>

（续表）

<table>
<tr><td>行次</td><td colspan="2">项　目</td><td>本期金额</td><td>累计金额</td></tr>
<tr><td>32</td><td rowspan="2">分支机构</td><td>分配比例</td><td></td><td></td></tr>
<tr><td>33</td><td>分配所得税额</td><td></td><td></td></tr>
<tr><td colspan="2">是否属于小型微利企业：</td><td>是□</td><td colspan="2">否□</td></tr>
<tr><td colspan="5">谨声明：此纳税申报表是根据《中华人民共和国企业所得税法》《中华人民共和国企业所得税法实施条例》和国家有关税收规定填报的，是真实的、可靠的、完整的。</td></tr>
<tr><td colspan="5">法定代表人（签字）：　年　月　日</td></tr>
</table>

<table>
<tr><td>纳税人公章：</td><td>代理申报中介机构公章：</td><td>主管税务机关受理专用章：</td></tr>
<tr><td>会计主管：</td><td>经办人：</td><td>受理人：</td></tr>
<tr><td></td><td>经办人执业证件号码：</td><td></td></tr>
<tr><td>填表日期：　年　月　日</td><td>代理申报日期：　年　月　日</td><td>受理日期：　年　月　日</td></tr>
</table>

表 5-7　　中华人民共和国企业所得税税收通用缴款书

隶属关系：　　　　　　　　　　　　　　　　缴款书号：

注册类型：　　　　填发日期：　年　月　日　　征收机关：

<table>
<tr><td rowspan="4">缴款单位</td><td>代　码</td><td></td><td rowspan="3">预算科目</td><td>编码</td><td></td></tr>
<tr><td>全　称</td><td></td><td>名称</td><td></td></tr>
<tr><td>开户银行</td><td></td><td>级次</td><td></td></tr>
<tr><td>账　号</td><td></td><td colspan="2">收款国库</td><td></td></tr>
<tr><td colspan="3">税款所属时期　年　月　日</td><td colspan="3">税款限缴日期　年　月　日</td></tr>
</table>

<table>
<tr><td>品目名称</td><td>课税数量</td><td>计税金额或销售收入</td><td>税率或单位税额</td><td>已缴或扣除额</td><td>亿</td><td>千</td><td>百</td><td>十</td><td>万</td><td>千</td><td>百</td><td>十</td><td>元</td><td>角</td><td>分</td></tr>
<tr><td></td><td></td><td></td><td></td><td></td><td></td><td></td><td></td><td></td><td></td><td></td><td></td><td></td><td></td><td></td><td></td></tr>
<tr><td></td><td></td><td></td><td></td><td></td><td></td><td></td><td></td><td></td><td></td><td></td><td></td><td></td><td></td><td></td><td></td></tr>
<tr><td></td><td></td><td></td><td></td><td></td><td></td><td></td><td></td><td></td><td></td><td></td><td></td><td></td><td></td><td></td><td></td></tr>
<tr><td colspan="5">金额合计（大写）亿　千　百　十　万　千　百　十　元　角　分</td><td></td><td></td><td></td><td></td><td></td><td></td><td></td><td></td><td></td><td></td><td></td></tr>
</table>

<table>
<tr><td>缴款单位（人）
（盖章）
经办人（章）</td><td>税务机关
（盖章）
经办人（章）</td><td>上列款项已核收记入收款单位账户
国库（银行）盖章　年　月　日</td><td>备注：</td></tr>
</table>

网络远程申报纳税已是很多地区实行的纳税申报办法，所得税纳税申报登录的方法与增值税相同，在此不再重复。

单元测试

一、单项选择题

1. 企业每一纳税年度的收入总额，减除(　　)后的余额，为应纳税所得额。

A. 征税收入、各项扣除、免税收入以及允许弥补的以前年度亏损

B. 不征税收入、免税收入、各项扣除以及允许弥补的以前年度亏损

C. 免税收入、不征税收入以及允许弥补的以前年度亏损

D. 不征税收入、各项扣除、允许弥补的以前年度亏损

2. 以分期收款方式销售货物的，按照(　　)日期确认收入的实现。

A. 合同约定收款　　B. 发出商品

C. 实际收到货款　　D. 预收货款

3. 按照规定摊销的固定资产大修理支出，是指同时符合下列条件的支出：修理支出达到取得固定资产时的计税基础(　　)以上，修理后固定资产的使用年限延长(　　)年以上。

A. 50%　1　　B. 20%　2　　C. 50%　2　　D. 20%　1

4. 符合条件的技术转让所得免征、减征企业所得税是指一个纳税年度内，居民企业技术转让所得不超过(　　)万元的部分，免征企业所得税；超过的部分，减半征收企业所得税。

A. 30　　B. 100　　C. 300　　D. 500

5. 抵扣应纳税所得额是指创业投资企业采取股权投资方式投资于未上市的中小高新技术企业(　　)年以上的，可以按照其投资额的(　　)在股权持有满(　　)年的当年抵扣该创业投资企业的应纳税所得额；当年不足抵扣的，可以在以后纳税年度结转抵扣。

A. 1　50%　1　　B. 1　70%　1　　C. 2　70%　2　　D. 2　50%　2

6. 企业从事规定的国家重点扶持的公共基础设施项目的投资经营所得，自项目取得第一笔生产经营收入所属纳税年度起，(　　)征收企业所得税。

A. “三免、二减半”　　B. “二免、三减半”

C. “三免、三减半”　　D. “二免、二减半”

7. 减计收入是指企业以《资源综合利用企业所得税优惠目录》规定的资源作为主要原材料，生产国家非限制和禁止并符合国家和行业相关标准的产品取得的收入，减按(　　)计入收入总额。

A. 60%　　B. 70%　　C. 80%　　D. 90%

8. 企业与其关联方之间的业务往来，不符合独立交易原则，或者企业实施其他不具有合理商业目的安排的，税务机关有权在该业务发生的纳税年度起(　　)年内，进行纳税调整。

A. 2　　B. 3　　C. 5　　D. 10

9. 企业发生的公益性捐赠支出，在(　　)以内的部分，准予在计算应纳税所得额时扣除。

A. 年度应纳税所得额3%　　B. 年度利润总额3%

C. 年度利润总额12%　　D. 年度应纳税所得额12%

10. A公司2019年发生1 800万元广告费支出，发生时已作为销售费用计入当期损益。税法规定，该类支出不超过当年销售收入15%的部分允许当期税前扣除，超过部分允许向以后年度结转税前扣除。A公司2019年实现销售收入10 000万元。A公司所得税税率为

25%。假定A公司税前会计利润为1 000万元,不考虑其他纳税调整。2019年确认递延所得税资产的金额为(　　)万元。

A. 75　　B. 0　　C. 300　　D. 325

二、多项选择题

1.《企业所得税法》第2条所称依法在中国境内成立的企业,包括依照中国法律、行政法规在中国境内成立的(　　)以及其他取得收入的组织。

A. 企业　　B. 事业单位　　C. 社会团体　　D. 国家机关

2.《企业所得税法》第2条所称实际管理机构,是指对企业的(　　)等实施实质性全面管理和控制的机构。

A. 生产经营　　B. 人员　　C. 账务　　D. 财产

3.《企业所得税法》第6条所称企业取得收入的货币形式,包括(　　)等。

A. 现金、存款　　B. 应收账款

C. 应收票据　　D. 不准备持有至到期的债券投资

4. 企业发生非货币性资产交换,以及将货物、财产、劳务用于(　　)等用途的,应当视同销售货物、转让财产或者提供劳务,但国务院财政、税务主管部门另有规定的除外。

A. 捐赠　　B. 偿债　　C. 赞助　　D. 工程

5. 收入总额中的(　　)为不征税收入。

A. 财政拨款

B. 依法收取并纳入财政管理的行政事业性收费

C. 政府性基金

D. 国家税务总局规定的其他不征税收入

6. 在计算应纳税所得额时,下列支出不得扣除(　　)。

A. 向投资者支付的股息、红利等权益性投资收益款项

B. 企业所得税税款

C. 税收滞纳金

D. 经核定的准备金支出

7. 下列固定资产中,不得计算折旧扣除的有(　　)。

A. 未投入使用的固定资产

B. 以经营租赁方式租入的固定资产

C. 以融资租赁方式租出的固定资产

D. 已足额提取折旧仍继续使用的固定资产

8. 在不考虑其他影响因素的情况下,企业发生的下列交易或事项中,期末会引起"递延所得税资产"增加的有(　　)。

A. 本期计提固定资产减值准备

B. 本期转回存货跌价准备

C. 本期发生净亏损,税法允许在未来5年内税前补亏

D. 实际发生产品售后保修费用,冲减已计提的预计负债

9. 企业的下列收入中,为免税收入的有(　　)。

A. 国债利息收入

B. 居民企业之间的股息、红利等权益性投资收益

C. 在中国境内设立机构、场所的非居民企业从居民企业取得与该机构、场所有实际联系的股息、红利等权益性投资收益

D. 非营利组织的收入

10. 企业从事下列项目的所得中，免征企业所得税的有（　　）。

A. 蔬菜、谷物、薯类、油料、豆类的种植　　B. 花卉、茶的种植

C. 林木的培育和种植　　D. 农产品初加工

三、判断题

1. 企业所得税纳税人计算企业所得税时，纳税人的财务会计制度、财务会计处理办法与税法规定不一致的，应按照税法规定予以调整。（　　）

2. 企业在计算应纳税所得额时，对于在生产、经营期间所有向金融机构借款的利息支出，可按照实际发生额从收入总额中扣除。（　　）

3. 企业发生年度亏损，可以在以后纳税年度的所得中予以弥补，最长不得超过5年。（　　）

4. 某保健品公司2019年销售收入2 000万元，发生广告费450万元，计算企业所得税时，允许税前扣除的广告费只有300万元，超过部分今后不得再扣除。（　　）

5. 符合条件的小型微利企业，是指符合下列条件的企业：工业企业，年度应纳税所得额不超过20万元，从业人数不超过200人，资产总额不超过2 000万元；其他企业，年度应纳税所得额不超过10万元，从业人数不超过100人，资产总额不超过1 000万元。（　　）

6. 企业依照国务院有关主管部门或者省级人民政府规定的范围和标准为职工缴纳的基本养老保险费、基本医疗保险费、失业保险费、工伤保险费、生育保险费等基本社会保险费和住房公积金，准予扣除。企业为投资者或者职工支付的补充养老保险费、补充医疗保险费，在国务院财政、税务主管部门规定的范围和标准内，准予扣除。（　　）

7.《企业所得税法》第34条所称税额抵免，是指企业购置并实际使用《环境保护专用设备企业所得税优惠目录》《节能节水专用设备企业所得税优惠目录》和《安全生产专用设备企业所得税优惠目录》规定的环境保护、节能节水、安全生产等专用设备的，该专用设备的投资额的40%可以从企业当年的应纳税额中抵免；当年不足抵免的，可以在以后纳税年度结转抵免。（　　）

8. 企业所得税分月或者分季预缴，由纳税人自行选择确定。纳税人预缴企业所得税时，按照月度或者季度的实际利润额预缴或者按照上一纳税年度应纳税所得额的月度或者季度平均额预缴，或者按照其他方法预缴，都可由纳税人确定。但预缴方法一经确定，该纳税年度内不得随意变更。（　　）

四、简答题

1. 企业所得税的纳税人是怎样规定的？

2. 企业所得税的课税对象和计税依据是什么？

3. 企业所得税法对企业的收入是怎样规定的？

4. 企业所得税亏损弥补有哪些规定？

5. 所得税会计核算的程序有哪些？

实务训练

1. 某企业2019年度财务报表数据如下：主营业务收入8 350万元，营业成本7 080万元，税金及附加120万元，财务费用3万元，管理费用12万元，营业外收支净额5.6万元（其中营业外支出列支行政罚款3万元），国债利息收入2万元，境外投资分得税后利润40万元，该企业提供国外缴纳企业所得税凭证一张，已纳税额13.5万元。

要求：计算该企业应纳企业所得税额。

2. 某家电企业2019年度自行计算的利润总额为30万元。经注册会计师事务所审核，发现下列情况：

(1) 企业全年平均职工人数120人，全年计入各种成本费用中的工资总额196万元，并按工资总额的2%、14%、2.5%计算提取了职工工会经费、职工福利费、职工教育经费，但并未取得工会经费拨缴款专用收据（工资已发放，福利费、教育经费年末无余额）。

(2) 该企业全年管理费用中列支了业务招待费30万元，在销售费用中列支了广告费440万元，业务宣传费17万元，本年该企业销售收入账面数为3 000万元。

(3) 本企业应付B企业货款账面余额为20万元（含税）。后因资金周转困难，未能支付货款。2019年6月30日，经双方协商，本企业以一台原值26万元、已提折旧9万元的设备抵债，经评估，该设备净值为18万元，本企业支付评估费2 000元，对于该抵债业务，本企业账目中并未加以反映。

(4) "营业外支出"账户有违法经营的罚款支出3万元、各种非广告性质的赞助支出5万元。

要求：根据以上资料，计算2019年该企业应纳企业所得税。

3. A公司2019年度利润表中利润总额为3 000万元，该公司适用的所得税税率为25%。递延所得税资产及递延所得税负债不存在期初余额。与所得税核算有关的情况如下：

2019年发生的有关交易和事项中，会计处理与税收处理存在差别的有：

(1) 2019年1月开始计提折旧的一项固定资产，成本为1 500万元，使用年限为10年，净残值为0。会计处理按双倍余额递减法计提折旧，税收处理按直线法计提折旧。假定税法规定的使用年限及净残值与会计规定相同。

(2) 向关联企业捐赠现金500万元。假定按照税法规定，企业向关联方的捐赠不允许税前扣除。

(3) 当期取得作为交易性金融资产核算的股票投资成本为800万元，2019年12月31日的公允价值为1 200万元。税法规定，以公允价值计量的金融资产持有期间市价变动不计入应纳税所得额。

(4) 违反环保法规定应支付罚款250万元。

(5) 期末对持有的存货计提了75万元的存货跌价准备。

要求：完成A公司2019年所得税的会计处理。

4. 甲公司于2019年因政策性原因发生经营亏损2 000万元，按照税法规定，该亏损可用于抵减以后5个年度的应纳税所得额。该公司预计其于未来5年期间能够产生足够的应纳税所得额以弥补该亏损。

要求：分析上述业务形成的资产或负债的账面价值与计税基础及其差异。

第六单元 个人所得税

导学目标

本单元主要讲述个人所得税的主要内容、应纳税额的计算及其账务处理，同时介绍个人所得税的纳税申报。完成学习任务后，应该掌握如下内容：

1. 理解个人所得税的纳税人、征收范围、税目税率、减免规定。
2. 掌握应纳税额的计算。
3. 掌握个人所得税的核算账户及其账务处理。
4. 了解个人所得税的申报与缴纳。

导学案例

王明是济南某高校教授，除了完成学校的教学工作外，王明经常被公司请去做讲座，王明还在业余时间炒股。此外，王明拥有2套房屋，自住1套，出租1套。由于没有学习过税法，王明只知道需要缴纳个人所得税，但不清楚哪些情况需要缴纳个人所得税？如何缴纳？

对王明来说，他首先需要了解个人所得税的纳税人、征税范围、税目和税率、纳税期限、申报地点等具体规定，分清楚哪些情况由单位代扣代缴、哪些情况需要个人申报，对于需要个人申报的，再按照税法的规定计算应纳税额，按规定申报。

个人所得税最早产生于18世纪的英国，是世界各国普遍开征的一个税种。个人所得税是以自然人取得的各类应税所得为征税对象而征收的一种所得税，其应税范围比企业所得税的应税范围要广，但它们的计税原理是一致的，即以纳税人应税收入扣除费用后的余额为征税对象。个人所得税在组织财政收入、提高公民纳税意识，尤其在调节个人收入分配差距方面具有重要作用。

个人所得税法是指国家制定的用以调整个人所得税征收与缴纳之间权利及义务关系的法律规范。个人所得税的基本规范是1980年9月10日第五届全国人民代表大会第三次会议制定的《中华人民共和国个人所得税法》（以下简称《个人所得税法》），多年来进行了七次修改，目前适用的是2018年8月31日，由第十三届全国人民代表大会常务委员会第五次会议修改通过并公布的，自2019年1月1日起施行。

第一讲 个人所得税的基本规定

【知识要点】

一、个人所得税的概念

个人所得税是以个人(自然人)取得的各类应税所得为征税对象所征收的一种税。个人所得税的纳税人不仅包括个人,还包括自然人性质的企业。从世界范围看,个人所得税的税制模式有分类征收制、综合征收制与混合征收制三种。三种不同的征收模式各有其优缺点。目前,我国个人所得税已初步建立分类与综合相结合的征收模式,即混合征收制。其在组织财政收入、提高公民纳税意识,尤其在调节个人收入分配差距方面具有重要作用。

二、个人所得税的纳税人、扣缴义务人和征税范围

(一) 纳税义务人

个人所得税的纳税义务人,包括中国公民、个体工商业户、个人独资企业、合伙企业投资者、在中国有所得的外籍人员(包括无国籍人员,下同)和我国香港、澳门、台湾地区同胞。上述纳税义务人依据住所和居住时间两个标准,区分为居民个人和非居民个人,分别承担不同的纳税义务。

上述纳税人依据住所和居住时间两个标准,区分为居民纳税人与非居民纳税人,分别承担不同的纳税义务。

1. 居民纳税人

居民纳税人是指在中国境内有住所,或者无住所而在中国境内居住满 183 天的个人。居民纳税人承担无限纳税义务,应就其来源于中国境内、境外的全部所得缴纳个人所得税。

其中,“有住所”是指因户籍、家庭、经济利益关系而在中国境内习惯性居住。这里说的习惯性居住是判定纳税义务人属于居民还是非居民的一个重要依据。“在境内居住满 183 天”是指在一个纳税年度(即公历 1 月 1 日起至 12 月 31 日止)中在中国境内居住 183 天。临时离境的,不扣减日数。“临时离境”是指在一个纳税年度中一次不超过 30 日或者多次累计不超过 90 日的离境。

现行税法中关于“中国境内”的概念,是指中国大陆地区,目前还不包括中国香港、中国澳门和中国台湾地区。

关于在中国境内无住所的个人居住时间判定标准。

为贯彻落实修改后的《中华人民共和国个人所得税法》和《中华人民共和国个人所得税法实施条例》,现将在中国境内无住所的个人(以下称无住所个人)居住时间的判定标准公告如下:

无住所个人 1 个纳税年度在中国境内累计居住满 183 天的,如果此前 6 年在中国境内每年累计居住天数都满 183 天而且没有任何一年单次离境超过 30 天,该纳税年度来源于中国境内、境外所得应当缴纳个人所得税;如果此前 6 年的任 1 年在中国境内累计居住天数不满 183 天或者单次离境超过 30 天,该纳税年度来源于中国境外且由境外单位或者个人支付的所得,免予缴纳个人所得税。

前款所称此前 6 年,是指该纳税年度的前 1 年至前 6 年的连续 6 个年度,此前 6 年的起始

年度自2019年(含)以后年度开始计算。

无住所个人1个纳税年度内在中国境内累计居住天数，按照个人在中国境内累计停留的天数计算。在中国境内停留的当天满24小时的，计入中国境内居住天数，在中国境内停留的当天不足24小时的，不计入中国境内居住天数。

2. 非居民纳税人

非居民纳税人是指不符合居民纳税人判定标准的纳税义务人，即在中国境内无住所又不居住或者无住所而在境内居住不满183天的个人。非居民纳税人承担有限纳税义务，仅就其来源于中国境内的所得，向中国缴纳个人所得税。

(二) 个人所得税的扣缴义务人

税法规定，个人所得税以支付所得的单位或者个人为扣缴义务人。扣缴义务人在向个人支付应税款项时，应当依照税法规定代扣税款，按时缴库。

(三) 征税范围

居民个人取得下列第1项至第4项所得(以下称综合所得)，按纳税年度合并计算个人所得税。非居民个人取得下列第1项至第4项所得，按月或者按次分项计算个人所得税。纳税人取得下列第5项至第9项所得，分别计算个人所得税。

1. 工资、薪金所得

工资、薪金所得，是指个人因任职或者受雇而取得的工资、薪金、奖金、年终加薪、劳动分红、津贴、补贴以及与任职或者受雇有关的其他所得。

(1) 工资、薪金所得涵盖范围。一般来说，工资、薪金所得属于非独立个人劳动所得。所谓非独立个人劳动，是指个人所从事的是由他人指定、安排并接受管理的劳动，工作或服务于公司、工厂、行政事业单位的人员(私营企业主除外)均为非独立劳动者。他们从上述单位取得的劳动报酬，是以工资、薪金的形式体现的。在这类报酬中，工资和薪金的收入主体略有差异。通常情况下，把直接从事生产、经营或服务的劳动者(工人)的收入称为工资，即所谓"蓝领阶层"所得；而将从事社会公职或管理活动的劳动者(公职人员)的收入称为薪金，即所谓"白领阶层"所得。但在实际立法过程中，各国都从简便易行的角度考虑，将工资、薪金合并为一个项目计征个人所得税。

除工资、薪金以外，奖金、年终加薪、劳动分红、津贴和补贴也被确定为工资、薪金范畴。其中，年终加薪、劳动分红不分种类和取得情况，一律按工资、薪金所得课税。奖金是指所有具有工资性质的奖金，免税奖金的范围在税法中另有规定。此外，还有一些所得的发放被视为取得工资、薪金所得的情形。例如，公司职工取得的用于购买企业国有股权的劳动分红，按"工资、薪金所得"项目计征个人所得税；出租汽车经营单位对出租车驾驶员采取单车承包或承租方式运营，出租车驾驶员从事客货营运取得的收入，按工资、薪金所得征税。

(2) 个人取得的津贴、补贴，不计入工资、薪金所得的项目。根据我国目前个人收入的构成情况，规定对于一些不属于工资、薪金性质的补贴、津贴或者不属于纳税人本人工资、薪金所得项目的收入，不予征税。这些项目包括：①独生子女补贴。②执行公务员工资制度未纳入基本工资总额的补贴、津贴差额和家属成员的副食品补贴。③托儿补助费。④差旅费津贴、误餐补助。其中，误餐补助是指按照财政部规定，个人因公在城区、郊区工作，不能在工作单位或返回就餐的，根据实际误餐顿数，按规定的标准领取的误餐费。注意：单位以误餐补助名义发给职工的补助、津贴不能包括在内。⑤外国来华留学生，领取的生活津贴费、奖学金，不属于工资、薪金范畴，不征个人所得税。

(3) 军队干部取得的补贴、津贴中有8项不计入工资、薪金所得项目征税，即：①政府特殊津贴。②福利补助。③夫妻分居补助费。④随军家属无工作生活困难补助。⑤独生子女保健费。⑥子女保教补助费。⑦机关在职军以上干部公勤费(保姆费)。⑧军粮差价补贴。

(4) 军队干部取得的暂不征税的补贴、津贴。①军人职业津贴。②军队设立的艰苦地区补助。③专业性补助。④基层军官岗位津贴(营连排长岗位津贴)。⑤伙食补贴。

2. 劳务报酬所得

劳务报酬所得，是指个人独立从事各种非雇用的各种劳务所取得的所得。内容如下：

(1) 设计，是指按照客户的要求，代为制定工程、工艺等各类设计业务。

(2) 装潢，是指接受委托，对物体进行装饰、修饰，使之美观或具有特定用途的作业。

(3) 安装，是指按照客户要求，对各种机器、设备的装配、安置，以及与机器、设备相连的附属设施的装设和被安装机器设备的绝缘、防腐、保温、油漆等工程作业。

(4) 制图，是指受托按实物或设想物体的形象，依体积、面积、距离等，用一定比例绘制成平面图、立体图、透视图等的业务。

(5) 化验，是指受托用物理或化学的方法，检验物质的成分和性质等业务。

(6) 测试，是指利用仪器仪表或其他手段代客对物品的性能和质量进行检测试验的业务。

(7) 医疗，是指从事各种病情诊断、治疗等医护业务。

(8) 法律，是指受托担任辩护律师、法律顾问，撰写辩护词、起诉书等法律文书的业务。

(9) 会计，是指受托从事会计核算的业务。

(10) 咨询，是指对客户提出的政治、经济、科技、法律、会计、文化等方面的问题进行解答、说明的业务。

(11) 讲学，是指应邀(聘)进行讲课、作报告、介绍情况等业务。

(12) 翻译，是指受托从事中、外语言或文字的翻译(包括笔译和口译)的业务。

(13) 审稿，是指对文字作品或图形作品进行审查、核对的业务。

(14) 书画，是指按客户要求，或自行从事书法、绘画、题词等业务。

(15) 雕刻，是指代客镌刻图章、牌匾、碑、玉器、雕塑等业务。

(16) 影视，是指应邀或应聘在电影、电视节目中出任演员，或担任导演、音响、化妆、道具、制作、摄影等与拍摄影视节目有关的业务。

(17) 录音，是指用录音器械代客录制各种音响带的业务，或者应邀演讲、演唱、采访而被录音的服务。

(18) 录像，是指用录像器械代客录制各种图像、节目的业务，或者应邀表演、采访被录像的业务。

(19) 演出，是指参加戏剧、音乐、舞蹈、曲艺等文艺演出活动的业务。

(20) 表演，是指从事杂技、体育、武术、健美、时装、气功以及其他技巧性表演活动的业务。

(21) 广告，是指利用图书、报纸、杂志、广播、电视、电影、招贴、路牌、橱窗、霓虹灯、灯箱、墙面及其他载体，为介绍商品、经营服务项目、文体节目或通告、声明等事项，所做的宣传和提供相关服务的业务。

(22) 展览，是指举办或参加书画展、影展、盆景展、邮展、个人收藏品展、花鸟虫鱼展等各种展示活动的业务。

(23) 技术服务，是指利用一技之长而进行技术指导、提供技术帮助的业务。

(24) 介绍服务，是指介绍供求双方商谈，或者介绍产品、经营服务项目等服务的业务。

(25) 经纪服务，是指经纪人通过居间介绍，促成各种交易和提供劳务等服务的业务。

(26) 代办服务,是指代委托人办理受托范围内的各项事宜的业务。

(27) 其他劳务,是指上述列举的26项劳务项目之外的各种劳务。

自2004年1月20日起,对商品营销活动中,企业和单位对其营销业绩突出的非雇员以培训班、研讨会、工作考察等名义组织旅游活动,通过免收差旅费、旅游费对个人实行的营销业绩奖励(包括实物、有价证券等),应根据所发生费用的全额作为该营销人员当期的劳务收入,按照"劳务报酬所得"项目征收个人所得税,并由提供上述费用的企业和单位代扣代缴。

在实际操作过程中,还可能出现难以判定一项所得是属于工资、薪金所得,还是属于劳务报酬所得的情况。这两者的区别在于:工资、薪金所得是属于非独立个人劳务活动,即在机关、团体、学校、部队、企业、事业单位及其他组织中任职、受雇而得到的报酬;而劳务报酬所得,则是个人独立从事各种技艺、提供各项劳务取得的报酬。

注意:个人由于担任董事职务所取得的董事费收入,属于劳务报酬所得性质,按照劳务报酬所得项目征收个人所得税,但仅适用于个人担任公司董事、监事,且不在公司任职、受雇的情形。个人在公司(包括关联公司)任职、受雇,同时兼任董事、监事的,应将董事费、监事费与个人工资收入合并,统一按工资、薪金所得项目缴纳个人所得税。

3. 稿酬所得

稿酬所得,是指个人因其作品以图书、报刊形式出版、发表而取得的所得。将稿酬所得独立划归一个征税项目,而对不以图书、报刊形式出版、发表的翻译、审稿、书画所得归为劳务报酬所得,主要是考虑了出版、发表作品的特殊性。第一,它是一种依靠较高智力创作的精神产品;第二,它具有普遍性;第三,它与社会主义精神文明和物质文明密切相关;第四,它的报酬相对偏低。因此,稿酬所得应当与一般劳务报酬相区别,并给予适当优惠照顾。

4. 特许权使用费所得

特许权使用费所得,是指个人提供专利权、商标权、著作权、非专利技术以及其他特许权的使用权取得的所得。提供著作权的使用权取得的所得,不包括稿酬所得。

专利权,是由国家专利主管机关依法授予专利申请人或其权利继承人在一定期间内实施其发明创造的专有权。对于专利权,许多国家只将提供他人使用取得的所得,列入特许权使用费,而将转让专利权所得列为资本利得税的征税对象。我国没有开征资本利得税,故将个人提供和转让专利权取得的所得,都列入特许权使用费所得征收个人所得税。

商标权,即商标注册人享有的商标专用权。著作权,即版权,是作者依法对文学、艺术和科学作品享有的专有权。个人提供或转让商标权、著作权、专有技术或技术秘密、技术诀窍取得的所得,应当依法缴纳个人所得税。

5. 经营所得

经营所得是指:

(1) 个体工商户从事生产、经营活动取得的所得,个人独资企业投资人、合伙企业的个人合伙人来源于境内注册的个人独资企业、合伙企业生产、经营的所得。

个体工商户以业主为个人所得税纳税义务人。

(2) 个人依法从事办学、医疗、咨询以及其他有偿服务活动取得的所得。

(3) 个人对企业、事业单位承包经营、承租经营以及转包、转租取得的所得。对企事业单位的承包经营、承租经营所得,是指个人承包经营或承租经营以及转包、转租取得的所得。承包项目可分多种,如生产经营、采购、销售、建筑安装等各种承包。转包包括全部转包或部分转包。

(4) 个人从事其他生产、经营活动取得的所得。例如,个人因从事彩票代销业务而取得的所得;或者从事个体出租车运营的出租车驾驶员取得的收入,都应按照"经营所得"项目计征个人所得税。这里所说的从事个体出租车运营,包括出租车属个人所有,但挂靠出租汽车经营单位或企事业单位,驾驶员向挂靠单位缴纳管理费的,或出租汽车经营单位将出租车所有权转移给驾驶员的。

注意:个体工商户和从事生产、经营的个人,取得与生产、经营活动无关的其他各项应税所得,应分别按照其他应税项目的有关规定,计算征收个人所得税。如取得银行存款的利息所得、对外投资取得的股息所得,应按"股息、利息、红利"税目的规定单独计征个人所得税。个人独资企业、合伙企业的个人投资者以企业资金为本人、家庭成员及其相关人员支付与企业生产经营无关的消费性支出及购买汽车、住房等财产性支出,视为企业对个人投资者利润分配,并入投资者个人的生产经营所得,依照"经营所得"项目计征个人所得税。

6. 利息、股息、红利所得

利息、股息、红利所得,是指个人拥有债权、股权而取得的利息、股息、红利所得。利息,是指个人拥有债权而取得的利息,包括存款利息、贷款利息和各种债券的利息。按税法规定,个人取得的利息所得,除国债和国家发行的金融债券利息外,应当依法缴纳个人所得税。股息、红利,是指个人拥有股权取得的股息、红利。按照一定的比率对每股发给的息金称为股息;公司、企业应分配的利润,按股份分配的称为红利。股息、红利所得,除另有规定外,都应当缴纳个人所得税。

除个人独资企业、合伙企业以外的其他企业的个人投资者,以企业资金为本人、家庭成员及其相关人员支付与企业生产经营无关的消费性支出及购买汽车、住房等财产性支出,视为企业对个人投资者的红利分配,依照"利息、股息、红利所得"项目计征个人所得税。企业的上述支出不允许在所得税前扣除。

纳税年度内个人投资者从其投资企业(个人独资企业、合伙企业除外)借款,在该纳税年度终了后既不归还又未用于企业生产经营的,其未归还的借款可视为企业对个人投资者的红利分配,依照"利息、股息、红利所得"项目计征个人所得税。

7. 财产租赁所得

财产租赁所得,是指个人出租不动产、机器设备、车船以及其他财产取得的所得。个人取得的财产转租收入,属于"财产租赁所得"的征税范围,由财产转租人缴纳个人所得税。

8. 财产转让所得

财产转让所得,是指个人转让有价证券、股权、合伙企业中的财产份额、不动产、机器设备、车船以及其他财产取得的所得。

在现实生活中,个人进行的财产转让主要是个人财产所有权的转让。财产转让实际上是一种买卖行为,当事人双方通过签订、履行财产转让合同,形成财产买卖的法律关系,使出让财产的个人从对方取得价款(收入)或其他经济利益。财产转让所得因其性质的特殊性,需要单独列举项目征税。对个人取得的各项财产转让所得,除股票转让所得外,都要征收个人所得税。具体规定为:

(1) 股票转让所得。根据《个人所得税法实施条例》规定,对股票转让所得征收个人所得税的办法,由国务院另行规定,并报全国人民代表大会常务委员会备案。鉴于我国证券市场发育还不成熟,股份制改革仍需完善,对股票转让所得的计算、征税办法和纳税期限的确认等都需要做深入的调查研究后,结合国际通行的做法,作出符合我国实际的规定。因此国务院决定,对股票转让所得暂不征收个人所得税。

(2) 量化资产股份转让。集体所有制企业在改制为股份合作制企业时,对职工个人以股份形式取得的拥有所有权的企业量化资产,暂缓征收个人所得税;待个人将股份转让时,就其转让收入额,减除个人取得该股份时实际支付的费用支出和合理转让费用后的余额,按"财产转让所得"项目计征个人所得税。

9. 偶然所得

偶然所得,是指个人得奖、中奖、中彩以及其他偶然性质的所得。得奖是指参加各种有奖竞赛活动,取得名次得到的奖金;中奖、中彩是指参加各种有奖活动,如有奖销售、有奖储蓄或者购买彩票,经过规定程序,抽中、摇中号码而取得的奖金。偶然所得应缴纳的个人所得税税款,一律由发奖单位或机构代扣代缴。

个人取得的所得,难以界定应纳税所得项目的,由国务院税务主管部门确定。

三、个人所得税的税率

个人所得税实行分类税率,即对不同的所得项目,分别采用超额累进税率和比率税率两种形式。

(一) 工资、薪金所得适用税率

工资、薪金所得,适用七级超额累进税率,税率为3%～45%,如表6-1所示。

表6-1　工资、薪金所得个人所得税税率表

级数	月应纳税所得额	税率	速算扣除数
1	不超过3 000元的	3%	0
2	超过3 000元至12 000元的部分	10%	210
3	超过12 000元至25 000元的部分	20%	1 410
4	超过25 000元至35 000元的部分	25%	2 660
5	超过35 000元至55 000元的部分	30%	4 410
6	超过55 000元至80 000元的部分	35%	7 160
7	超过80 000元的部分	45%	15 160

(二) 个体工商户的生产、经营所得和对企事业单位的承包经营、承租经营所得适用税率

1. 个体工商户的生产、经营所得和对企事业单位的承包经营、承租经营所得适用税率

个体工商户的生产、经营所得和对企事业单位的承包经营、承租经营所得适用5%～35%的五级超额累进税率,如表6-2所示。

表6-2　个体工商户的生产、经营所得和对企事业单位的承包经营、承租经营所得个人所得税税率表

级数	全年应纳税所得额	税率	速算扣除数
1	不超过30 000元的	5%	0
2	超过30 000元至90 000元的部分	10%	1 500
3	超过90 000元至300 000元的部分	20%	10 500
4	超过300 000元至500 000元的部分	30%	40 500
5	超过500 000元的部分	35%	65 500

2. 个人独资企业和合伙企业的个人投资者取得的生产经营所得适用税率

个人独资企业和合伙企业的个人投资者取得的生产经营所得也适用5%～35%的五级超额累进税率。

(三) 稿酬所得适用税率

稿酬所得适用比例税率，税率为20%，并按应纳税额减征30%，其实际税率为14%。

(四) 劳务报酬所得适用税率

劳务报酬所得适用比例税率，税率为20%。对劳务报酬所得一次收入畸高的，可以实行加成征收，具体办法由国务院规定。

所谓"劳务报酬所得一次收入畸高"，是指个人一次取得劳务报酬，其应纳税所得额超过20 000元。对应纳税所得额超过20 000～50 000元的部分，依照税法规定计算应纳税额后再按照应纳税额加征五成；超过50 000元的部分，加征十成。因此，劳务报酬所得实际上适用20%、30%、40%的三级超额累进税率，如表6-3所示。

表6-3　劳务报酬所得个人所得税税率表

级数	每次应纳税所得额	税率	速算扣除数
1	不超过20 000元的部分	20%	0
2	超过20 000～50 000元的部分	30%	2 000
3	超过50 000元的部分	40%	7 000

注：本表所称每次应纳税所得额，是指每次收入额减除费用800元(每次收入额不超过4 000元时)或者减除20%的费用(每次收入额超过4 000元时)后的余额。

(五) 特许权使用费所得，利息、股息、红利所得，财产租赁所得，财产转让所得，偶然所得和其他所得适用税率

特许权使用费所得，利息、股息、红利所得，财产租赁所得，财产转让所得，偶然所得和其他所得，适用比例税率，税率为20%。

四、个人所得税的减免规定

(一) 免征个人所得税的优惠

(1) 省级人民政府、国务院部委和中国人民解放军军以上单位，以及外国组织颁发(颁布)的科学、教育、技术、文化、卫生、体育和环境保护等方面的奖金(奖学金)。

对个人获得的下列奖项的奖金收入，视为省级人民政府、国务院部委和中国人民解放军军以上单位，以及外国组织颁发(颁布)的科学、教育、技术、文化、卫生、体育和环境保护等方面的奖金(奖学金)，免征个人所得税。

(2) 国债和国家发行的金融债券利息。国债利息是指个人持有中华人民共和国财政部发行的债券而取得的利息所得和2012年及以后年度发行的地方政府债券(以省、自治区、直辖市和计划单列市政府为发行和偿还主体)利息所得；国家发行的金融债券利息是指个人持有经国务院批准发行的金融债券而取得的利息所得。

(3) 按照国家统一规定发给的补贴、津贴。按照国家统一规定发给的补贴、津贴，是指按照国务院规定发给的政府特殊津贴、院士津贴，以及国务院规定免予缴纳个人所得税的其他补贴、津贴。

(4) 福利费、抚恤金、救济金。福利费是指根据国家有关规定,从企业、事业单位、国家机关、社会团体提留的福利费或者工会经费中支付给个人的生活补助费;救济金是指各级人民政府民政部门支付给个人的生活困难补助费。

(5) 保险赔款。

(6) 军人的转业费、复员费。对退役士兵按照《退役士兵安置条例》规定,取得的一次性退役金以及地方政府发放的一次性经济补助,免征个人所得税。

(7) 按照国家统一规定发给干部、职工的安家费、退职费、退休工资、离休工资、离休生活补助费。

(8) 依照我国有关法律规定应予免税的各国驻华使馆、领事馆的外交代表、领事官员和其他人员的所得。

上述"所得",是指依照《中华人民共和国外交特权与豁免条例》和《中华人民共和国领事特权与豁免条例》规定免税的所得。

(9) 中国政府参加的国际公约以及签订的协议中规定免税的所得。

(10) 对乡、镇(含乡、镇)以上人民政府或经县(含县)以上人民政府主管部门批准成立的有机构、有章程的见义勇为基金或者类似性质组织,奖励见义勇为者的奖金或奖品,经主管税务机关核准,免征个人所得税。

(11) 企业和个人按照省级以上人民政府规定的比例缴付的住房公积金、医疗保险金、基本养老保险金和失业保险金,允许在个人应纳税所得额中扣除,免予征收个人所得税。超过规定的比例缴付的部分并入个人当期的工资、薪金收入,计征个人所得税。

个人领取原提存的住房公积金、医疗保险金、基本养老保险金时,免予征收个人所得税。

对按照国家或省级地方政府规定的比例缴付的住房公积金、医疗保险金、基本养老保险金和失业保险金存入银行个人账户所取得的利息收入,免征个人所得税。

(12) 对个人取得的教育储蓄存款利息所得以及国务院财政部门确定的其他专项储蓄存款或者储蓄性专项基金存款的利息所得,免征个人所得税。自2008年10月9日起,对居民储蓄存款利息,暂免征收个人所得税。

(13) 储蓄机构内从事代扣代缴工作的办税人员取得的扣缴利息税手续费所得,免征个人所得税。

(14) 生育妇女按照县级以上人民政府根据国家有关规定制定的生育保险办法,取得的生育津贴、生育医疗费或其他属于生育保险性质的津贴、补贴,免征个人所得税。

(15) 对工伤职工及其近亲属按照《工伤保险条例》规定取得的工伤保险待遇,免征个人所得税。工伤保险待遇包括工伤职工按照该条例规定取得的一次性伤残补助金、伤残津贴、一次性工伤医疗补助金、一次性伤残就业补助金、工伤医疗待遇、住院伙食补助费、外地就医交通食宿费用、工伤康复费用、辅助器具费用、生活护理费等,以及职工因工死亡,其近亲属按照该条例规定取得的丧葬补助金、供养亲属抚恤金和一次性工亡补助金等。

(16) 对个体工商户或个人,以及个人独资企业和合伙企业从事种植业、养殖业、饲养业和捕捞业(以下简称"四业"),取得的"四业"所得暂不征收个人所得税。

(17) 个人举报、协查各种违法、犯罪行为而获得的奖金。

(18) 个人办理代扣代缴税款手续,按规定取得的扣缴手续费。

(19) 个人转让自用达5年以上并且是唯一的家庭居住用房取得的所得。

(20) 对按《国务院关于高级专家离休退休若干问题的暂行规定》和《国务院办公厅关于杰

出高级专家暂缓离休审批问题的通知》精神，达到离休、退休年龄，但确因工作需要，适当延长离休、退休年龄的高级专家，其在延长离休、退休期间的工资、薪金所得，视同退休工资、离休工资免征个人所得税。

(21) 外籍个人从外商投资企业取得的股息、红利所得。

(22) 凡符合下列条件之一的外籍专家取得的工资、薪金所得可免征个人所得税：①根据世界银行专项贷款协议由世界银行直接派往我国工作的外国专家。②联合国组织直接派往我国工作的专家。③为联合国援助项目来华工作的专家。④援助国派往我国专为该国无偿援助项目工作的专家，除工资、薪金外，其取得的生活津贴也免税。⑤根据两国政府签订文化交流项目来华工作2年以内的文教专家，其工资、薪金所得由该国负担的。此外，外国来华文教专家，在我国服务期间，由我方发工资、薪金，并对其住房、使用汽车、医疗实行免费“三包”，可只就工资、薪金所得按照税法规定征收个人所得税；对我方免费提供的住房、使用汽车、医疗，可免予计算纳税。⑥根据我国大专院校国际交流项目来华工作2年以内的文教专家，其工资、薪金所得由该国负担的。⑦通过民间科研协定来华工作的专家，其工资、薪金所得由该国政府机构负担的。

(23) 股权分置改革中非流通股股东通过对价方式向流通股股东支付的股份、现金等收入，暂免征收流通股股东应缴纳的个人所得税。

(24) 对被拆迁人按照国家有关城镇房屋拆迁管理办法规定的标准取得的拆迁补偿款(含因棚户区改造而取得的拆迁补偿款)，免征个人所得税。

(25) 对个人投资者从投保基金公司取得的行政和解金，暂免征收个人所得税。

(26) 对个人转让上市公司股票取得的所得暂免征收个人所得税。自2008年10月9日起，对证券市场个人投资者取得的证券交易结算资金利息所得，暂免征收个人所得税，即证券市场个人投资者的证券交易结算资金在2008年10月9日后(含10月9日)孳生的利息所得，暂免征收个人所得税。

(27) 个人从公开发行和转让市场取得的上市公司股票，持股期限超过1年的，股息红利所得暂免征收个人所得税。个人从公开发行和转让市场取得的上市公司股票，持股期限在1个月以内(含1个月)的，其股息红利所得全额计入应纳税所得额；持股期限在1个月以上至1年(含1年)的，暂减按50%计入应纳税所得额；上述所得统一适用20%的税率计征个人所得税。本规定自2015年9月8日起施行。

自2019年7月1日起至2024年6月30日止，全国中小企业股份转让系统挂牌公司股息红利差别化个人所得税政策也按上述政策执行。

(28) 个人取得的下列中奖所得，暂免征收个人所得税：①单张有奖发票奖金所得不超过800元(含800元)的，暂免征收个人所得税；个人取得单张有奖发票奖金所得超过800元的，应全额按照个人所得税法规定的“偶然所得”目征收个人所得税。②购买社会福利有奖募捐奖券、体育彩票一次中奖收入不超过10 000元的暂免征收个人所得税，对一次中奖收入超过10 000元的，应按税法规定全额征税。

(29) 乡镇企业的职工和农民取得的青苗补偿费，属种植业的收益范围，同时，也属经济损失的补偿性收入，暂不征收个人所得税。

(30) 对由亚洲开发银行支付给我国公民或国民(包括为亚行执行任务的专家)的薪金和津贴，凡经亚洲开发银行确认这些人员为亚洲开发银行雇员或执行项目专家的，其取得的符合我国税法规定的有关薪金和津贴等报酬，免征个人所得税。

(31) 自原油期货对外开放之日起，对境外个人投资者投资中国境内原油期货取得的所得，3年内暂免征收个人所得税。

(32) 自2018年1月1日至2020年12月31日，对易地扶贫搬迁贫困人口按规定取得的住房建设补助资金、拆旧复垦奖励资金等与易地扶贫搬迁相关的货币化补偿和易地扶贫搬迁安置住房(以下简称安置住房)，免征个人所得税。

(33) 经国务院财政部门批准免税的所得。

(二) 减征个人所得税的优惠

(1) 个人投资者持有2019～2023年发行的铁路债券取得的利息收入，减按50%计入应纳税所得额计算征收个人所得税。税款由兑付机构在向个人投资者兑付利息时代扣代缴。铁路债券是指以中国铁路总公司为发行和偿还主体的债券，包括中国铁路建设债券、中期票据、短期融资券等债务融资工具。

(2) 自2019年1月1日起至2023年12月31日，一个纳税年度内在船航行时间累计满183天的远洋船员，其取得的工资薪金收入减按50%计入应纳税所得额，依法缴纳个人所得税。

所称的远洋船员，是指在海事管理部门依法登记注册的国际航行船舶船员和在渔业管理部门依法登记注册的远洋渔业船员。在船航行时间是指远洋船员在国际航行或作业船舶和远洋渔业船舶上的工作天数。一个纳税年度内的在船航行时间为一个纳税年度内在船航行时间的累计天数。远洋船员可选择在当年预扣预缴税款或者次年个人所得税汇算清缴时享受上述减征优惠政策。

(3) 有下列情形之一的，可以减征个人所得税，具体幅度和期限，由省、自治区、直辖市人民政府规定，并报同级人民代表大会常务委员会备案：①残疾、孤老人员和烈属的所得。②因严重自然灾害造成重大损失的。

国务院可以规定其他减税情形，报全国人民代表大会常务委员会备案。

第二讲　个人所得税的计算

【知识要点】

由于个人所得税实行分项计税的办法，所得税项目的性质不同，其适用税率、费用扣除标准及计税方法也有所不同。

一、居民个人综合所得应纳税额的计算

首先，工资、薪金所得全额计入收入额；而劳务报酬所得、特许权使用费所得的收入额为实际取得劳务报酬、特许权使用费收入的80%；此外，稿酬所得的收入额在扣除20%费用基础上，再减按70%计算，即稿酬所得的收入额为实际取得稿酬收入的56%。

其次，居民个人的综合所得，以每一纳税年度的收入额减除费用6万元以及专项扣除、专项附加扣除和依法确定的其他扣除后的余额，为应纳税所得额。

居民个人综合所得应纳税额的计算公式为：

应纳税额＝全年应纳税所得额×适用税率－速算扣除数

＝(全年收入额－60 000元－社保、住房公积金费用－享受的专项附加扣除－享受的其他扣除)×适用税率－速算扣除数

【技能操作】

【例 6-1】 假定某居民个人纳税人 2019 年扣除“三险一金”后共取得含税工资收入 12 万元，除住房贷款专项附加扣除外，该纳税人不享受其余专项附加扣除和税法规定的其他扣除。计算其当年应纳个人所得税税额。

(1) 全年应纳税所得=120 000−60 000 −12 000=48 000（元）

(2) 应纳税额=48 000×10%−2 520=2 280（元）

【技能操作】

【例 6-2】 假定某居民个人纳税人为独生子女，2019 年交完社保和住房公积金后共取得税前工资收入 20 万元，劳务报酬 1 万元，稿酬 1 万元。该纳税人有 2 个小孩且均由其扣除子女教育专项附加，纳税人的父母健在且均已年满 60 岁。计算其当年应纳个人所得税税额。综合所得个人所得税税率表，如表 6-4 所示。

(1) 全年应纳税所得=200 000+10 000×(1−20%) +10 000 × 70%
×(1−20%)−60 000−12 000×2−24 000
=213 600−108 000=105 600（元）

(2) 应纳税额:105 600×10%−2 520 =8 040（元）

表 6-4 综合所得个人所得税税率表(含速算扣除数)

级数	全年应纳税所得额	税率	速算扣除数
1	不超过 36 000 元的	3%	0
2	超过 36 000 元至 144 000 元的部分	10%	2 520
3	超过 144 000 元至 300 000 元的部分	20%	16 920
4	超过 300 000 元至 420 000 元的部分	25%	31 920
5	超过 420 000 元至 660 000 元的部分	30%	52 920
6	超过 660 000 元至 960 000 元的部分	35%	85 920
7	超过 960 000 元的部分	45%	181 920

二、非居民个人取得工资、薪金所得，劳务报酬所得，稿酬所得和特许权使用费所得应纳税额的计算

首先，要明确的是，同居民个人取得的劳务报酬所得、稿酬所得和特许权使用费所得一样，非居民个人取得的这些项目的所得同样适用劳务报酬所得、稿酬所得、特许权使用费所得以收入减除 20%的费用后的余额为收入额；稿酬所得的收入额减按 70%计算的规定。

非居民个人的工资、薪金所得，以每月收入额减除费用 5 000 元后的余额为应纳税所得额；劳务报酬所得、稿酬所得、特许权使用费所得，以每次收入额为应纳税所得额。税率表，如表 6-5 所示。

表 6-5　　非居民个人工资、薪金所得，劳务报酬所得，稿酬所得，特许权使用费所得适用税率表

级数	应纳税所得额	税率	速算扣除数
1	不超过 3 000 元的	3%	0
2	超过 3 000 元至 12 000 元的部分	10%	210
3	超过 12 000 元至 25 000 元的部分	20%	1 410
4	超过 25 000 元至 35 000 元的部分	25%	2 660
5	超过 35 000 元至 55 000 元的部分	30%	4 410
6	超过 55 000 元至 80 000 元的部分	35%	7 160
7	超过 80 000 元的部分	45%	15 160

【技能操作】

【例 6-3】 假定某外商投资企业中工作的美国专家(假设为非居民纳税人)，2019 年 2 月取得由该企业发放的含税工资收入 10 400 元人民币，此外还从别处取得劳务报酬 5 000 元人民币。请计算当月其应纳个人所得税税额。

(1) 该非居民个人当月工资、薪金所得应纳税额＝(10 400－5 000)×10%－210＝330(元)

(2) 该非居民个人当月劳务报酬所得应纳税额＝5 000×(1－20%)×10%－210＝190(元)

三、经营所得应纳税额的计算

经营所得应纳税额的计算公式为：

应纳税额＝全年应纳税所得额×适用税率－速算扣除数

或　　　＝(全年收入总额－成本、费用以及损失)×适用税率－速算扣除数

同居民个人综合所得应纳税额的计算一样，利用税法中给出的经营所得税率表，换算得到包含速算扣除数的经营所得适用税率表，如表 6-2 所示。

(一) 个体工商户应纳税额的计算

个体工商户应纳税所得额的计算，以权责发生制为原则，属于当期的收入和费用，不论款项是否收付，均作为当期的收入和费用；不属于当期的收入和费用，即使款项已经在当期收付，均不作为当期收入和费用。财政部、国家税务总局另有规定的除外。

【技能操作】

【例 6-4】 某小型运输公司系个体工商户，账证健全，2019 年 12 月取得经营收入为 320 000 元，准许扣除的当月成本、费用(不含业主工资)及相关税金共计 250 600 元。1～11 月累计应纳税所得额 88 400 元(未扣除业主费用减除标准)，1～11 月累计已预缴个人所得税 10 200 元。除经营所得外，业主本人没有其他收入，且 2019 年全年均享受赡养老一项专项附加扣除。不考虑专项扣除和符合税法规定的其他扣除，请计算该个体工商户就 2019 年度汇算清缴时应申请的个人所得税退税额。

纳税人取得经营所得，按年计算个人所得税，由纳税人在月度或季度终了后 15 日内，向经营管理所在地主管税务机关办理预缴纳税申报；在取得所得的次年 3 月 31 日前，向经营管理所在地主管税务机关办理汇算清缴。因此，按照税收法律、法规和文件规定，先计算全年应纳税所得额，再计算全年应纳税额，并根据全年应纳税额和当年已预缴税额计算出当年度应补

(退)税额。

(1) 全年应纳税所得额＝320 000－250 600＋88 400－60 000－24 000＝73 800(元)

(2) 全年应缴纳个人所得税＝73 800×10%－1 500＝5 880(元)

(3) 该个体工商户 2019 年度应申请的个人所得税退税额＝10 200－5 880＝4 320(元)

(二) 个人独资企业和合伙企业应纳税额的计算

对个人独资企业和合伙企业生产经营所得，其个人所得税应纳税额的计算有查账征税和核定征收两种方法。核定征收方式，包括定额征收、核定应税所得率征收以及其他合理的征收方式。核定征收应税所得率表，如表 6-6 所示。

表 6-6　　个人所得税核定征收应税所得率表

行业	应税所得率
工业、交通运输业、商业	5%～20%
建筑业、房地产开发业	7%～20%
饮食服务业	7%～25%
娱乐业	20%～40%
其他行业	10%～30%

企业经营多业的，无论其经营项目是否单独核算，均应根据其主营项目确定其适用的应税所得率。

四、财产租赁所得应纳税额的计算

(一) 应纳税所得额

财产租赁所得一般以个人每次取得的收入，定额或定率减除规定费用后的余额为应纳税所得额。每次收入不超过 4 000 元，定额减除费用 800 元；每次收入在 4 000 元以上，定率减除 20%的费用。财产租赁所得以 1 个月内取得的收入为一次。

个人出租财产取得的财产租赁收入，在计算缴纳个人所得税时，应依次扣除以下费用：

(1) 财产租赁过程中缴纳的税金和国家能源交通重点建设基金、国家预算调节基金和教育费附加。

(2) 由纳税人负担的该出租财产实际开支的修缮费用。

(3) 税法规定的费用扣除标准。

应纳税所得额的计算公式为：

(1) 每次(月)收入不超过 4 000 元的：

应纳税所得额＝每次(月)收入额－准予扣除项目－修缮费用(800 元为限)－800 元

(2) 每次(月)收入超过 4 000 元的：

应纳税所得额＝[每次(月)收入额－准予扣除项目－修缮费用(800 元为限)]×(1－20%)

(二) 个人房屋转租应纳税额的计算

个人将承租房屋转租取得的租金收入，属于个人所得税应税所得，应按“财产租赁所得”项目计算缴纳个人所得税。

具体规定为：

(1) 取得转租收入的个人向房屋出租方支付的租金,凭房屋租赁合同和合法支付凭据允许在计算个人所得税时,从该项转租收入中扣除。

(2) 有关财产租赁所得个人所得税前扣除税费的扣除次序调整为:①财产租赁过程中缴纳的税费。②向出租方支付的租金。③由纳税人负担的租赁财产实际开支的修缮费用。④税法规定的费用扣除标准。

(三) 应纳税额的计算方法

财产租赁所得适用20%的比例税率。但对个人按市场价格出租的居民住房取得的所得,自2001年1月1日起暂减按10%的税率征收个人所得税。其应纳税额的计算公式为:

应纳税额=应纳税所得额×适用税率

【技能操作】

【例6-5】 刘某于2019年1月将其自有的面积为150平方米的公寓按市场价出租给张某居住。刘某每月取得租金收入4 500元,全年租金收入54 000元。计算刘某全年租金收入应缴纳的个人所得税(不考虑其他税费)。

财产租赁收入以每月内取得的收入为一次,按市场价出租给个人居住适用10%的税率,因此,刘某每月及全年应纳税额为:

(1) 每月应纳税额=4 500×(1-20%)×10%=360 (元)

(2) 全年应纳税额=360×12=4 320 (元)

本例在计算个人所得税时未考虑其他税费。如果对租金收入计征增值税、城市维护建设税、房产税和教育费附加等,还应将其从税前的收入中先扣除后再计算应缴纳的个人所得税。

承[例6-5],假定当年2月因下水道堵塞找人修理,发生修理费用1 000元,有维修部门的正式收据,则2月和3月的应纳税额为:

(1) 2月应纳税额=(4 500-800)×(1-20%)×10%=296 (元)

(2) 3月应纳税额:(4 500-200)×(1-20%)×10%=344 (元)

在实际征税过程中,有时会出现财产租赁所得的纳税人不明确的情况。对此,在确定财产租赁所得纳税人时,应以产权凭证为依据。无产权凭证的,由主管税务机关根据实际情况确定纳税人。如果产权所有人死亡,在未办理产权继承手续期间,该财产出租且有租金收入的,以领取租金收入的个人为纳税人。

五、财产转让所得应纳税额的计算

一般情况下财产转让所得应纳税额的计算

财产转让所得应纳税额的计算公式为:

应纳税额=应纳税所得额×适用税率=(收入总额-财产原值-合理税费)×20%

【技能操作】

【例6-6】 某个人建房一幢,造价360 000元,支付其他费用50 000元。该个人建成后将房屋出售,售价600 000元,在售房过程中按规定支付交易费等相关税费35 000元,其应纳个人所得税税额的计算过程为:

(1) 应纳税所得额=财产转让收入-财产原值-合理费用

=600 000-(360 000+50 000)-35 000=155 000 (元)

(2) 应纳税额＝155 000×20% ＝31 000（元）

六、利息、股息、红利所得和偶然所得应纳税额的计算

利息、股息、红利所得和偶然所得应纳税额的计算公式为：

应纳税额＝应纳税所得额×适用税率＝每次收入额×20%

第三讲　个人所得税的账务处理

【知识要点】

一、个人所得税账务处理设置的账户

对于个人来说，个人所得税的缴纳不涉及账务处理问题。因此，个人所得税的账务处理主要是指企业代扣代缴员工或其他个人所得税所涉及的账务处理，以及个体工商户生产、经营所得缴纳个人所得税的账务处理。

个人所得税的账务处理应通过“应交税费”账户进行核算，根据代扣代缴、自行申报方式的不同，在“应交税费”账户下分别设置“代扣代缴个人所得税”和“应交个人所得税”等明细账户进行明细核算。该账户的贷方登记纳税人计算出代扣代缴的个人所得税、应缴纳的个人所得税；借方登记已缴纳的个人所得税、补交的个人所得税；贷方余额反映本期应缴尚未缴纳的个人所得税，借方余额反映多缴纳的个人所得税。

二、企业代扣代缴个人所得税的账务处理

(一) 工资、薪金所得个人所得税的账务处理

企业作为个人所得税的扣缴义务人，应按规定扣缴职工应缴纳的个人所得税。代扣个人所得税时，借记“应付职工薪酬”账户，贷记“应交税费——代扣代缴个人所得税”账户；缴纳个人所得税时，借记“应交税费——代扣代缴个人所得税”账户，贷记“银行存款”账户。

【技能操作】

【例6-7】 按照合同的约定，甲企业每月为李明发放工资7 000元，且该工资为含税所得。计算甲企业代扣代缴的个人所得税，并进行相应的会计处理。

应纳个人所得税税额＝(7 000－5 000)×3%＝60(元)

甲企业有关会计处理如下：

(1) 代扣个人所得税时：

借：应付职工薪酬	7 000	
贷：库存现金		6 940
应交税费——代扣代缴个人所得税		60

(2) 实际缴纳个人所得税时：

借：应交税费——代扣代缴个人所得税	60	
贷：银行存款		60

(二) 承包、承租经营所得个人所得税的账务处理

承包、承租经营有两种情况，个人所得税也分别涉及两个项目：

(1) 承包、承租人对企业经营成果不拥有所有权，仅是按合同(协议)规定取得一定所得的，其所得按工资、薪金所得项目征税，适用3%～45%的超额累进税率。

(2) 承包、承租人按合同(协议)的规定只向发包、出租方缴纳一定费用后，企业经营成果归其所有的，承包、承租人取得的所得，按对企事业单位的承包经营、承租经营所得项目，适用5%～35%的五级超额累进税率征税。

第一种情况的会计处理方法同工资、薪金所得扣缴所得税的会计处理；第二种情况应由承包、承租人自行申报缴纳个人所得税，发包、出租方不做扣缴所得税的会计处理。

【技能操作】

【例6-8】 2019年，叶某与事业单位签订1年的承包合同，承包经营该事业单位所属的一家招待所。2019年年末，该招待所实现利润总额为20万元，按照承包合同规定，叶某上交费用4万元。

要求：计算叶某当年应缴纳的个人所得税额。

应纳税所得额＝200 000－40 000－5 000×12＝100 000(元)

应纳税额＝100 000×20%－10 500＝9 500(元)

发包、出租方在收到叶某交来的承包费时，做会计分录如下：

借：银行存款	9 500	
贷：其他业务收入		9 500

(三) 财产转让所得个人所得税的账务处理

企业向个人购买固定资产等财产时，代扣代缴的个人所得税应作为企业购建资产的成本，即在购买个人财产时，按应支付的全部价款，借记“固定资产”账户；按代扣代缴的个人所得税税额，贷记“应交税费——代扣代缴个人所得税”账户；按应支付的全部价款减除个人所得税税款后的余额，贷记“银行存款”等账户。缴纳个人所得税时，借记“应交税费——代扣代缴个人所得税”账户，贷记“银行存款”账户。

【技能操作】

【例6-9】 李明将一辆汽车转让给甲企业，取得转让收入40 000元，此汽车购进时的原价为30 000元，转让时支付有关费用1 000元。计算甲企业代扣代缴的个人所得税，并进行相应的会计处理。

应纳个人所得税税额＝(40 000－30 000－1 000)×20%＝1 800(元)

甲企业有关会计处理如下：

(1) 购买汽车时：

借：固定资产	40 000	
贷：应交税费——代扣代缴个人所得税		1 800
银行存款		38 200

(2) 实际缴纳个人所得税时：

借：应交税费——代扣代缴个人所得税　　1 800

　贷：银行存款　　1 800

（四）劳务报酬等所得个人所得税的账务处理

企业支付给个人的劳务报酬、稿酬、特许权使用费、财产租赁费，一般由支付单位在向纳税人支付时代扣代缴个人所得税，借记“管理费用”“财务费用”“销售费用”“应付股利”等账户，贷记“应交税费——代扣代缴个人所得税”“库存现金”等账户；缴纳个人所得税时，借记“应交税费——代扣代缴个人所得税”账户，贷记“银行存款”账户。

（五）向股东支付股利代扣代缴所得税的账务处理

股份公司向法人股东支付股票股利、现金股利时，因法人股东不缴纳个人所得税，所以无代扣代缴问题；若以资本公积转增股本，不属股息、红利的分配，也不涉及个人所得税问题。

公司向个人支付现金股利时，应代扣代缴的个人所得税可从应付现金股利中直接扣除。公司按应支付给个人的现金股利金额，借记“利润分配——未分配利润”账户，贷记“应付股利”账户；当实际支付现金并代扣个人所得税时，借记“应付股利”账户，贷记“库存现金”“应交税费——代扣代缴个人所得税”账户。

三、个体工商户自行申报个人所得税的账务处理

个体工商户生产、经营所得个人所得税的账务处理，通过“留存利润”和“应交税费——应交个人所得税”账户进行核算。在计算应缴纳的个人所得税税款时，借记“留存利润”账户，贷记“应交税费——应交个人所得税”账户；缴纳个人所得税时，借记“应交税费——应交个人所得税”账户，贷记“银行存款”账户。

第四讲　个人所得税的纳税申报

【知识要点】

一、个人所得税的纳税方法

个人所得税的纳税办法有自行纳税和全员全额扣缴申报纳税两种。

（一）全员全额扣缴

全员全额扣缴申报，是指扣缴义务人应当在代扣税款的次月 15 日内，向主管税务机关报送其支付所得的所有个人的有关信息、支付所得数额、扣除事项和数额、扣缴税款的具体数额和总额以及其他相关涉税信息资料。这种方法，有利于控制税源、防止漏税和逃税。

1. 扣缴义务人

凡支付个人应纳税所得的企业（公司）、事业单位、机关、社团组织、军队、驻华机构、个体户等单位或者个人，为个人所得税的扣缴义务人。

2. 代扣代缴的范围

扣缴义务人向个人支付下列所得，应代扣代缴个人所得税：①工资、薪金所得；②对企事业单位的承包经营、承租经营所得；③劳务报酬所得；④稿酬所得；⑤特许权使用费所得；⑥利息、股息、红利所得；⑦财产租赁所得；⑧财产转让所得；⑨偶然所得；⑩经国务院财政部门确定征税的其他所得。

3. 代扣代缴期限

扣缴义务人每月所扣的税款，应当在次月15日内缴入国库，并向主管税务机关报送"扣缴个人所得税报告表"（见表6-8）、代扣代收税款凭证和包括每一纳税人姓名、单位、职务、收入、税款等内容的支付个人收入明细表以及税务机关要求报送的其他有关资料。

（二）自行申报纳税

自行申报纳税是指由纳税人自行在税法规定的纳税期限内，向税务机关申报取得的应税所得项目和数额，如实填写个人所得税纳税申报表，并按照税法规定计算应纳税额，据此缴纳个人所得税的一种方法。

1. 纳税义务人

有下列情形之一的，纳税人自行到主管税务机关办理纳税申报：

（1）年所得12万元以上的。

（2）从中国境内两处或者两处以上取得工资、薪金所得的。

（3）从中国境外取得所得的。

（4）取得应纳税所得，没有扣缴义务人的。

（5）国务院规定的其他情形。

2. 纳税期限

除下列规定的情形外，纳税人应在取得应纳税所得的次月15日内向主管税务机关申报所得并缴纳税款。具体规定如下：

（1）年所得12万元以上的纳税人，在纳税年度终了后3个月内向主管税务机关办理纳税申报。

（2）个体工商户和个人独资、合伙企业投资者取得的生产、经营所得应纳的税款，分月预缴的，纳税人在每月终了后15日内办理纳税申报；分季预缴的，纳税人在每个季度终了后15日内办理纳税申报；纳税年度终了后，纳税人在3个月内进行汇算清缴。

（3）纳税人年终一次性取得对企事业单位的承包经营、承租经营所得的，自取得所得之日起30日内办理纳税申报；在1个纳税年度内分次取得承包经营、承租经营所得的，在每次取得所得后的次月15日内申报预缴；在纳税年度终了后3个月内汇算清缴，多退少补。

（4）从中国境外取得所得的纳税人，在纳税年度终了后30日内向中国境内主管税务机关办理纳税申报。

3. 申报地点

自行申报纳税地点一般应为收入来源地的主管税务机关。但是，纳税人在两处或两处以上取得工资、薪金的，可选择并固定在一地税务机关申报纳税；从境外取得所得的，应向境内户籍所在地或经常居住地税务机关申报纳税。

4. 申报方式

申报纳税方式主要有三种，即由本人直接申报纳税、委托他人代为申报纳税以及采用邮寄方式在规定的申报期限内申报纳税。

二、个人所得税纳税申报表的编制

为进一步优化纳税服务、明晰纳税人的权利与义务、加强个人所得税分类专业化管理，国家税务总局特对个人所得税申报表进行了重新修订，并自2013年8月1日起执行。修订后，个人所得税申报表将简化至12张，修订后个人所得税申报表简表类别，如表6-7所示。

表 6-7 修订后个人所得税申报表使用简表

序号	申报表名称	适用范围	申报期限	申报类型
1	个人所得税基础信息表(A表)	适用于扣缴义务人办理全员全额扣缴申报纳税人基础信息的填报	次月15日内	基础信息登记类
2	个人所得税基础信息表(B表)	适用于个人所得税自行纳税申报纳税人基础信息的填报	随自行申报表报送	
3	扣缴个人所得税报告表	适用于扣缴义务人办理全员全额扣缴个人所得税的申报,包括特定行业职工工资、薪金所得个人所得税的月份申报	次月15日内	扣缴申报类
4	特定行业个人所得税年度申报表	适用于特定行业职工工资、薪金所得个人所得税的年度申报	年度终了之日起30日内	
5	限售股转让所得扣缴个人所得税报告表	适用于证券机构预扣预缴,或者直接代扣代缴限售股转让所得个人所得税的申报	次月15日内	
6	个人所得税自行纳税申报表(A表)	适用于"从中国境内两处或者两处以上取得工资、薪金所得的""取得应纳税所得,没有扣缴义务人的",以及"国务院规定的其他情形"的纳税人的纳税申报	次月15日内	自然人纳税人自行纳税申报类
7	个人所得税纳税申报表(B表)	适用于"从中国境外取得所得的"纳税人的纳税申报	年度终了后30日内	
8	个人所得税纳税申报表(适用于年所得12万元以上的纳税人申报)	适用于年所得12万元以上的纳税人申报	年度终了后3个月内	
9	限售股转让所得个人所得税清算申报表	适用于纳税人取得限售股转让所得已预扣预缴个人所得税税款的清算申报	税款被代扣并解缴的次月1日起3个月内	
10	生产、经营所得个人所得税纳税申报表(A表)	适用于查账征收个人所得税的个体工商户、企事业单位的承包承租经营者、个人独资企业投资人和合伙企业合伙人的预缴纳税申报,以及实行核定征收的纳税申报	承包承租所得:每月或每次所得后的15日内 其他:次月15日内	生产、经营纳税人自行纳税申报类
11	生产、经营所得个人所得税纳税申报表(B表)	适用于查账征收的个体工商户、承包承租经营者、个人独资企业投资者和合伙企业合伙人的个人所得税年度汇算清缴	承包承租所得分不同情况:年度终了后30日或年度终了3个月内 其他:年度终了后3个月内	
12	生产、经营所得投资者个人所得税年度汇总纳税申报表	适用于投资者兴办两个或两个以上个体工商户、承包承租企事业单位、个人独资企业、合伙企业,且各投资单位均实行查账征收,其取得的生产经营所得的年度汇总纳税申报	年度终了后3个月内	

表 6-8

扣缴个人所得税报告表

税款所属期：　　年　月　日至　　年　月　日

扣缴义务人名称：　　　　　　　　　　　　　　　　扣缴义务人所属行业：□一般行业　□特定行业月份申报

扣缴义务人编码：□□□□□□□□□□□□□□□□□□□　　　　金额单位：人民币元(列至角分)

序号	姓名	身份证件类型	身份证件号码	所得项目	所得期间	收入额	免税所得	税前扣除项目								减除费用	准予扣除的捐赠额	应纳税所得额	税率(%)	速算扣除数	应纳税额	减免税额	应扣缴税额	已扣缴税额	应补(退)税额	备注
								基本养老保险费	基本医疗保险费	失业保险费	住房公积金	财产原值	允许扣除的税费	其他	合计											
1	2	3	4	5	6	7	8	9	10	11	12	13	14	15	16	17	18	19	20	21	22	23	24	25	26	27
合计																										

谨声明：此扣缴报告表是根据《中华人民共和国个人所得税法》及其实施条例和国家有关税收法律法规规定填写的，是真实的、完整的、可靠的。

法定代表人(负责人)签字：　　　　年　月　日

扣缴义务人公章： 经办人：	代理机构(人)签章： 经办人： 经办人执业证件号码：	主管税务机关受理专用章： 受理人：
填表日期：　年　月　日	代理申报日期：　年　月　日	受理日期：　年　月　日

国家税务总局监制

填表说明：

1. 税款所属期：为税款所属期月份第一日至最后一日。

2. 扣缴义务人名称：填写实际支付个人所得的单位（个人）的法定名称全称或姓名。

3. 扣缴义务人编码：填写办理税务登记或扣缴登记时，由主管税务机关所确定的扣缴义务人税务编码。

4. 扣缴义务人所属行业：扣缴义务人按以下两种情形在对应框内打“√”。

(1) 一般行业：指除《中华人民共和国个人所得税法》及其实施条例规定的特定行业以外的其他所有行业。

(2) 特定行业：指符合《中华人民共和国个人所得税法》及其实施条例规定的采掘业、远洋运输业、远洋捕捞业以及国务院财政、税务主管部门确定的其他行业。

5. 一般行业的填写

(1) 第 2 列“姓名”：填写纳税人姓名。中国境内无住所个人，其姓名应当用中、外文同时填写。

(2) 第 3 列“身份证件类型”：填写能识别纳税人唯一身份的有效证件名称。

① 在中国境内有住所的个人，填写身份证、军官证、士兵证等证件名称。

② 在中国境内无住所的个人，如果税务机关已赋予 18 位纳税人识别号的，填写“税务机关赋予”；如果税务机关未赋予的，填写护照、港澳居民来往内地通行证、台湾居民来往大陆通行证等证件名称。

(3) 第 4 列“身份证件号码”：填写能识别纳税人唯一身份的号码。

① 在中国境内有住所的纳税人，填写身份证、军官证、士兵证等证件上的号码。

② 在中国境内无住所的纳税人，如果税务机关赋予 18 位纳税人识别号的，填写该号码；没有，则填写护照、港澳居民来往内地通行证、台湾居民来往大陆通行证等证件上的号码。

税务机关赋予境内无住所个人的 18 位纳税人识别号，作为其唯一身份识别码，由纳税人到主管税务机关办理初次涉税事项，或扣缴义务人办理该纳税人初次扣缴申报时，由主管税务机关赋予。

(4) 第 5 列“所得项目”：按照税法第二条规定的项目填写。同一纳税人有多项所得时，分行填写。

(5) 第 6 列“所得期间”：填写扣缴义务人支付所得的时间。

(6) 第 7 列“收入额”：填写纳税人实际取得的全部收入额。

(7) 第 8 列“免税所得”：是指税法第四条规定可以免税的所得。

(8) 第 9～16 列“税前扣除项目”：是指按照税法及其他法律法规规定，可在税前扣除的项目。

(9) 第 17 列“减除费用”：是指税法第六条规定可以在税前减除的费用；没有的，则不填。

(10) 第 18 列“准予扣除的捐赠额”：是指按照税法及其实施条例和相关税收政策规定，可以在税前扣除的捐赠额。

(11) 第 19 列“应纳税所得额”：根据相关列次计算填报。第 19 列＝第 7 列－第 8 列－第 16 列－第 17 列－第 18 列。

(12) 第 20 列“税率(%)”及第 21 列“速算扣除数”：按照税法第三条规定填写。部分所得项目没有速算扣除数的，则不填。

(13) 第 22 列“应纳税额”：根据相关列次计算填报。第 22 列＝第 19 列×第 20 列－第 21 列。

(14) 第 23 列“减免税额”：是指符合税法规定可以减免的税额。其中，纳税人取得“稿酬所得”时，其根据税法第三条规定可按应纳税额减征的 30%，填入此栏。

(15) 第 24 列“应扣缴税额”：根据相关列次计算填报。第 24 列＝第 22 列－第 23 列。

(16) 第 25 列“已扣缴税额”：是指扣缴义务人当期实际扣缴的个人所得税税款。

(17) 第 26 列“应补(退)税额”：根据相关列次计算填报。第 26 列＝第 24 列－第 25 列。

(18) 第 27 列“备注”：填写非本单位雇员、非本期收入及其他有关说明事项。

(19)对不是按月发放的工资薪金所得，其适用“工资、薪金所得”个人所得税的填报，则不完全按照上述逻辑关系填写。

6. 特定行业月份申报的填写

(1) 第 2～6 列的填写：同上“一般行业”的填写。

(2) 第7～19列、第22～26列的数据口径同上"一般行业"对应项目，金额按以下原则填写。

① 第7列"收入额"：是指本月实际发放的全部收入额。

② 第8～16列的填写：填写当月实际发生额。

③ 第17列"减除费用"：是指税法第六条规定可以在税前减除的费用额；没有的，则不填。

④ 第18列"准予扣除的捐赠额"：准予扣除的捐赠额，按纳税人捐赠月份的实际收入额计算。

⑤ 第19列"应纳税所得额"：根据相关列次计算填报。第19列＝第7列－第8列－第16列－第17列－第18列。

⑥ 第20列"税率(%)"及第21列"速算扣除数"：按照税法第三条规定填写。

⑦ 第22列"应纳税额"：特定行业个人所得税月份申报时，"应纳税额"为预缴所得税额。根据相关列次计算填报。第22列＝第19列×第20列－第21列。

单元测试

一、单项选择题

1. 下列各项中，属于个人所得税居民纳税人的是(　　)。

A. 在中国境内无住所，但一个纳税年度中在中国境内居住满183天的个人

B. 在中国境内无住所且不居住的个人

C. 在中国境内无住所，而在境内居住超过6个月不满1年的个人

D. 在中国境内无住所但居住的个人

2. 根据个人所得税法律制度的规定，在中国境内无住所但取得所得的下列外籍个人中，属于居民纳税人的是(　　)。

A. M国甲，在华工作6个月

B. N国乙，2020年5月10日入境，2020年10月10日离境

C. X国丙，2019年10月1日入境，2020年12月31日离境，其间临时离境28天

D. Y国丁，2019年3月1日入境，2020年3月1日离境，其间临时离境200天

3. 根据个人所得税法律制度的规定，下列各项中，属于工资、薪金所得项目的是(　　)。

A. 年终加薪　　B. 托儿补助费　　C. 独生子女补贴　　D. 差旅费津贴

4. 下列各项中，按"个体工商户生产、经营所得"税目缴纳个人所得税的是(　　)。

A. 个人独资企业的投资者以独资企业资本金进行个人消费

B. 股份制企业以盈余公积转增股本，个人股东获利部分

C. 股份制企业的个人投资者以该企业的资本金进行个人消费

D. 股份制企业的个人投资者从该企业借款，超过12个月仍未归还的借款

5. 下列收入中，应按"劳务报酬所得"税目缴纳个人所得税的是(　　)。

A. 在其他单位兼职取得的收入　　B. 退休后再受雇取得的收入

C. 在任职单位取得董事费收入　　D. 个人购买彩票取得的中奖收入

6. 某人接受一家公司委托，将外文资料译成中文。该人此项业务所得应按(　　)税目计算缴纳个人所得税。

A. "工资、薪金所得"　　B. "劳务报酬所得"

C. "稿酬所得"　　D. "特许权使用费所得"

7. 根据个人所得税法律制度的规定，下列从事非雇佣劳动取得的收入中，应按"稿酬所

得”税目缴纳个人所得税的是( )。

A. 审稿收入 B. 翻译收入 C. 题字收入 D. 出版作品收入

8. 作家马某2019年12月从某电视剧制作中心取得剧本使用费50 000元。关于马某该项收入计缴个人所得税的下列表述中,正确的是( )。

A. 应按“稿酬所得”税目计缴个人所得税

B. 应按“工资、薪金所得”税目计缴个人所得税

C. 应按“劳务报酬所得”税目计缴个人所得税

D. 应按“特许权使用费所得”税目计缴个人所得税

9. 下列各项个人所得中,不应当征收个人所得税的是( )。

A. 企业集资利息 B. 从股份公司取得股息

C. 企业债券利息 D. 国家发行的金融债券利息

10. 根据个人所得税法律制度的规定,个人转让房屋所得应适用的税目是( )。

A.“财产转让所得” B.“特许权使用费所得”

C.“偶然所得” D.“劳务报酬所得”

11. 某画家2019年8月将其精选的书画作品交由某出版社出版,从出版社取得报酬10万元。该笔报酬在缴纳个人所得税时适用的税目是( )。

A.“工资薪金所得” B.“劳务报酬所得”

C.“稿酬所得” D.“特许权使用费所得”

12. 下列各项中,不适用5%～35%的五级超额累进税率征收个人所得税的是( )。

A. 个体工商户的生产经营所得 B. 合伙企业的生产经营所得

C. 个人劳务报酬所得 D. 对企事业单位的承包经营、承租经营所得

13. 下列项目中,应予以免税的是( )。

A. 单位职工年终奖金 B. 购买公司债券利息所得

C. 被评为先进的奖金 D. 保险赔款

14. 韩国居民崔先生受其供职的境外公司委派,来华从事设备安装调试工作,在华停留60天,期间取得境外公司支付的工资40 000元,取得中国体育彩票中奖收入20 000元。崔先生应在中国缴纳个人所得税( )元。

A. 4 000 B. 5 650 C. 9 650 D. 10 250

15. 下列各项中,以取得的收入为应纳税所得额直接计征个人所得税的是( )。

A. 稿酬所得 B. 偶然所得 C. 工资薪金所得 D. 特许权使用费所得

16. 某大学教授2019年5月编写教材一本并出版发行,获得稿酬9 600元;2019年因加印又获得稿酬5 000元。该教授所得稿酬应缴纳个人所得税( )元。

A. 1 635.2 B. 2 195.2 C. 2 044 D. 2 744

17. 根据我国税法规定,在计算所得税时允许进行费用扣除的项目是( )。

A. 利息所得 B. 稿酬所得 C. 偶然所得 D. 股息、红利所得

18. 甲、乙两人合著一本书,共获得稿酬9 000元,其中甲分得6 000元,乙分得3 000元。则甲应缴纳的个人所得税为( )元。

A. 308 B. 672 C. 542 D. 300

19. 某歌星“走穴”演出,一次性获得演出费40 000元,其应该缴纳的个人所得税为( )元。

A. 7 600　　B. 7 800　　C. 32 000　　D. 8 400

20. 个人在中国境内两处或两处以上取得应税所得的，个人所得税自行申报的纳税地点是(　　)。

A. 收入来源地　　B. 税务局指定地点

C. 纳税人户籍所在地　　D. 纳税人选择并固定一地

21. 单位代扣员工工资应缴纳的个人所得税税额，正确的会计分录是(　　)。

A. 借：应付职工薪酬
　贷：应交税费——代扣代缴个人所得税

B. 借：管理费用
　贷：应交税费——代扣代缴个人所得税

C. 借：生产成本
　贷：应交税费——代扣代缴个人所得税

D. 借：销售费用
　贷：应交税费——代扣代缴个人所得税

二、多项选择题

1. 下列属于居民纳税人的自然人有(　　)。

A. 在中国境内无住所且不居住，但有来源于中国境内的所得

B. 在中国境内有住所

C. 在中国境内有住所，但居住时间不满 183 天

D. 在中国境内有住所，但目前在美国留学

2. 根据个人所得税法律制度的规定，下列各项中，应当按照工资、薪金所得征收个人所得税的有(　　)。

A. 劳动分红　　B. 年终加薪　　C. 独生子女补贴　　D. 加班费

3. 下列属于个人所得税劳务报酬所得的有(　　)。

A. 笔译翻译收入　　B. 审稿收入　　C. 现场书画收入　　D. 雕刻收入

4. 下列所得中，应按照“稿酬所得”税目缴纳个人所得税的有(　　)。

A. 书法家为企业题字获得的报酬

B. 报社印刷车间工作人员在该社报纸发表作品获得的报酬

C. 电视剧制作中心的编剧编写剧本获得的报酬

D. 出版社的专业作者翻译的小说由该出版社出版获得的报酬

5. 下列所得中，应按照“其他所得”税目缴纳个人所得税的有(　　)。

A. 个人接受好友无偿赠与房产的所得

B. 个人获得由银行支付的超过国家利率的揽储奖金

C. 个人在广告设计和发布过程中提供名义和形象取得的所得

D. 个人转让专利权过程中获得的违约金

6. 下列所得中，应按照“工资、薪金所得”税目缴纳个人所得税的有(　　)。

A. 编剧从任职单位取得的剧本使用费

B. 雇主为员工购买的商业性补充养老保险

C. 个人从任职的上市公司取得的股票增值权所得

D. 出版社的专业作者撰写的作品，由本社以图书形式出版所得

7. 某高校退休职工张某 11 月份取得的下列收入中，可以免缴个人所得税的有(　　)。

A. 工资 4 500 元　　B. 国债利息收入 1 000 元

C. 稿费 1 600 元　　D. 省政府颁发的环保奖 20 000 元

8. 我国现行个人所得税的申报纳税方式有(　　)。
A. 本人直接申报纳税　　B. 委托他人代为申报纳税
C. 邮寄申报纳税　　D. 电话申报纳税
9. 下列所得适用20%税率计征个人所得税的有(　　)。
A. 财产租赁所得　　B. 财产转让所得
C. 偶然所得　　D. 个体工商户生产经营所得
10. 下列所得中,实行按次征税的有(　　)。
A. 稿酬所得　　B. 对企业单位的承包经营、承租经营所得
C. 财产租赁所得　　D. 股息、利息所得

三、判断题

1. 个人所得税的纳税义务人分为居民纳税义务人和非居民纳税义务人。居民纳税义务人仅指在中国境内有住所的个人。(　　)
2. 工资薪金所得适用超额累进税率,特许权使用费所得与财产转让所得均适用比例税率。(　　)
3. 对个人独资企业投资者取得的生产经营所得应征收企业所得税,不征收个人所得税。(　　)
4. 企业支付劳务报酬、稿酬等各项所得时,由支付单位在向纳税人支付时代扣代缴个人所得税。(　　)
5. 根据个人所得税法有关规定,纳税人应对来源于中国境内和境外的全部所得征税。(　　)
6. 根据个人所得税法律制度的规定,一般情况下,纳税人应在取得应纳税所得的次月10日内向主管税务机关申报所得并缴纳税款。(　　)
7. 张某为某企业雇员,本月工资2 000元,产品推销提成3 000元,则2 000元按"工资、薪金所得"税目征税,3 000元按"劳务报酬"税目征税。(　　)
8. 个人所获得的保险赔偿应免征个人所得税。(　　)
9. 偶然所得应缴纳的个人所得税款,一律由发放单位或机构代扣代缴。(　　)
10. 纳税义务人从中国境外取得的所得,已在境外缴纳个人所得税,只要有正式凭据,无论多少,均可在其应纳税额中扣除。(　　)

四、简答题

1. 个人所得税的纳税人应如何界定?
2. 我国个人所得税的征税范围有哪些?
3. 个人所得税的费用扣除标准有哪些规定?
4. 应自行申报纳税的情况有哪些?

实务训练

1. 假定张三2019年12月工资为8 200元,张三不适用附加减除费用的规定。计算张三当月应纳个人所得税。

2. 张三于 2019 年 10 月外出参加营业性演出，一次性取得劳务报酬 60 000 元。计算张三应缴纳的个人所得税(不考虑其他税费)。

3. 2019 年张某出版长篇小说，2 月份收到预付稿酬 10 000 元，4 月份小说正式出版收到稿酬 20 000 元。计算张某应缴纳的个人所得税。

4. 2019 年 9 月，某大学教授张某为 A 单位提供某项技术使用权取得收入 3 000 元，然后支付给中介人费用 500 元，取得对方开具的合法票据。计算张某应缴纳的个人所得税。

5. 张三 2019 年 1 月将位于县城的一处住房出租给他人居住，租期 2 年，每月租金 2 000 元，可提供出租财产过程中缴纳税费的完税凭证，每月 112.4 元，2 月发生漏雨修缮费 1 800 元。计算张三 3 月应缴纳的个人所得税。

6. 张三本期购入债券 1 000 份，每份买入价 10 元，支付购进买入债券的税费共计 150 元。本期将买入的债券一次卖出 600 份，每份卖出价 12 元，支付卖出债券的税费共计 110 元。计算张三应缴纳的个人所得税。

7. 威廉是在中国境内外国企业中工作的外籍专家，月工资收入为 10 000 元。计算该企业为威廉代扣代缴的个人所得税，并进行相应的会计处理。

8. 张某为某企业进行业务咨询，一次性取得咨询收入 10 000 元。计算该企业为张某代扣代缴的个人所得税，并进行相应的会计处理。

9. 李某将一幢自建房屋转让给甲企业，转让房屋取得收入 60 000 元，房屋造价 36 000 元，建造过程中发生各种费用 2 000 元，在卖房过程中按规定支付各种费用 2 500 元。计算甲企业为李某代扣代缴的个人所得税，并进行相应的会计处理。

第七单元　其他税种会计

导学目标

本单元主要讲述城市维护建设税和教育费附加、资源税、城镇土地使用税、土地增值税、房产税、契税、车辆购置税、车船税、印花税的主要内容，各税种应纳税额的计算及其账务处理。完成学习任务后，应该掌握如下内容：

1. 理解各税种的纳税人、征收范围、税率和减免规定。
2. 掌握各税种应纳税额的计算。
3. 掌握各税种的核算账户及其账务处理。

导学案例

小王大学毕业后在齐鲁公司从事会计工作，他将公司需缴纳的增值税、企业所得税的材料准备好后，交给老会计张姐进行审核。张姐看后告诉他，公司除了缴纳流转税、所得税外，还需要缴纳城市维护建设税、车船税、印花税等许多小税种。这些小税种大多数是地方税，征收管理也比较简单，但小税种的应交税费之和对于企业而言相当可观。对于刚毕业的学生来说，往往只关注流转税和所得税，很容易忘记计提和缴纳小税种，因此，小王有必要对这些小税种再次进行全面的学习。

第一讲　城市维护建设税和教育费附加会计

【知识要点】

一、城市维护建设税

城市维护建设税是以纳税人实际缴纳的流转税额为计税依据征收的一种税。现行城市维护建设税的基本规范，是1985年2月8日国务院发布并于同年1月1日实施的《中华人民共和国城市维护建设税暂行条例》（以下简称《城市维护建设税暂行条例》）。

城市维护建设税具有两个显著特点：①具有附加税性质，它以纳税人实际缴纳的增值税、消费税税额为计税依据，其本身并没有特定的、独立的征税对象；②具有特定目的，城市维护建设税税款专门用于城市的公用事业和公共设施的维护建设，属于地方附加税性质。

(一) 纳税人

凡缴纳增值税和消费税的单位和个人，都是城市维护建设税的纳税人。自2010年12月1日起，对外商投资企业、外国企业及外籍个人开始征收城市维护建设税。

(二) 税率

城市维护建设税按纳税人所在地的不同，设置了三档地区差别比例税率，即：

(1) 纳税人所在地在市区的，税率为7%。

(2) 纳税人所在地在县城、镇的，税率为5%。

(3) 纳税人所在地不在市区、县城或者镇的，税率为1%。

城市维护建设税的适用税率，应当按纳税人所在地的规定税率执行。

(三) 税收优惠

城市维护建设税原则上不单独减免，但因其具有附加税性质，当主税发生减免时，城市维护建设税相应也发生税收减免。城市维护建设税的税收减免具体有以下几种情况：

(1) 城市维护建设税按减免后实际缴纳的"两税"税额计征，即随"两税"的减免而减免。

(2) 对于因减免税而需进行"两税"退库的，城市维护建设税也可同时退库。

(3) 海关对进口产品代征的增值税、消费税，不征收城市维护建设税。

(四) 应纳税额的计算及会计处理

1. 应纳税额的计算

城市维护建设税的计税依据是纳税人实际缴纳的"两税"税额。城市维护建设税和"两税"同时同地缴纳，"两税"查补税额也应计入城市维护建设税的计税依据，但因违反"两税"有关税法而加收的滞纳金、罚款则不计入。因减免"两税"而需退库的，城市维护建设税也可同时退库。但对出口产品退还增值税和消费税的，不退还已纳的城市维护建设税。

城市维护建设税的计算公式为：

应纳税额＝(实际缴纳的增值税税额＋消费税税额)×适用税率

2. 会计处理

企业核算应缴纳的城市维护建设税，应设置"应交税费——应交城市维护建设税"账户进行核算。计算应缴纳的城市维护建设税时，借记"营业税金及附加"账户，贷记"应交税费——应交城市维护建设税"账户；实际缴纳税款时，借记"应交税费——应交城市维护建设税"账户，贷记"银行存款"账户。

【技能操作】

【例7-1】 2019年9月30日，某企业计算出当月应交消费税400 000元，增值税额360 000元。该企业地处某镇，城市维护建设税税率为5%。计算该企业应缴纳的城市维护建设税，并进行相应的会计处理。

应纳税额＝(400 000＋360 000)×5%＝38 000(元)

会计处理如下：

(1) 计算应缴纳的城市维护建设税时：

借：税金及附加	38 000	
贷：应交税费——应交城市维护建设税		38 000

(2) 实际缴纳时：

借:应交税费——应交城市维护建设税 38 000
　　贷:银行存款 38 000

(五) 征收管理

1. 纳税环节

城市维护建设税的纳税环节,是指城市维护建设税法规定的纳税人应当缴纳城市维护建设税的环节。城市维护建设税的纳税环节,实际就是纳税人缴纳“两税”的环节。纳税人只要发生“两税”的纳税义务,就要在同样的环节,分别计算缴纳城市维护建设税。

2. 纳税地点

城市维护建设税以纳税人实际缴纳的“两税”税额为计税依据,分别与“两税”同时缴纳。所以,纳税人缴纳“两税”的地点,就是该纳税人缴纳城市维护建设税的地点。

3. 纳税期限

由于城市维护建设税是由纳税人在缴纳“两税”时同时缴纳的,所以其纳税期限分别与“两税”的纳税期限一致。

二、教育费附加和地方教育附加

教育费附加和地方教育附加是对缴纳增值税、消费税的单位和个人,就其实际缴纳的税额为计算依据征收的一种附加费。征收教育费附加,是为了加快发展地方教育事业,扩大地方教育经费的资金来源。为此,国务院于 1986 年 4 月 28 日颁布了《征收教育费附加的暂行规定》,决定从同年 7 月 1 日开始在全国范围内征收教育费附加。

(一) 教育费附加和地方教育附加的征收范围及计征依据

教育费附加和地方教育附加对缴纳增值税、消费税的单位和个人征收,以其实际缴纳的增值税、消费税为计征依据,分别与增值税、消费税同时缴纳。自 2010 年 12 月 1 日起,对外商投资企业、外国企业及外籍个人征收教育费附加。

(二) 教育费附加和地方教育附加计征比率

按照 1994 年 2 月 7 日《国务院关于教育费附加征收问题的紧急通知》的规定,现行教育费附加征收比率为 3%。地方教育附加征收率从 2010 年起统一为 2%。

(三) 教育费附加和地方教育附加的减免规定

(1) 海关进口的产品征收增值税、消费税,不征收教育费附加。

(2) 对由于减免增值税、消费税而发生退税的,可同时退还已征收的教育费附加。但对出口产品退还增值税、消费税的,不退还已征的教育费附加。

(3) 对国家重大水利工程建设基金免征教育费附加。

(4)自 2016 年 2 月 1 日起,按月纳税的月销售额或营业额不超过 10 万元(按季度纳税的季度销售额或营业额不超过 30 万元)的缴纳义务人,免征教育费附加、地方教育附加。

(四) 教育费附加和地方教育附加的计算及会计处理

1. 教育费附加的计算

教育费附加的计算公式为:

应纳教育费附加=实际缴纳的增值税税额、消费税税额×征收比率

2. 会计处理

企业应纳的教育费附加,通过“应交税费——应交教育费附加”账户进行核算。计算应缴纳的教育费附加时，借记“税金及附加”账户，贷记“应交税费——应交教育费附加”账户；实际缴纳教育费附加时，借记“应交税费——应交教育费附加”账户，贷记“银行存款”账户。

【技能操作】

【例 7-2】 2019 年 9 月，某市区一企业实际缴纳增值税 20 万元，缴纳消费税 30 万元。计算该企业应缴纳的教育费附加并进行相应的会计处理。

应纳教育费附加＝(20＋30)×3%＝50×3%＝1.5(万元)

会计处理如下：

借：税金及附加	15 000	
贷：应交税费——应交教育费附加		15 000

实际缴纳时：

借：应交税费——应交教育费附加	15 000	
贷：银行存款		15 000

第二讲 资源税会计

【知识要点】

一、资源税概述

资源税是对在我国境内从事应税矿产品开采和生产盐的单位和个人征收的一种税，属于对自然资源占用课税的范畴。资源税的开征，有利于促进国有自然资源的合理开采；有利于调节级差收入，促进企业的公平竞争。

现行资源税的基本规范，是 2011 年 9 月 30 日国务院公布的《中华人民共和国资源税暂行条例》(以下简称《资源税暂行条例》)，2011 年 10 月 28 日财政部、国家税务总局公布的《中华人民共和国资源税暂行条例实施细则》(以下简称《资源税暂行条例实施细则》)，2015 年 7 月 1 日国家税务总局公布的《煤炭资源征收管理办法(试行)》，以及 2016 年 5 月 9 日财政部、国家税务总局公布的《关于全面推进资源税改革的通知》《关于资源税改革具体政策问题的通知》。

(一) 纳税人

资源税的纳税人是指在我国领域及管辖海域开采应税矿产品或者生产盐的单位和个人。单位是指企业、行政单位、事业单位、军事单位、社会团体及其他单位。个人是指个体工商户和其他个人。

为了对零星、分散、不定期开采的情况加强管理，避免漏税，《资源税暂行条例》规定，收购未税矿产品的单位为资源税的扣缴义务人，由扣缴义务人在收购矿产品时代扣代缴资源税。

(二) 税目、税率

1. 税目

资源税是以自然资源为纳税对象的，但并非所有的自然资源都是资源税的征收对象，现行资源税仅对矿产品和盐进行征税。资源税包括五大类税目，在五大类税目下又设有若干个子目，主要是根据资源税应税产品和纳税人开采资源的行业特点设置的。

(1) 原油，是指开采的天然原油，不包括人造石油。

(2) 天然气,是指专门开采或者与原油同时开采的天然气。

(3) 煤炭,包括原煤和以未税原煤(即自采原煤)加工的洗选煤。

(4) 金属矿,包括铁矿、金矿、铜矿、铝土矿、铅锌矿、镍矿、锡矿、钨、钼、未列举名称的其他金属矿产品原矿或精矿。

(5) 其他非金属矿、包括石墨、硅藻土、高岭土、萤石、石灰石、硫铁矿、磷矿、氯化钾、硫酸钾、井矿盐、湖盐、提取地下卤水晒制的盐、煤层气、海盐、稀土、未列举名称的其他非金属矿产品。

纳税人开采或者生产应税产品,自用于连续生产应税产品的,不缴纳资源税;自用于其他方面的,视同销售,缴纳资源税。

2. 税率

我国现行资源税的税目、税率,如表 7-1 所示。各省级人民政府可在税率幅度内提出或确定本地区资源税使用率。一个矿种原则上设定一档税率,少数资源条件差异较大的矿种可按不同资源条件、不同地区设定两档税率。

表 7-1　　资源税税目税率表

<table>
<tr><th colspan="3">税　目</th><th>征税对象</th><th>税　率</th></tr>
<tr><td rowspan="7">能源矿产</td><td colspan="2">原油</td><td>原矿</td><td>6%</td></tr>
<tr><td colspan="2">天然气、页岩气、天然气水合物</td><td>原矿</td><td>6%</td></tr>
<tr><td colspan="2">煤</td><td>原矿或者选矿</td><td>2%～10%</td></tr>
<tr><td colspan="2">煤成(层)气</td><td>原矿</td><td>1%～2%</td></tr>
<tr><td colspan="2">铀、钍</td><td>原矿</td><td>4%</td></tr>
<tr><td colspan="2">油页岩、油砂、天然沥青、石煤</td><td>原矿或者选矿</td><td>1%～4%</td></tr>
<tr><td colspan="2">地热</td><td>原矿</td><td>1%～20%或者每立方米1～30 元</td></tr>
<tr><td rowspan="11">金属矿产</td><td>黑色金属</td><td>铁、锰、铬、钒、钛</td><td>原矿或者选矿</td><td>1%～9%</td></tr>
<tr><td rowspan="10">有色金属</td><td>铜、铅、锌、锡、镍、锑、镁、钴、铋、汞</td><td>原矿或者选矿</td><td>2%～10%</td></tr>
<tr><td>铝土矿</td><td>原矿或者选矿</td><td>2%～9%</td></tr>
<tr><td>钨</td><td>选矿</td><td>6.5%</td></tr>
<tr><td>钼</td><td>选矿</td><td>8%</td></tr>
<tr><td>金、银</td><td>原矿或者选矿</td><td>2%～6%</td></tr>
<tr><td>铂、钯、钌、锇、铱、铑</td><td>原矿或者选矿</td><td>5%～10%</td></tr>
<tr><td>轻稀土</td><td>选矿</td><td>7%～12%</td></tr>
<tr><td>中重稀土</td><td>选矿</td><td>20%</td></tr>
<tr><td>铍、锂、锆、锶、铷、铯、铌、钽、锗、镓、铟、铊、铪、铼、镉、硒、碲</td><td>原矿或者选矿</td><td>2%～10%</td></tr>
<tr><td rowspan="3">非金属矿产</td><td rowspan="3">矿物类</td><td>高岭土</td><td>原矿或者选矿</td><td>1%～6%</td></tr>
<tr><td>石灰岩</td><td>原矿或者选矿</td><td>1%～6%或者每吨(或者每立方米)1～10 元</td></tr>
<tr><td>磷</td><td>原矿或者选矿</td><td>3%～8%</td></tr>
</table>

（续表）

<table>
<tr><th colspan="3">税　目</th><th>征税对象</th><th>税　率</th></tr>
<tr><td rowspan="9">非金属矿产</td><td rowspan="5">矿物类</td><td>石墨</td><td>原矿或者选矿</td><td>3%～12%</td></tr>
<tr><td>萤石、硫铁矿、自然硫</td><td>原矿或者选矿</td><td>1%～8%</td></tr>
<tr><td>天然石英砂、脉石英、粉石英、水晶、工业用金刚石、冰洲石、蓝晶石、硅线石（矽线石）、长石、滑石、刚玉、菱镁矿、颜料矿物、天然碱、芒硝、钠硝石、明矾石、砷、硼、碘、溴、膨润土、硅藻土、陶瓷土、耐火粘土、铁矾土、凹凸棒石粘土、海泡石粘土、伊利石粘土、累托石粘土</td><td>原矿或者选矿</td><td>1%～12%</td></tr>
<tr><td>叶蜡石、硅灰石、透辉石、珍珠岩、云母、沸石、重晶石、毒重石、方解石、蛭石、透闪石、工业用电气石、白垩、石棉、蓝石棉、红柱石、石榴子石、石膏</td><td>原矿或者选矿</td><td>2%～12%</td></tr>
<tr><td>其他粘土（铸型用粘土、砖瓦用粘土、陶粒用粘土、水泥配料用粘土、水泥配料用红土、水泥配料用黄土、水泥配料用泥岩、保温材料用粘土）</td><td>原矿或者选矿</td><td>1%～5%或者每吨（或者每立方米）0.1～5 元</td></tr>
<tr><td rowspan="2">岩石类</td><td>大理岩、花岗岩、白云岩、石英岩、砂岩、辉绿岩、安山岩、闪长岩、板岩、玄武岩、片麻岩、角闪岩、页岩、浮石、凝灰岩、黑曜岩、霞石正长岩、蛇纹岩、麦饭石、泥灰岩、含钾岩石、含钾砂页岩、天然油石、橄榄岩、松脂岩、粗面岩、辉长岩、辉石岩、正长岩、火山灰、火山渣、泥炭</td><td>原矿或者选矿</td><td>1%～10%</td></tr>
<tr><td>砂石</td><td>原矿或者选矿</td><td>1%～5%或者每吨（或者每立方米）0.1～5 元</td></tr>
<tr><td>宝玉石类</td><td>宝石、玉石、宝石级金刚石、玛瑙、黄玉、碧玺</td><td>原矿或者选矿</td><td>4%～20%</td></tr>
<tr><td rowspan="2">水气矿产</td><td colspan="2">二氧化碳气、硫化氢气、氦气、氡气</td><td>原矿</td><td>2%～5%</td></tr>
<tr><td colspan="2">矿泉水</td><td>原矿</td><td>1%～20% 或者每立方米 1～30 元</td></tr>
<tr><td rowspan="3">盐</td><td colspan="2">钠盐、钾盐、镁盐、锂盐</td><td>选矿</td><td>3%～15%</td></tr>
<tr><td colspan="2">天然卤水</td><td>原矿</td><td>3%～15% 或者每吨（或者每立方米）1～10 元</td></tr>
<tr><td colspan="2">海盐</td><td></td><td>2%～5%</td></tr>
</table>

备注：(1) 铝土矿包括耐火级矾土、研磨级矾土等高铝黏土。

(2) 氯化钠初级产品是指井矿盐、湖盐原盐、提取地下卤水晒制的盐和海盐原盐，包括固体和液体形态的初级产品。

(3) 海盐是指海水晒制的盐，不包括提取地下卤水晒制的盐。

纳税人开采或者生产不同税目应税产品的，应当分别核算不同税目应税产品的销售额或者销售数量；未分别核算或者不能准确提供不同税目应税产品的销售额或者销售数量的，从高适用税率。

（三）税收优惠

符合下列情形之一的，减征或者免征资源税：

（1）开采原油过程中用于加热、修井的原油，免税。

（2）纳税人开采或者生产应税产品过程中，因意外事故或者自然灾害等原因遭受重大损失的，由省、自治区、直辖市人民政府酌情决定减税或者免税。

（3）国务院规定的其他减税、免税项目。

纳税人的减税、免税项目，应当单独核算销售额或者销售数量；未单独核算或者不能准确提供销售额或者销售数量的，不予减税或者免税。

二、应纳税额的计算及会计处理

（一）应纳税额的计算

资源税的应纳税额，按照从价定率或者从量定额的办法，分别以应税产品的销售额乘以纳税人具体适用的比例税率或者以应税产品的销售数量乘以纳税人具体适用的定额税率计算。

1. 从价定率计征资源税的计算

从价定率计征资源税，应根据应税产品的销售额和规定的适用税率计算应纳税额，具体计算公式为：

应纳税额＝销售额×适用税率

（1）一般情况下销售额的确定。销售额是指纳税人销售应税产品向购买方收取的全部价款和价外费用，但不包括增值税销项税额和运杂费用。

价外费用，包括价外向购买方收取的手续费、补贴、基金、集资费、返还利润、奖励费、违约金、滞纳金、延期付款利息、赔偿金、代收款项、代垫款项、包装费、包装物租金、储备费、优质费以及其他各种性质的价外收费。

（2）特殊情况下销售额的确定。纳税人申报的应税产品销售额明显偏低并且无正当理由的、有视同销售应税产品行为而无销售额的，除财政部、国家税务总局另有规定外，按下列顺序确定销售额：①按纳税人最近时期同类产品的平均销售价格确定；②按其他纳税人最近时期同类产品的平均销售价格确定；③按组成计税价格确定。组成计税价格为：

组成计税价格＝成本×(1＋成本利润率)÷(1－税率)

其中：成本，是指应税产品的实际生产成本。成本利润率由省、自治区、直辖市税务机关确定。

【技能操作】

【例 7-3】 2019 年 9 月，某油田生产原油 60 万吨，其中 20 万吨用于销售，单价 6 000 元/吨，原油资源税税率为 6%。计算该油田 9 月应缴纳的资源税。

原油采用从价定率计征资源税，应纳资源税为：

应纳资源税＝6 000×20×6%＝7 200（万元）

2. 从量定额计征资源税的计算

从量定额计征资源税，根据应税产品的课税数量和规定的单位税额计算应纳税额，具体计算公式为：

应纳税额＝课税数量×单位税额

销售数量，包括纳税人开采或者生产应税产品的实际销售数量和视同销售的自用数量。

纳税人不能准确提供应税产品销售数量的，以应税产品的产量或者主管税务机关确定的折算比换算成的数量为计征资源税的销售数量。

【技能操作】

【例 7-4】 2019 年 9 月，某砂石开采企业销售砂石 3 000 立方米，资源税税率为 2 元/立方米。计算该企业 9 月应缴纳的资源税。

石棉采用从量定额计征资源税，应纳资源税为：

应纳资源税＝3 000×2＝6 000(元)

3. 代扣代缴资源税的计算

收购未税矿产品的单位为资源税的扣缴义务人，由扣缴义务人在收购矿产品时代扣代缴资源税。

代扣代缴应纳税额＝收购未税矿产品的数量×适用的单位税额

【技能操作】

【例 7-5】 某矿业联合公司从事锰矿开采和冶炼，2019 年 9 月收购未税锰矿石 150 万吨，每吨收购价格 30 元，锰矿石单位税额 2 元/吨。计算该矿业联合公司 9 月份应缴纳的资源税。

收购未税锰矿石应代扣代缴资源税，代扣代缴资源税为：

代扣代缴资源税＝150×2＝300(万元)

(二) 会计处理

为了反映和监督资源税税额的计算和缴纳过程，纳税人应设置“应交税费——应交资源税”账户。该账户贷方登记本期应缴纳的资源税，借方登记企业实际缴纳或抵扣的资源税，贷方余额表示企业应缴而未缴的资源税。

企业按规定计算出对外销售应税产品应纳资源税时，借记“税金及附加”账户，贷记“应交税费——应交资源税”账户。企业计算出自产自用应税产品应缴纳的资源税时，借记“生产成本”或“制造费用”账户，贷记“应交税费——应交资源税”账户。独立矿山、联合企业收购未税矿产品，按实际支付的收购款，借记“材料采购”等账户，贷记“银行存款”等账户；按代扣代缴的资源税，借记“材料采购”等账户，贷记“应交税费——应交资源税”账户。纳税人按规定上缴资源税时，借记“应交税费——应交资源税”账户，贷记“银行存款”账户。

【技能操作】

【例 7-6】 2019 年 9 月，某油田生产并对外销售原油 18 万吨，销售额为 1 500 万元，假定适用税率为 6%。计算该油田应缴纳的资源税，并进行相应的会计处理。

应纳税额＝15 000 000×6%＝900 000(元)

会计处理如下：

(1) 计算应纳资源税时：

借：税金及附加　900 000

　　贷：应交税费——应交资源税　900 000

（2）缴纳资源税时：

借：应交税费——应交资源税　900 000

　　贷：银行存款　900 000

企业外购液体盐加工成固体盐，在购入液体盐时，按允许抵扣的资源税，借记"应交税费——应交资源税"账户；按外购价款扣除允许抵扣资源税后的数额，借记"材料采购"等账户；按应支付的全部价款，贷记"银行存款"或"应付账款""应付票据"等账户。企业加工成固体盐销售时，按计算出的销售固体盐应交的资源税，借记"营业税金及附加"账户，贷记"应交税费——应交资源税"账户；将销售固体盐应纳资源税抵扣液体盐已纳资源税后的差额上缴时，借记"应交税费——应交资源税"账户，贷记"银行存款"账户。

【技能操作】

【例 7-7】 某有色金属公司 9 月份销售自采铜精矿 2 200 吨，380 元/吨。假设省级政府规定资源率的税率 5%。计算当月应缴纳的资源税并进行相应的会计处理。

应交资源税＝2 200×380×5%＝41 800（元）

会计分录如下：

借：税金及附加　41 800

　　贷：应交税费——应交资源税　41 800

纳税人与税务机关结算上月税款，补缴时，借记"应交税费——应交资源税"账户，贷记"银行存款"账户；退回税款时，借记"银行存款"账户，贷记"应交税费——应交资源税"账户。

三、征收管理

（一）纳税义务发生时间

（1）纳税人销售应税产品，纳税义务发生时间为收讫销售款或者取得索取销售款凭据的当天。具体规定如下：

第一，纳税人采取分期收款结算方式的，其纳税义务发生时间为销售合同规定的收款日期的当天。

第二，纳税人采取预收货款结算方式的，其纳税义务发生时间为发出应税产品的当天。

第三，纳税人采取其他结算方式的，其纳税义务发生时间为收讫销售款或者取得索取销售款凭据的当天。

（2）纳税人自产自用应税产品，纳税义务发生时间为移送使用应税产品的当天。

（3）扣缴义务人代扣代缴税款，纳税义务发生时间为支付首笔货款或首次开具支付货款凭证的当天。

（二）纳税期限

纳税人的纳税期限为 1 日、3 日、5 日、10 日、15 日或者 1 个月，由主管税务机关根据实际情况具体核定。不能按固定期限计算纳税的，可以按次计算纳税。

纳税人以 1 个月为一期纳税的，自期满之日起 10 日内申报纳税；以 1 日、3 日、5 日、10 日或者 15 日为一期纳税的，自期满之日起 5 日内预缴税款，于次月 1 日起 10 日内申报纳税并结清上月税款。

扣缴义务人的解缴税款期限，比照上述规定执行。

(三) 纳税地点

纳税人应纳的资源税，应当向应税产品的开采或者生产所在地主管税务机关缴纳。跨省、自治区、直辖市开采或者生产资源税应税产品的纳税人，其下属生产单位与核算单位不在同一省、自治区、直辖市的，对其开采或者生产的应税产品，一律在开采地或者生产地纳税。

扣缴义务人代扣代缴的资源税，应当向收购地主管税务机关缴纳。

纳税人在本省、自治区、直辖市范围内开采或者生产应税产品，其纳税地点需要调整的，由省、自治区、直辖市税务机关决定。

第三讲　城镇土地使用税会计

【知识要点】

一、城镇土地使用税概述

城镇土地使用税是指以国有土地或集体土地为征税对象，对拥有土地使用权的单位和个人征收的一种税。现行城镇土地使用税的基本规范是 2006 年 12 月国务院颁布的《中华人民共和国城镇土地使用税暂行条例》(以下简称《城镇土地使用税暂行条例》)，2013 年 12 月 4 日，国务院第 32 次常务会议对该条例做了部分修改(自 2013 年 12 月 7 日起实施)。

(一) 纳税人

在城市、县城、建制镇、工矿区范围内使用土地的单位和个人，为城镇土地使用税的纳税人。单位包括国有企业、集体企业、私营企业、股份制企业、外商投资企业、外国企业以及其他企业和事业单位、社会团体、国家机关、军队、外商投资企业、外国企业以及其他单位。个人包括个体工商户以及其他个人。

城镇土地使用税的纳税人常包括以下几类：

(1) 拥有土地使用权的单位和个人。

(2) 拥有土地使用权的单位和个人不在土地所在地的，其土地的实际使用人和代管人为纳税人。

(3) 土地使用权未确定或权属纠纷未解决的，其实际使用人为纳税人。

(4) 土地使用权共有的，共有各方都是纳税人，由共有各方分别纳税。

(5) 在城镇土地使用税征收范围内，承租集体所有建设用地的，由直接从集体经济组织承租土地的单位和个人，缴纳城镇土地使用税。

(二) 征税范围

城镇土地使用税的征税范围包括在城市、县城、建制镇和工矿区内的国家所有和集体所有的土地。

上述城镇土地使用税的征税范围中，城市的土地包括市区和郊区的土地，县城的土地是指县人民政府所在地的城镇的土地，建制镇的土地是指镇人民政府所在地的土地。

(三) 税率

城镇土地使用税以纳税人实际占用的土地面积为计税依据，土地面积以平方米为计量标准。城镇土地使用税采用定额税率，即采用有幅度的差别税额，按大、中、小城市和县城、建制镇、工矿区分别规定每平方米土地使用税年应纳税额。标准为：

(1) 大城市：1.5～30元。

(2) 中等城市：1.2～24元。

(3) 小城市：0.9～18元。

(4) 县城、建制镇、工矿区：0.6～12元。

大、中、小城市以公安部门登记在册的非农业正式户口人数为依据，按照国务院颁布的《城市规划条例》中规定的标准划分。人口在50万以上的为大城市，人口在20万～50万的为中等城市，人口在20万以下者为小城市。

各省、自治区、直辖市人民政府可根据市政建设情况和经济繁荣程度，在规定税额幅度内确定所辖地区的适用税额幅度。经济落后地区，可适当降低适用税额标准，但降低额不得超过规定最低税额的30%。经济发达地区的适用税额可适当提高，但需报财政部批准。

(四) 税收优惠

下列土地免征城镇土地使用税：

(1) 国家机关、人民团体、军队自用的土地。

(2) 由国家财政部门拨付事业经费的单位自用土地。

(3) 宗教寺庙、公园、名胜古迹自用的土地。

(4) 市政街道、广场、绿化地带等公共用地。

(5) 直接用于农、林、牧、渔业的生产用地。

(6) 批准开山填海整治的土地和改造的废弃土地，从使用的月份起免缴城镇土地使用税5～10年。

(7) 免税单位无偿使用纳税单位的土地。

(8) 企业办的学校、医院、托儿所、幼儿园，其能与企业其他用地明确区分的用地。

(9) 非营利性医疗机构、疾病控制机构和妇幼保健机构等卫生机构自用的土地。

(10) 由财政部另行规定免税的能源、交通、水利设施用地和其他用地。

(11) 对行使国家行政管理职能的中国人民银行总行(含国家外汇管理局)所属分支机构自用的土地，免征城镇土地使用税。

(12) 自2019年1月1日至2021年12月31日，对专门经营农产品的农产品批发市场、农贸市场使用(包括自有和承租，下同)的房产、土地，暂免征收城镇土地使用税。对同时经营其他产品的农产品批发市场和农贸市场使用的房产、土地，按其他产品与农产品交易场地面积的比例确定征免城镇土地使用税。

(13) 到2019年12月31日止(含当日)，对物流企业自有的(包括自用和出租)大宗商品仓储设施用地和物流企业承租用于大宗商品仓储设施的土地，减按所属土地等级适用税额标准的50%计征城镇土地使用税。物流企业的办公、生活区用地及其他非直接从事大宗商品仓储的用地，不属于优惠范围，应按规定征收城镇土地使用税。符合减税条件的物流企业需持相关材料向主管税务机关办理备案手续。

(14)自2018年10月1日至2020年12月31日，对按照去产能和调结构政策要求停产停业、关闭的企业，自停产停业次月起，免征城镇土地使用税。企业享受免税政策的期限累计不得超过2年。

(15) 自2019年1月1日至2021年12月31日，对国家级、省级科技企业孵化器、大学科技园和国家备案众创空间自用以及无偿或通过出租等方式提供给在孵对象使用的土地，免征城镇土地使用税。

(16) 自2019年1月1日至2021年12月31日，对城市公交站场、道路客运站场、城市轨道交通系统运营用地，免征城镇土地使用税。

(17) 自2019年1月1日至2020年12月31日，对向居民供热收取采暖费的供热企业，为居民供热所使用的厂房及土地免征城镇土地使用税；对供热企业其他厂房及土地，应当按照规定征收城镇土地使用税。

二、应纳税额的计算及会计处理

(一) 应纳税额的计算

城镇土地使用税的应纳税额通过纳税人实际占用的土地面积乘以该土地所在地段的适用税额求得。其计算公式为：

全年应纳税额＝实际占用应税土地面积(平方米)×适用税额

(二) 会计处理

缴纳城镇土地使用税的单位，年终计算应交城镇土地使用税时，借记“税金及附加”“长期待摊费用”账户，贷记“应交税费——应交城镇土地使用税”账户。实际上缴时，借记“应交税费——应交城镇土地使用税”账户，贷记“银行存款”账户。

【技能操作】

【例7-8】 某工厂实际占用土地6 000平方米，其中厂办幼儿园占地500平方米，该厂位于大城市，当地政府核定单位土地税额为8元/平方米。计算该厂年度应纳土地使用税税额，并进行相应会计处理(税款按年一次缴纳)。

计算应缴纳的城镇土地使用税：

应纳城镇土地使用税税额＝(6 000－500)×8＝44 000(元)

会计处理如下：

(1) 计提应交税款时：

借：税金及附加	44 000	
贷：应交税费——应交城镇土地使用税		44 000

(2) 上缴税款时：

借：应交税费——应交城镇土地使用税	44 000	
贷：银行存款		44 000

三、征收管理

城镇土地使用税的纳税地点为土地所在地，由土地所在地的主管税务机关负责征收。城镇土地使用税实行按年计算、分期缴纳的征收方法，一般按月、季、半年不同期限分期缴纳或1年征收一次。

第四讲 土地增值税会计

【知识要点】

一、土地增值税概述

土地增值税是对有偿转让国有土地使用权及地上建筑物和其他附着物产权，取得增值收入的单位和个人征收的一种税。现行土地增值税的基本规范，是1993年12月13日国务院颁布的《中华人民共和国土地增值税暂行条例》(以下简称《土地增值税暂行条例》)。

(一) 纳税人

土地增值税的纳税人为转让国有土地使用权、地上建筑物及其附着物并取得收入的单位和个人。即无论是法人还是自然人，无论是外资企业还是内资企业，无论是什么性质的企业，无论是中国公民还是外籍个人，只要有偿转让房地产，都是土地增值税的纳税人。

(二) 征税范围

根据我国《土地增值税暂行条例》及《土地增值税暂行条例实施细则》(以下简称《实施细则》)的规定，土地增值税的征税范围包括：

(1) 转让国有土地使用权。这里所说的“国有土地”，是指按国家法律规定属于国家所有的土地。

(2) 地上的建筑物及其附着物连同国有土地使用权一并转让。这里所说的“地上的建筑物”，是指建于土地上的一切建筑物，包括地上、地下的各种附属设施。这里所说的“附着物”，是指附着于土地上的不能移动或一经移动即遭损坏的物品。

需要强调的是，无论是单独转让国有土地使用权，还是房屋产权与国有土地使用权一并转让的，只要取得收入，均属于土地增值税的征税范围，应对之征收土地增值税。

(三) 税率

土地增值税实行四级超率累进税率，其税率，如表7-2所示。

表7-2 土地增值税税率表

级数	土地增值额	税率	速算扣除系数
1	增值额未超过扣除项目金额50%的	30%	0
2	增值额超过扣除项目金额50%，未超过100%的	40%	5%
3	增值额超过扣除项目金额100%，未超过200%的	50%	15%
4	增值额超过扣除项目金额200%的	60%	35%

(四) 税收优惠

(1) 建造普遍标准住宅。纳税人建造普通标准住宅，增值额未超过扣除项目金额20%的，免征土地增值税。

(2) 国家征用收回的房地产。因国家建设需要依法征用、收回的房地产，免征土地增值税。

(3) 因城市实施规划、国家建设的需要而搬迁，由纳税人自行转让原房地产的，免征土地增值税。

(4) 对企事业单位、社会团体以及其他组织转让旧房作为公共租赁住房房源的且增值额未超过项目金额20%的,免征土地增值税。

二、应纳税额的计算及会计处理

(一) 应纳税额的计算

土地增值税应纳税额可用以下方法计算:

应纳税额=土地增值额×适用税率-扣除项目金额×速算扣除系数

土地增值额=转让房地产的总收入-扣除项目金额

1. 转让房地产的总收入

纳税人转让房地产取得的应税收入,包括转让房地产的全部价款及有关的经济收益。从收入的形式来看,包括货币收入、实物收入和其他收入。

2. 扣除项目金额

税法准予纳税人从转让收入额中减除的扣除项目包括如下几项:

(1) 取得土地使用权所支付的金额,包括两方面的内容:①纳税人为取得土地使用权所支付的地价款;②纳税人在取得土地使用权时按国家统一规定缴纳的有关费用。它是指纳税人在取得土地使用权过程中为办理有关手续,按国家统一规定缴纳的有关登记、过户手续费。

(2) 房地产开发成本,是指纳税人房地产开发项目实际发生的成本,包括土地的征用及拆迁补偿费、前期工程费、建筑安装工程费、基础设施费、公共配套设施费、开发间接费用等。

(3) 房地产开发费用,是指与房地产开发项目有关的销售费用、管理费用和财务费用。根据现行财务会计制度的规定,这三项费用作为期间费用,直接计入当期损益,不按成本核算对象进行分摊。故作为土地增值税扣除项目的房地产开发费用,不按纳税人房地产开发项目实际发生的费用进行扣除,而按我国《实施细则》的标准进行扣除。

《实施细则》规定,财务费用中的利息支出,凡能够按转让房地产项目计算分摊并提供金融机构证明的,允许据实扣除,但最高不能超过按商业银行同类同期贷款利率计算的金额。其他房地产开发费用,按《实施细则》第七条(一)(二)项规定(即取得土地使用权所支付的金额和房地产开发成本,下同)计算的金额之和的5%以内计算扣除。凡不能按转让房地产项目计算分摊利息支出或不能提供金融机构证明的,房地产开发费用按《实施细则》第七条(一)(二)项规定计算的金额之和的10%以内计算扣除。计算扣除的具体比例,由各省、自治区、直辖市人民政府规定。

(4) 与转让房地产有关的税金,是指在转让房地产时缴纳的营业税、城市维护建设税、印花税。因转让房地产缴纳的教育费附加,也可视同税金予以扣除。

需要明确的是,房地产开发企业按照有关规定,其在转让时缴纳的印花税应列入管理费用中,故在此不允许扣除。其他纳税人缴纳的印花税允许在此扣除。

(5) 旧房及建筑物的评估价格,是指在转让已使用的房屋及建筑物时,由政府批准设立的房地产评估机构评定的重置成本价格乘以成新率后的价格。评估价格须经当地税务机关确认。

(6) 财政部规定的其他扣除项目。根据我国财政部制定发布的《土地增值税暂行条例实施细则》规定,对从事房地产开发的纳税人可按《实施细则》第七条(一)(二)项规定计算的金额之和,加计20%的扣除。应特别指出的是,此条优惠只适用于从事房地产开发的纳税人,除此之外的其他纳税人不适用。

（二）会计处理

进行房地产转让的企业可分为两类：一类为房地产开发企业；另一类为非房地产开发企业，如工业企业、商业企业等。这两类企业缴纳土地增值税的会计核算有所不同。

1. 房地产开发企业的土地增值税的会计处理

房地产开发企业是指主要经营房地产买卖业务的企业。对这类企业来说，房地产开发业务是企业的主要经营业务，土地增值税是为取得当期营业收入而支付的费用。在计提土地增值税时，借记"税金及附加"账户，贷记"应交税费——应交土地增值税"账户；实际上缴时，借记"应交税费——应交土地增值税"账户，贷记"银行存款"等账户。

【技能操作】

【例 7-9】 某房地产开发公司转让写字楼一栋，获得货币收入 12 000 万元，公司为取得土地使用权支付的金额为 900 万元，开发土地、建房及配套设施支付 2 800 万元，开发费用计 400 万元，转让房地产有关税金 858 万元。计算该房地产开发公司应缴纳的土地增值税，并进行会计处理。

计算应缴纳的土地增值税：

扣除项目金额＝900＋2 800＋(900＋2 800)×10%＋858＋(900＋2 800)×20%

＝5 668(万元)

土地增值额＝12 000－5 668＝6 332(万元)

土地增值额占扣除项目金额比例＝6 332÷5 668×100%＝111.7%

应纳土地增值税＝6 332×50%－5 668×15%＝3 166－850.2＝2 315.8(万元)

会计处理如下：

(1) 计提土地增值税时：

借：税金及附加　　23 158 000

　贷：应交税费——应交土地增值税　　23 158 000

(2) 实际缴纳时：

借：应交税费——应交土地增值税　　23 158 000

　贷：银行存款　　23 158 000

2. 非房地产业企业转让或销售房地产缴纳土地增值税的会计处理

这类企业又可分为两种情况：一种是以房地产转让为兼营业务，即虽然这种企业不以开发转让房地产业务为主营业务，但开发的目的在于转让；另一种是转让自用房地产，即企业开发房地产的目的在于自用，作为固定资产管理，只是因某些情况将其出售。

(1) 兼营房地产业务企业的土地增值税会计核算。兼营房地产业务的企业，取得房地产转让收入时，列入"其他业务收入"账户；同理，应缴纳的土地增值税也应作为为取得当期收入而发生的费用。企业计提应缴纳的土地增值税时，借记"其他业务成本"账户，贷记"应交税费——应交土地增值税"账户；实际缴纳时，借记"应交税费——应交土地增值税"账户，贷记"银行存款"账户。

【技能操作】

【例 7-10】 某企业（非房地产开发单位）兼营建造并出售一幢厂房，取得销售收入 500 万元，开发土地、建房及配套设施支付 260 万元，开发费用计 40 万元，转让房地产有关税金 30 万元。计算该企业应缴纳的土地增值税，并进行会计处理。

计算应缴纳的土地增值税：

扣除项目金额＝260＋30＋260×10％＝316(万元)

土地增值额＝500－316＝184(万元)

土地增值额占扣除项目金额比例＝184÷316×100％＝58.2％

应纳土地增值税＝184×40％－316×5％＝73.6－15.8＝57.8(万元)

会计处理如下：

① 取得转让房地产收入时：

借：银行存款	5 000 000	
贷：其他业务收入		5 000 000

② 计提应纳土地增值税时：

借：其他业务成本	578 000	
贷：应交税费——应交土地增值税		578 000

③ 缴纳土地增值税时：

借：应交税费——应交土地增值税	578 000	
贷：银行存款		578 000

(2) 转让自用房地产土地增值税的会计核算。在取得自用房地产时，会计应列为固定资产管理，记入“固定资产”账户，转让时应通过“固定资产清理”账户进行核算。计算转让房地产缴纳的土地增值税时，借记“固定资产清理”账户，贷记“应交税费——应交土地增值税”账户；实际缴纳时，借记“应交税费——应交土地增值税”账户，贷记“银行存款”账户。

【技能操作】

【例 7-11】 某企业将自用的一栋房屋转让，取得转让收入 3 500 万元，房屋已使用近 10 年，建造时的造价为 1 000 万元，按转让时的建材及人工费用计算，建同样的新房需花费 4 000 万元，该房有六成新，转让时缴纳营业税等流转税 190 万元，原账面价值 1 000 万元，累计折旧为 500 万元。计算该企业应缴纳的土地增值税，并进行会计处理。

计算应缴纳的土地增值税：

增值额＝3 500－4 000×60％－190＝910(万元)

增值额占扣除项目比例＝910÷(2 400＋190)＝35.1％

应纳税额＝910×30％＝273(万元)

会计处理如下：

① 转让时，结转固定资产净值：

借：固定资产清理	5 000 000	
累计折旧	5 000 000	
贷：固定资产		10 000 000

② 取得转让收入时：

借：银行存款	35 000 000	
贷：固定资产清理		35 000 000

③ 计提应交土地增值税时：

借：固定资产清理	2 730 000	
贷：应交税费——应交土地增值税		2 730 000

④ 缴纳土地增值税时：

借：应交税费——应交土地增值税	2 730 000	
贷：银行存款		2 730 000

⑤ 结转清理损益时：

借：固定资产清理	27 270 000	
贷：应交税费——应交营业税		1 900 000
营业外收入		25 370 000

三、征收管理

(一) 纳税地点

土地增值税的纳税人应向房地产所在地主管税务机关办理纳税申报，并在税务机关核定的期限内缴纳土地增值税。这里所说的"房地产所在地"，是指房地产的坐落地。纳税人转让的房地产坐落在两个或两个以上地区的，应按房地产所在地分别申报纳税。

(二) 纳税申报

土地增值税的纳税人应在转让房地产合同签订后的 7 日内，到房地产所在地主管税务机关办理纳税申报，并向税务机关提交房屋及建筑物产权、土地使用权证书，土地转让、房产买卖合同，房地产评估报告及其他与转让房地产有关的资料，并在税务机关核定的期限内缴纳。纳税人因经常发生房地产转让而难以在每次转让后申报的，经税务机关审核同意后，可以定期进行纳税申报，具体期限由税务机关根据情况确定。

第五讲　房产税会计

【知识要点】

一、房产税概述

房产税是以房屋为征税对象，按照房屋的计税余值或租金收入，向产权所有人征收的一种财产税。现行房产税法的基本规范是 1986 年 9 月 15 日国务院颁布的《中华人民共和国房产税暂行条例》(以下简称《房产税暂行条例》)。

(一) 纳税人

房产税的纳税人是指房屋的产权所有人，即在我国境内拥有房屋产权的单位和个人。

(1) 我国房屋的产权所有人主要分为国家、集体和个人。产权属国家所有的，由经营管理单位缴纳房产税；产权属集体和个人所有的，由集体单位和个人缴纳房产税。

(2) 产权出典的，由承典人缴纳房产税。

(3) 产权所有人、承典人不在房产所在地的，或者产权未确定及租典纠纷未解决的，由房产代管人或者使用人缴纳房产税。

自 2009 年 1 月 1 日起，外商投资企业、外国企业和组织以及外籍个人，依照《房产税暂行条例》缴纳房产税。

(二) 征税范围

房产税的征税范围为城市、县城、建制镇和工矿区,不涉及农村,而且仅限于经营性房屋。

城市是指国务院批准设立的市。县城是指县人民政府所在地的地区。建制镇是指经省、自治区、直辖市人民政府批准设立的建制镇,其范围为镇人民政府所在地,不包括所辖的行政村。工矿区是指工商业比较发达、人口比较集中、符合国务院规定的建制镇标准但尚未设立建制镇的大中型工矿企业所在地。开征房产税的工矿区须经省、自治区、直辖市人民政府批准。

(三) 计税依据

我国现行房产税的计税依据是房产的计税价值或房产的租金收入。房地产开发企业建造的商品房,在出售前不征收房产税;但对出售前房地产开发企业已使用或出租、出借的商品房,应按规定征收房产税。

按照房产计税价值计征的,为从价计征;按照房产租金收入计征的,为从租计征。

1. 从价计征的计税依据

我国《房产税暂行条例》规定,房产税依照房产原值一次减除10%～30%后的余值计算缴纳。各地扣除比例由当地省、自治区、直辖市人民政府确定。

自2009年1月1日起,对依照房产原值计税的房产,不论是否记载在会计账簿固定资产账户中,均应按照房屋原价计算缴纳房产税。房屋原价应根据国家有关会计制度规定进行核算。自2010年12月21日起,对按照房产原值计税的房产,无论会计上如何核算,房产原值均应包含地价,包括为取得土地使用权支付的价款、开发土地发生的成本费用等。

2. 从租计征的计税依据

从租计征是指按房产租金为计税依据征税。房产租金收入是房屋产权所有人出租房产使用权所得的报酬,包括货币收入和实物收入。

(四) 税率

我国现行房产税采用的是比例税率。由于房产税的计税依据分为从价计征和从租计征两种形式,所以房产税的税率也有两种:一种是按房产原值一次减除10%～30%后的余值计征的,税率为1.2%;另一种是按房产出租的租金收入计征的,税率为12%。从2001年1月1日起,对个人按市场价格出租的居民住房,用于居住的,可暂减按4%的税率征收房产税。自2008年3月1日起,对个人出租住房,不区分用途,按4%的税率征收房产税。

(五) 税收优惠

(1) 国家机关、人民团体、军队自用的房产免征房产税。但上述免税单位的出租房产以及非自身业务使用的生产、营业用房,不属于免税范围。

(2) 由国家财政部门拨付事业经费的单位,如学校、医疗卫生单位、托儿所、幼儿园、敬老院、文化、体育、艺术这些实行全额或差额预算管理的事业单位所有的,本身业务范围内使用的房产免征房产税。

(3) 宗教寺庙、公园、名胜古迹自用的房产免征房产税。

(4) 个人所有非营业用的房产免征房产税。

个人所有的非营业用房,主要是指居民住房,不分面积多少,一律免征房产税。

对个人拥有的营业用房或者出租的房产,不属于免税房产,应照章纳税。

(5) 对行使国家行政管理职能的中国人民银行总行(含国家外汇管理局)所属分支机构自

用的房产，免征房产税。

(6) 经财政部批准免税的其他房产。主要包括：①损坏不堪使用的房屋和危险房屋，经有关部门鉴定，在停止使用后，可免征房产税。②纳税人因房屋大修导致连续停用半年以上的，在房屋大修期间免征房产税。③在基建工地为基建工程服务的各种工棚、材料棚等临时性房屋，在施工期间一律免征房产税；施工结束后，施工企业将这种临时性房屋交还或估价转让给基建单位的，应从基建单位接受的次月起照章纳税。

(7) 自 2018 年 10 月 1 日至 2020 年 12 月 31 日，对按照去产能和调结构政策要求停产停业、关闭的企业，自停产停业次月起，免征房产税、城镇土地使用税。

(8) 自 2019 年 1 月 1 日至 2021 年 12 月 31 日，对国家级、省级科技企业孵化器、大学科技园和国家备案众创空间自用以及无偿或通过出租等方式提供给在孵对象使用的房产免征房产税。

(9) 自 2019 年 1 月 1 日至 2021 年 12 月 31 日，对高校学生公寓免征房产税。

(10) 自 2019 年 1 月 1 日至 2021 年 12 月 31 日，对农产品批发市场、农贸市场(包括自有和承租，下同)专门用于经营农产品的房产、土地，暂免征收房产税。

(11) 自 2019 年 1 月 1 日至 2020 年 12 月 31 日，对向居民供热收取采暖费的供热企业，为居民供热所使用的厂房及土地免征房产税；对供热企业其他厂房及土地，应当按照规定征收房产税。

二、应纳税额的计算及会计处理

(一) 应纳税额的计算

房产税的计税依据有两种，与之相适应的应纳税额计算也分为两种：一是从价计征的计算，二是从租计征的计算。

1. 从价计征的计算

从价计征是按房产的原值减除一定比例后的余值计征，其计算公式为：

$$应纳税额=应税房产原值\times(1-扣除比例)\times1.2\%$$

2. 从租计征的计算

从租计征是按房产的租金收入计征，其计算公式为：

$$应纳税额=租金收入\times12\%(或4\%)$$

(二) 会计处理

纳税人期末按规定计算当期应纳房产税时，借记“税金及附加”账户，贷记“应交税费——应交房产税”账户；申报缴纳房产税时，借记“应交税费——应交房产税”账户，贷记“银行存款”账户。

【技能操作】

【例 7-12】 某企业 2019 年拥有经营性房产 50 000 平方米，账面原值为 3 500 万元(税务机关核定的计税余值扣除比例为 30%)，其中用于对外出租的房屋 6 000 平方米，房产原值为 500 万元，每月收取租金 25 000 元。当地税务机关核定房产税每年征收一次。计算该企业当年应缴纳的房产税，并进行会计处理。

计算企业当年应交房产税金额：

自用房屋房产税计算=(3 500－500)×(1－30%)×1.2%=25.2(万元)

房租收入应纳房产税=25 000×12×12%=36 000(元)

应纳房产税总额＝252 000＋36 000＝288 000(元)

会计处理如下：

(1) 计提房产税时：

借：税金及附加　　288 000

　贷：应交税费——应交房产税　　288 000

(2) 缴纳房产税时：

借：应交税费——应交房产税　　288 000

　贷：银行存款　　288 000

三、征收管理

房产税实行按年计算、分期缴纳的征收方法，具体纳税期限由省、自治区、直辖市人民政府确定。房产税在房产所在地缴纳，房产不在同一地方的纳税人，应按房产的坐落地点分别向房产所在地的税务机关纳税。

第六讲　契税会计

【知识要点】

一、契税概述

契税是以在我国境内转移土地、房屋权属为征税对象，向产权承受人征收的一种税。现行契税的基本规范，是1997年7月7日国务院发布并于同年10月1日开始实施的《契税暂行条例》。

(一) 纳税人

契税的纳税人是指在我国境内转移土地、房屋权属，承受的单位和个人。土地、房屋权属是指土地使用权和房屋所有权。单位是指企业单位、事业单位、国家机关、军事单位和社会团体以及其他组织。个人是指个体经营者和其他个人，包括中国公民和外籍人员。

(二) 征税对象

契税的征税对象为在我国境内转移土地、房屋权属，具体包括以下六项内容：

(1) 国有土地使用权出让是指土地使用者向国家交付土地使用权出让费用，国家将国有土地使用权在一定年限内让与土地使用者的行为。

(2) 土地使用权的转让是指土地使用者以出售、赠与、交换或者其他方式将土地使用权转移给其他单位和个人的行为。土地使用权的转让不包括农村集体土地承包经营权的转移。

(3) 房屋买卖是指以货币为媒介，出卖者向购买者过渡房产所有权的交易行为。

(4) 房屋赠与是指房屋产权所有人将房屋无偿转让给他人所有。

(5) 房屋交换是指房屋所有者之间互相交换房屋的行为。

(6) 承受国有土地使用权支付的土地出让金。

有些特殊方式转移土地、房屋产权的，也视同土地使用权转让、房屋买卖或者房屋赠与：一是以土地、房屋权属作价投资、入股；二是以土地、房屋权属抵债；三是以获奖方式承受土地、房屋权属；四是以预购方式或者预付集资建房款方式承受土地、房屋权属。

(三) 税率

契税实行3%～5%的幅度税率。各省、自治区、直辖市人民政府可以在规定的幅度内，按照本地区的实际情况决定。

(四) 税收优惠

(1) 国家机关、事业单位、社会团体、军事单位承受土地、房屋用于办公、教学、医疗、科研和军事设施的，免征契税。

(2) 城镇职工按规定第一次购买公有住房，免征契税。

(3) 因不可抗力灭失住房而重新购买住房的，酌情减免。不可抗力是指自然灾害、战争等不能预见、不可避免，并不能克服的客观情况。

(4) 土地、房屋被县级以上人民政府征用、占用后，重新承受土地、房屋权属的，由省级人民政府确定是否减免。

(5) 承受荒山、荒沟、荒丘、荒滩土地使用权，并用于农、林、牧、渔业生产的，免征契税。

(6) 经外交部确认，依照我国有关法律规定以及我国缔结或参加的双边和多边条约或协定，应当予以免税的外国驻华使馆、领事馆、联合国驻华机构及其外交代表、领事官员和其他外交人员承受土地、房屋权属。

(7) 公租房经营单位购买住房作为公租房的，免征契税。

(8) 对个人购买家庭唯一住房、面积为90平方米及以下的，减按1%的税率征收契税；面积为90平方米以上的，减按1.5%的税率征收契税。

(9) 对个人购买家庭第二套改善性住房，面积为90平方米及以下的，减按1%的税率征收契税；面积为90平方米以上的，减按2%的税率征收契税。

(10) 纳税人申请享受税收优惠的，根据纳税人的申请或授权，由购房所在地的房地产主管部门出具纳税人家庭住房情况书面查询结果，并将查询结果和相关住房信息及时传递给税务机关。暂不具备查询条件而不能提供家庭住房查询结果的，纳税人应向税务机关提交家庭住房实有套数书面诚信保证，诚信保证不实的，属于虚假纳税申报，按照《中华人民共和国税收管理法》的有关规定处理，并将不诚信记录纳入个人征信系统。

二、应纳税额的计算及会计处理

(一) 应纳税额的计算

1. 计税依据

契税的计税依据为不动产的价格。由于土地、房屋权属转移方式不同，定价方法不同，因而具体计税依据视不同情况而决定。主要包括：

(1) 国有土地使用权出让、土地使用权出售、房屋买卖，以成交价格为计税依据。

(2) 土地使用权赠与、房屋赠与，由征收机关参照土地使用权出售、房屋买卖的市场价格核定。

(3) 土地使用权交换、房屋交换，为所交换的土地使用权、房屋的价格差额。也就是说，交换价格相等时，免征契税；交换价格不等时，由多交付的货币、实物、无形资产或者其他经济利益的一方缴纳契税。

(4) 以划拨方式取得土地使用权，经批准转让房地产时，由房地产转让者补缴契税。计税依据为补缴的土地使用权出让费用或者土地收益。

2. 应纳税额的计算

契税采用比例税率，当计税依据确定以后，应纳税额的计算比较简单。其计算公式为：

应纳税额=计税依据×税率

(二) 会计处理

契税应纳税款应通过"应交税费——应交契税"账户进行核算。企业在取得房产所有权，按规定计算应纳契税额时，借记"固定资产""无形资产"等账户，贷记"应交税费——应交契税"账户。企业也可以不通过"应交税费——应交契税"账户核算。当实际缴纳契税时，借记"固定资产""无形资产"账户，贷记"银行存款"账户。

【技能操作】

【例 7-13】 某企业接受捐赠房产一幢，房屋按市场售价计算应为 500 万元，假设契税税率为 5%。计算该企业应缴纳的契税，并进行会计处理。

应纳税额=5 000 000×5%=250 000(元)

会计处理如下：

(1) 计提契税时：

借：固定资产　　250 000

　　贷：应交税费——应交契税　　250 000

(2) 实际缴纳契税时：

借：应交税费——应交契税　　250 000

　　贷：银行存款　　250 000

三、征收管理

契税的纳税人应当自纳税义务发生之日起 10 日内，向土地、房屋所在地的契税征收机关办理纳税申报，并在契税征收机关核定的期限内缴纳税款。

第七讲　车辆购置税会计

【知识要点】

一、车辆购置税概述

车辆购置税法是指国家制定的用以调整车辆购置税征收与缴纳权利及义务关系的法律规范。现行车辆购置税法的基本规范，是 2018 年 12 月 29 日第十三届全国人民代表大会常务委员会第七次会议通过，并于 2019 年 7 月 1 日起施行的《中华人民共和国车辆购置税法》(以下简称《车辆购置税法》)。车辆购置税是指在中华人民共和国境内购置汽车、有轨电车、汽车挂车、排气量超过 150 毫升的摩托车(以下统称应税车辆)的购置者征收的一种税。征收车辆购置税有利于合理筹集财政资金，规范政府行为，调节收入差距，也有利于配合打击车辆走私和维护国家权益。

(一) 纳税人

车辆购置税的纳税人是指在我国境内购置应税车辆的单位和个人。单位包括国有企业、集体企业、私营企业、股份制企业、外商投资企业、外国企业以及其他企业、事业单位、社会团体、国家机关、部队以及其他单位。个人包括个体工商户及其他个人，既包括中国公民又包括外国公民。购置包括购买、进口、自产、受赠、获奖或者以其他方式取得并自用应税车辆的行为。

(二) 征税范围

车辆购置税的征税范围包括汽车、摩托车、电车、挂车、农用运输车，具体规定如下所述。

1. 汽车

汽车包括各类汽车。

2. 摩托车

(1) 轻便摩托车：最高设计时速不大于50千米/时，发动机气缸总排量不大于50立方厘米的两个或三个车轮的机动车。

(2) 二轮摩托车：最高设计车速大于50千米/时，或发动机气缸总排量大于50立方厘米的两个车轮的机动车。

(3) 三轮摩托车：最高设计车速大于50千米/时，发动机气缸总排量大于50立方厘米，空车质量不大于400千克的三个车轮的机动车。

3. 电车

(1) 无轨电车：以电能为动力，由专用输电电缆供电的轮式公共车辆。

(2) 有轨电车：以电能为动力，在轨道上行驶的公共车辆。

4. 挂车

(1) 全挂车：无动力设备，独立承载，由牵引车辆牵引行驶的车辆。

(2) 半挂车：无动力设备，与牵引车共同承载，由牵引车辆牵引行驶的车辆。

5. 农用运输车

(1) 三轮农用运输车：柴油发动机，功率不大于7.4千瓦，载重量不大于500千克，最高车速不大于40千米/时的三个车轮的机动车。

(2) 四轮农用运输车：柴油发动机，功率不大于28千瓦，载重量不大于1 500千克，最高车速不大于50千米/时的四个车轮的机动车。

(三) 税率

车辆购置税实行统一比例税率，税率为10%。

(四) 计税依据

车辆购置税的计税依据有以下几种情况：

(1) 纳税人购买自用的应税车辆的计税依据，为纳税人购买应税车辆而支付给销售者的全部价款和价外费用，不包括增值税税款。

(2) 纳税人进口自用的应税车辆以组成计税价格为计税依据，组成计税价格的计算公式为：

$$计税价格=关税完税价格+关税+消费税$$

进口自用的应税车辆是指纳税人直接从境外进口或委托代理进口自用的应税车辆，即非贸易方式进口自用的应税车辆。

(3) 纳税人自产、受赠、获奖或者以其他方式取得并自用的应税车辆的计税依据，凡不能或不能准确提供车辆价格的，由主管税务机关依国家税务总局核定的、相应类型的应税车辆的最低计税价格确定。

(4) 纳税人购买自用或者进口自用应税车辆，申报的计税价格低于同类型应税车辆的最低计税价格，又无正当理由的，按照最低计税价格征收车辆购置税。最低计税价格由国家税务总局依据全国市场的平均销售价格制定。

（五）税收优惠

车辆购置税的免税、减税，按照下列规定执行：

(1) 外国驻华使馆、领事馆和国际组织驻华机构及其外交人员自用的车辆，免税。

(2) 中国人民解放军和中国人民武装警察部队列入军队武器装备订货计划的车辆，免税。

(3) 设有固定装置的非运输车辆，免税。

(4) 有国务院规定予以免税或者减税的其他情形的，按照规定免税或者减税。

(5) 农用三轮运输车免征车辆购置税。

(6) 自2016年1月1日起至2020年12月31日止，对城市公交企业购置的公共汽电车辆免征车辆购置税。

(7) 悬挂应急救援专用号牌的国家综合性消防救援车辆免税；

(8) 回国服务的在外留学人员用现汇购买1辆个人自用国产小汽车和长期来华定居专家进口1辆自用小汽车免征车辆购置税。

(9) 防汛部门和森林消防部门用于指挥、检查、调度、报汛(警)、联络的由指定厂家生产的设有固定装置的指定型号的车辆免征车辆购置税。

(10) 自2018年1月1日至2020年12月31日，对购置的新能源汽车免征车辆购置税。

(11) 自2018年7月1日至2021年6月31日，对购置挂车减半征收车辆购置税。

(12) 中国妇女发展基金会“母亲健康快车”项目的流动医疗车免征车辆购置税。

(13) 原公安现役部队和原武警黄金、森林、水电部队改制后换发地方机动车牌证的车辆(公安消防、武警森林部队执行灭火救援任务的车辆除外)，一次性免征车辆购置税。

二、应纳税额的计算及会计处理

（一）应纳税额的计算

车辆购置税实行从价定率的办法计算应纳税额。应纳税额的计算公式为：

应纳税额＝计税依据×税率

（二）会计处理

企业购置(包括购买、进口、自产、受赠、获奖或者以其他方式取得并自用)应税车辆，按规定缴纳的车辆购置税，借记“固定资产”等账户，贷记“银行存款”账户。

企业购置的减税、免税车辆改制后用途发生变化的，按规定应补缴的车辆购置税，借记“固定资产”等账户，贷记“银行存款”账户。作为固定资产成本构成的车辆购置税，在车辆使用期间，以计提折旧的方式可以在税前扣除。

【技能操作】

【例7-14】 某企业8月购进一辆小汽车，增值税专用发票上所列的价款为10万元，增值税额1.3万元。计算该企业缴纳的车辆购置税，并进行会计处理。

应纳税额＝10×10%＝1(万元)

会计处理如下：

借：固定资产	110 000
应交税费——应交增值税(进项税额)	13 000
贷：银行存款	123 000

三、征收管理

(一) 纳税地点

纳税人购置应税车辆，应当向车辆登记注册地的主管税务机关申报纳税；购置不需要办理车辆登记注册手续的应税车辆，应当向纳税人所在地的主管税务机关申报纳税。

(二) 纳税期限

纳税人购买自用应税车辆的，应当自购买之日起60日内申报纳税；进口自用应税车辆的，应当自进口之日起60日内申报纳税；自产、受赠、获奖或者以其他方式取得并自用应税车辆的，应当自取得之日起60日内申报纳税。

第八讲　车船税会计

【知识要点】

一、车船税概述

车船税是指对在中华人民共和国境内属于车船税税目税额表中规定的车辆、船舶的所有人或者管理人征收的一种税。现行车船税的基本规范，是2011年2月25日由中华人民共和国第十一届全国人民代表大会常务委员会第十九次会议通过，并于2012年1月1日起实施的《中华人民共和国车船税法》(以下简称《车船税法》)。

(一) 纳税人

车船税的纳税人是指在中华人民共和国境内，属于《车船税法》所附车船税税目税额表规定的车辆、船舶(简称车船)的所有人或者管理人。

(二) 征税范围

车船税的征税范围是指在中华人民共和国境内属于《车船税法》所附车船税税目税额表规定的车辆、船舶。车辆、船舶是指：

(1) 依法应当在车船登记管理部门登记的机动车辆和船舶；

(2) 依法不需要在车船登记管理部门登记的在单位内部场所行驶或者作业的机动车辆和船舶。

(三) 税目与税率

车船税实行定额税率。定额税率，也称固定税额，是税率的一种特殊形式。车船税的适用税额，依照《车船税法》所附的车船税税目税额表执行。

车辆的具体适用税额由省、自治区、直辖市人民政府依照车船税税目税额表规定的税额幅度和国务院的规定确定。船舶的具体适用税额由国务院在车船税税目税额表规定的税额幅度内确定。

车船税确定税额的总原则是：非机动车船的税负轻于机动车船，人力车的税负轻于畜力车，小吨位船舶的税负轻于大船舶。由于车辆与船舶的行驶情况不同，车船税的税额也有所不同。车船税税目税额表，如表7-3所示。

1. 机动船舶具体适用税额

机动船舶具体适用税额为：

表 7-3　　车船税税目税额表

税目		计税单位	年基准税额	备注
乘用车[按发动机气缸容量(排气量)分档]	1.0 升(含)以下的	每辆	60～360 元	核定载客人数 9 人(含)以下
	1.0 升以上至 1.6 升(含)的		300～540 元	
	1.6 升以上至 2.0 升(含)的		360～660 元	
	2.0 升以上至 2.5 升(含)的		660～1 200 元	
	2.5 升以上至 3.0 升(含)的		1 200～2 400 元	
	3.0 升以上至 4.0 升(含)的		2 400～3 600 元	
	4.0 升以上的		3 600～5 400 元	
商用车	客车	每辆	480～1 440 元	核定载客人数 9 人,包括电车
	货车	整备质量每吨	16～120 元	包括半挂牵引车、三轮汽车和低速载货汽车等
挂车		整备质量每吨	按照货车税额的 50%计算	
其他车辆	专用作业车	整备质量每吨	16～120 元	不包括拖拉机
	轮式专用机械车		16～120 元	
摩托车		每辆	36～180 元	
船舶	机动船舶	净吨位每吨	3～6 元	拖船、非机动驳船分别按机动船舶税额的 50%计算
	游艇	艇身长度每米	600～2 000 元	

(1) 净吨位不超过 200 吨的,每吨 3 元。

(2) 净吨位超过 200 吨但不超过 2 000 吨的,每吨 4 元。

(3) 净吨位超过 2 000 吨但不超过 10 000 吨的,每吨 5 元。

(4) 净吨位超过 10 000 吨的,每吨 6 元。

拖船按照发动机功率每 1 千瓦折合净吨位 0.67 吨计算征收车船税。

2. 游艇具体适用税额

游艇具体适用税额为:

(1) 艇身长度不超过 10 米的,每米 600 元。

(2) 艇身长度超过 10 米但不超过 18 米的,每米 900 元。

(3) 艇身长度超过 18 米但不超过 30 米的,每米 1 300 元。

(4) 艇身长度超过 30 米的,每米 2 000 元。

(5) 辅助动力帆艇,每米 600 元。

(四) 税收优惠

1. 法定减免

(1) 捕捞、养殖渔船是指在渔业船舶管理部门登记为捕捞船或者养殖船的船舶。

(2) 军队、武装警察部队专用的车船是指按照规定在军队、武装警察部队车船管理部门登记，并领取军队、武警牌照的车船。

(3) 警用车船是指公安机关，国家安全机关，监狱、劳动教养管理机关和人民法院、人民检察院领取警用牌照的车辆和执行警务的专用船舶。

(4) 依照法律规定应当予以免税的外国驻华使领馆、国际组织驻华代表机构及其有关人员的车船。

(5) 对节约能源、使用新能源的车船可以减征或者免征车船税；对受严重自然灾害影响纳税困难以及有其他特殊原因确需减税、免税的，可以减征或者免征车船税。

(6) 省、自治区、直辖市人民政府根据当地实际情况，可以对公共交通车船，农村居民拥有并主要在农村地区使用的摩托车、三轮汽车和低速载货汽车定期减征或者免征车船税。

(7) 国家综合性消防救援车辆由部队号牌改挂应急救援专用号牌的，一次性免征改挂当年车船税。

2. 特定减免

(1) 经批准临时入境的外国车船和香港特别行政区、澳门特别行政区、台湾地区的车船，不征收车船税。

(2) 按照规定缴纳船舶吨税的机动船舶，自《车船税法》实施之日起 5 年内免征车船税。

(3) 机场、港口内部行驶或作业的车船，自《车船税法》实施之日起 5 年内免征车船税。

二、应纳税额的计算及会计处理

(一) 应纳税额的计算

(1) 乘用车、商用车客车、摩托车，计算公式为：

应纳税额＝应税车辆数×单位税额

(2) 商用车货车、挂车、其他车辆，计算公式为：

应纳税额＝整备质量吨数×单位税额

(3) 机动船舶，计算公式为：

应纳税额＝净吨位数×单位税额

(4) 游艇，计算公式为：

应纳税额＝艇身长度×单位税额

(5) 购置的新车船，购置当年的应纳税额自纳税义务发生的当月起按月计算。计算公式为：

应纳税额＝(年应纳税额÷12)×应纳税月份数

(二) 会计处理

企业应在“应交税费”账户下设置“应交车船税”明细账户。在计算应缴纳的车船税时，借记“税金及附加”等账户，贷记“应交税费——应交车船税”账户；缴纳时，借记“应交税费——应交车船税”账户，贷记“银行存款”等账户。

【技能操作】

【例 7-15】 某航运公司拥有机动船 30 艘(其中净吨位为 600 吨的 12 艘，2 000 吨的 8 艘，5 000 吨的 10 艘)，600 吨的单位税额 3 元、2 000 吨的单位税额 4 元、5 000 吨的单位税额 5 元。计算该航运公司年应纳车船税额，并进行会计处理。

该公司年应纳车船税税额＝12×600×3＋8×2 000×4＋10×5 000×5

＝21 600＋64 000＋250 000＝335 600(元)

会计处理如下：

(1) 计提车船税时：

借：税金及附加　　335 600

　贷：应交税费——应交车船税　　335 600

(2) 缴纳车船税时：

借：应交税费——应交车船税　　335 600

　贷：银行存款　　335 600

三、征收管理

(一) 纳税期限

车船税的纳税义务发生时间为取得车船所有权或者管理权的当月。以购买车船的发票或其他证明文件所载日期的当月为准。

车船税按年申报，分月计算，一次性缴纳。纳税年度为公历 1 月 1 日至 12 月 31 日。

(二) 纳税地点

车船税的纳税地点为车船的登记地或者车船税扣缴义务人所在地。依法不需要办理登记的车船，车船税的纳税地点为车船的所有人或者管理人所在地。

第九讲　船舶吨税会计

【知识要点】

一、船舶吨税概述

船舶吨税是根据船舶运载量课征的一个税种，源于明以后税关的“船料”。中英鸦片战争后，海关对出入中国口岸的商船按船舶吨位计征税款，故称船舶吨税。除海关外，内地常关也对过往船只征船料，直到 1931 年常关撤销时，船料废止。现行船舶吨税的基本规范是 2017 年 12 月 27 日第十二届全国人民代表大会常务委员会第三十一次会议通过《中华人民共和国船舶吨税法》，自 2018 年 7 月 1 日起施行。

(一) 纳税人

船舶吨税的纳税人为拥有或租有进出中国港口的国际航行船舶的单位和个人。船舶吨税的征税对象是自中华人民共和国境外港口进入境内港口的船舶(以下简称应税船舶)，应当缴纳船舶吨税(以下简称吨税)。船舶吨税的税目、税率依照《船舶吨税暂行条例》所附《吨税税目税率表》执行。

(二) 税目和税率

吨税设置优惠税率和普通税率。中华人民共和国国籍的应税船舶，船籍国(地区)与中华人民共和国签订含有相互给予船舶税费最惠国待遇条款的条约或者协定的应税船舶，适用优惠税率。其他应税船舶，适用普通税率。《吨税税目税率表》(见表 7-4)的调整由国务院决定。

表 7-4 吨税税目税率表

税目（按船舶净吨位划分）	税率（元/净吨）						备 注
	普通税率			优惠税率			
	1年	90日	30日	1年	90日	30日	
不超过 2 000 净吨	12.6	4.2	2.1	9.0	3.0	1.5	拖船和非机动驳船分别按相同净吨位船舶税率的 50%计征税款
超过 2 000 净吨，但不超过 10 000 净吨	24.0	8.0	4.0	17.4	5.8	2.9	
超过 10 000 净吨，但不超过 50 000 净吨	27.6	9.2	4.6	19.8	6.6	3.3	
超过 50 000 净吨	31.8	10.6	5.3	22.8	7.6	3.8	

注：拖船是指专门用于拖（推）动运输船舶的专业作业船舶，拖船按照发动机功率每 1 千瓦折合净吨位 0.67 吨；无法提供净吨位证明文件的游艇，按照发动机功率每千瓦折合净吨位 0.05 吨；非机动驳船是指在船舶管理部门登记为驳船的非机动船舶。

（三）税收优惠

下列船舶免征吨税：

（1）应纳税额在人民币 50 元以下的船舶。

（2）自境外以购买、受赠、继承等方式取得船舶所有权的初次进口到港的空载船舶。

（3）吨税执照期满后 24 小时内不上下客货的船舶。

（4）非机动船舶（不包括非机动驳船）。

（5）捕捞、养殖渔船（需要在中华人民共和国渔业船舶管理部门登记为捕捞船或者养殖渔船的）。

（6）避难、防疫隔离、修理、终止运营或者拆解，并不上下客货的船舶。

（7）军队、武装警察部队专用或者征用的船舶。

（8）警用船舶。

（9）依照法律规定应当予以免税的外国驻华使领馆、国际组织驻华代表机构及其有关人员的船舶。

（10）国务院规定的其他船舶。

二、船舶吨税的计算和会计处理

（一）应纳税额的计算

吨税按照船舶净吨位和吨税执照期限征收。应纳税额按照船舶净吨位乘以适用税率计算。净吨位是指由船籍国（地区）政府授权签发的船舶吨位证明书上标明的净吨位。计算公式为：

$$应纳税额=船舶净吨位\times定额税率$$

【技能操作】

【例 7-16】 A 国某运输公司一艘货轮驶入我国某港口，该货轮净吨为 30 000 吨，货轮已领取吨税执照，在港口停留期限为 30 天，并享受最惠国待遇。请计算应纳的船舶吨税。

应纳船舶吨税＝30 000×3.3＝99 000（元）

（二）会计处理

船舶吨税的会计处理与车船税相同。

三、船舶吨税的征收管理

（一）征收机关

吨税由海关负责征收。海关征收吨税应当制发缴款凭证。

（二）纳税义务发生时间和纳税期限

吨税纳税义务发生时间为应税船舶进入港口的当日。

应税船舶在吨税执照期满后尚未离开港口的，应当申领新的吨税执照，自上一次执照期满的次日起续缴吨税。

应税船舶负责人应当自海关填发吨税缴款凭证之日起15日内向指定银行缴清税款。未按期缴清税款的，自滞纳税款之日起，按日加收滞纳税款0.5‰的滞纳金。

第十讲　印花税会计

【知识要点】

一、印花税概述

印花税是对经济活动和经济交往中书立、领受应税凭证的行为为征税对象征收的一种税。现行印花税的基本规范，是1988年8月6日国务院发布并于同年10月1日实施的《印花税暂行条例》。

（一）纳税人

在中华人民共和国境内书立、使用、领受《印花税暂行条例》所列举凭证的单位和个人，都是印花税的纳税人。单位和个人是指国内各类企业、事业、机关、团体、部队以及中外合资企业、合作企业、外资企业、外国公司和其他经济组织及其在华机构等单位和个人。具体包括：

（1）立合同人。这是指合同的当事人，但不包括合同的担保人、证人、鉴定人。

（2）立据人。产权转移书据的纳税人是立据人。

（3）立账簿人。营业账簿的纳税人是立账簿人，是指设立并使用营业账簿的单位和个人。

（4）领受人。权利、许可证照的纳税人是领受人，是指领取或接受并持有该项凭证的单位和个人。

（5）使用人。在国外书立、领受，但在国内使用的应税凭证，其纳税人是使用人。

（6）各类电子应税凭证的签订人。

值得注意的是，对应税凭证，凡由两方或两方以上当事人共同书立的，其当事人各方都是印花税的纳税人，应各就其所持凭证的计税金额履行纳税义务。

（二）税目

印花税的税目是指印花税法明确规定的应当纳税的项目。一般来说，列入税目的就要征税，未列入税目的就不征税。目前我国印花税共有13个税目，具体如下：

（1）购销合同，包括供应、预购、采购、购销结合及协作、调剂、补偿、贸易等合同。

（2）加工承揽合同，包括加工、定做、修缮、修理、印刷、广告、测绘、测试等合同。

（3）建设工程勘察设计合同，包括勘察、设计合同。

(4) 建筑安装工程承包合同,包括建筑物、安装工程承包合同。

(5) 财产租赁合同,包括租赁房屋、船舶、飞机、机动车辆、机械、器具、设备等合同,还包括企业、个人出租门店、柜台等签订的合同。

(6) 货物运输合同,包括民用航空、铁路运输、海上运输、公路运输和联运合同,以及作为合同使用的单据。

(7) 仓储保管合同,包括仓储、保管合同,以及作为合同使用的仓单、栈单等。

(8) 借款合同。银行及其他金融组织与借款人(不包括银行同业拆借)所签订的合同,以及只填开借据并作为合同使用、取得银行借款的借据。银行及其他金融机构经营的融资租赁业务,是指一种以融物方式达到融资目的的业务,实际上是分期偿还的固定资金借款,因此融资租赁合同也属于借款合同。

(9) 财产保险合同,包括财产、责任、保证、信用保险合同,以及作为合同使用的单据。财产保险合同,分为企业财产保险、机动车辆保险、货物运输保险、家庭财产保险和农牧业保险五大类。"家庭财产两全保险"属于家庭财产保险性质,其合同在财产保险合同之列,应照章纳税。

(10) 技术合同,包括技术开发、转让、咨询、服务等合同,以及作为合同使用的单据。

(11) 产权转移书据,包括财产所有权和版权、商标专用权、专利权、专有技术使用权等转移书据。

(12) 营业账簿,是指单位或者个人记载生产经营活动的财务会计核算账簿。营业账簿按其反映内容的不同,可分为记载资金的账簿和其他账簿。

(13) 权利、许可证照,包括政府部门发给的房屋产权证、工商营业执照、商标注册证、专利证、土地使用证。

(三) 税率

印花税税率有两种形式,即比例税率和定额税率。

1. 比例税率

在印花税的13个税目中,各类合同以及具有合同性质的凭证、产权转移书据、营业账簿中记载资金的账簿,适用比例税率。

印花税的比例税率分为4个档次,分别是0.05‰,0.3‰,0.5‰,1‰。

(1) 借款合同适用0.05‰的税率。

(2) 购销合同、建筑安装工程承包合同、技术合同适用0.3‰的税率。

(3) 加工承揽合同、建筑工程勘察设计合同、货物运输合同、产权转移书据、营业账簿税目中记载资金的账簿适用0.5‰的税率。

(4) 财产租赁合同、仓储保管合同、财产保险合同适用1‰的税率。

2. 定额税率

在印花税的13个税目中,专利、许可证照和营业账簿税目中的其他账簿,适用定额税率,均为按件贴花,税额为5元/件。

(四) 税收优惠

(1) 对已缴纳印花税凭证的副本或者抄本免税。

(2) 对财产所有人将财产赠与政府、社会福利单位、学校所立的书据免税。

(3) 对国家指定的收购部门与村民委员会、农民个人书立的农副产品收购合同免税。

(4) 对无息、贴息贷款合同免税。

(5) 对外国政府或者国际金融组织向我国政府及国家金融机构提供优惠贷款所书立的合同免税。

(6) 对房地产管理部门与个人签订的用于生活居住的租赁合同免税。

(7) 对农牧业保险合同免税。

(8) 2019 年 1 月 1 日至 2021 年 12 月 31 日,对与高校学生签订的高校学生公寓租赁合同免税。

(9) 对公租房经营管理单位建造管理公租房涉及的印花税予以免征。

(10) 对改造安置住房经营管理单位、开发商与改造安置住房相关的印花税以及购买安置住房的个人涉及的印花税自 2013 年 7 月 4 日起予以免征。

(11) 自 2018 年 5 月 1 日起,对按万分之五税率贴花的资金账簿减半征收印花税,对按件贴花五元的其他账簿免征印花税。

(12) 对全国社会保障基金理事会、全国社会保障基金投资管理人管理的全国社会保障基金转让非上市公司股权,免征全国社会保障基金理事会、全国社会保障基金投资管理人应缴纳的印花税。

二、应纳税额的计算及会计处理

(一) 应纳税额的计算

印花税分为比例税率和定额税率两种形式,其应纳税额的计算相应适用不同公式。

(1) 适用比例税率的应税凭证,其计算公式为:

应纳税额=计税金额×适用税率

(2) 适用定额税率的应税凭证,其计算公式为:

应纳税额=计税件数×定额税率

(二) 会计处理

由于印花税大多情况下采用"三自"(自行计算应纳税额,自行购买印花税票,自行一次贴足印花税票并加以注销或划销)纳税办法,不会形成税款债务,为了简化会计处理,可以不通过"应交税费"账户核算,在缴纳时,直接贷记"银行存款"账户。由于印花税的适用范围较广,其应记入账户应视业务的具体情况予以确定:若是固定资产、无形资产购销、转让、租赁,作为购买方或承受方、承租方,其支付的印花税,应借记"固定资产""无形资产""税金及附加"等账户;作为销售方或转让方、出租方,其支付的印花税,应借记"固定资产清理"账户。在其他情况下,企业支付的印花税,一般应借记"税金及附加"账户。

【技能操作】

【例 7-17】 某企业 10 月一次购买印花税票 500 元。

会计处理如下:

借:税金及附加	500	
贷:银行存款		500

三、征收管理

(一) 纳税方法

印花税根据税额大小、贴花次数以及税收征收管理的需要,分别采用以下三种纳税办法。

1. 自行贴花办法

自行贴花办法一般适用于应税凭证较少或者贴花次数较少的纳税人。纳税人书立、领受或者使用印花税法列举的应税凭证的同时，纳税义务即已产生，应当根据应纳税凭证的性质和适用的税目税率，自行计算应纳税额，自行购买印花税票，自行一次贴足印花税票并加以注销或划销，纳税义务才算全部履行完毕。这就是通常所说的“三自”纳税办法。

2. 汇贴或汇缴办法

汇贴或汇缴办法一般适用于应纳税额较大或者贴花次数频繁的纳税人。一份凭证应纳税额超过 500 元的，应向当地税务机关申请填写缴款书或者完税凭证，将其中一联粘贴在凭证上或者由税务机关在凭证上加注完税标记代替贴花。这就是通常所说的“汇贴”办法。

3. 委托代征办法

委托代征办法主要是通过税务机关的委托，经由发放或者办理应纳税凭证的单位代为征收印花税税款。

(二) 纳税环节

印花税应当在书立或领受时贴花，具体是指在合同签订时、账簿启用时和证照领受时贴花。如果合同是在国外签订，并且不便在国外贴花的，应在将合同带入境时办理贴花纳税手续。

(三) 纳税地点

印花税一般实行就地纳税。对于全国性商品物资订货会(包括展销会、交易会等)上所签订合同应纳的印花税，由纳税人回其所在地后及时办理贴花完税手续；对地方主办，不涉及省际关系的订货会、展销会上所签合同的印花税，其纳税地点由各省、自治区、直辖市人民政府自行确定。

单元测试

一、单项选择题

1. 地处市区的某内资企业为增值税一般纳税人，主要从事货物的生产与销售。2019 年 1 月按规定缴纳增值税 100 万元，同时补交上一年度增值税 10 万元及相应的滞纳金 1.595 万元、罚款 20 万元。该企业本月应缴纳城市维护建设税(　　)万元。

A. 5.50　　B. 7.00　　C. 7.70　　D. 9.17

2. 某一设在县城的乡镇企业，其缴纳城市维护建设税时适用的税率应为(　　)。

A. 7%　　B. 5%　　C. 3%　　D. 1%

3. 根据资源税法的有关规定，下列行为不需要缴纳资源税的是(　　)。

A. 个体工商户在境内开采煤炭资源　　B. 外商投资企业在我国境内开采铬矿石

C. 境内某企业销售其外购的天然气　　D. 境内一盐场生产固体盐后销售

4. 下列各项中，属于资源税扣缴义务人的是(　　)。

A. 收购未税矿产品的单位　　B. 收购未税矿产品的单位和个人

C. 收购已税矿产品的单位　　D. 收购已税矿产品的单位和个人

5. 下列各项中，不征资源税的是(　　)。

A. 盐　　B. 天然气　　C. 金属矿产品原矿　　D. 人造原油

6. 城镇土地使用税纳税人以(　　)的土地面积为计税依据。

A. 自用　B. 拥有　C. 实际占用　D. 被税务机关认定

7. 纳税人使用应税土地，应向（　　）纳税。

A. 纳税人居住地税务机关　B. 税务机关确定的地点

C. 土地所在地税务机关　D. 拥有土地使用权的单位所在地税务机关

8. 土地增值税的税率形式实行（　　）。

A. 超率累进税率　B. 超额累进税率

C. 超倍累进税率　D. 全额累进税率

9. 房地产开发企业，计提当期应缴纳的土地增值税，应当借记（　　）账户。

A. "在建工程"　B. "其他业务支出"

C. "固定资产清理"　D. "税金及附加"

10. 2019 年，王某将市区住房出租给柳某用于居住，取得租金 2 万元，该房产原值 40 万元，房产税的扣除比例为 20%，则王某缴纳的房产税是（　　）元。

A. 4 800　B. 3 840　C. 2 400　D. 800

11. 我国不征收房产税的地方是（　　）。

A. 县城　B. 农村　C. 城市　D. 建制镇

12. 某公司购买写字楼时应缴纳的税金是（　　）。

A. 土地增值税　B. 契税　C. 营业税　D. 城市维护建设税

13. 甲、乙两个单位互换经营性用房，甲房屋价格为 600 万元，乙房屋价格为 500 万元，当地契税税率为 3%。下列各项中，契税缴纳正确的是（　　）。

A. 甲交 33 万元　B. 甲交 3 万元　C. 乙交 33 万元　D. 乙交 3 万元

14. 下列关于车辆购置税的说法中，正确的是（　　）。

A. 外国公民在境内购置汽车，免征车辆购置税

B. 纳税人购买设有固定装置的非运输车辆，需要缴纳车辆购置税

C. 已税车辆更换变速箱，不需要重新办理车辆购置税纳税申报

D. 参加比赛获奖所得的汽车，不需要缴纳车辆购置税

15. 华联商厦有一汽车，为顾客送货，货车载重净吨位为 10 吨。当地省政府规定，载货汽车为 80 元/吨，该车每年应缴纳车船税（　　）元。

A. 800　B. 180　C. 200　D. 1 080

16. 车船税实行（　　）。

A. 比例税率　B. 累进税率　C. 定额税率　D. 差别比例税率

17. 某建筑安装工程公司与某大厦筹建处签订了一份承包金额为 8 000 万元的工程承包合同后，又将其中的 3 000 万元工程分包给了某市第一建筑公司，并签订了正式合同。该建筑安装工程公司应纳的印花税额为（　　）万元。

A. 0.9　B. 1.5　C. 2.4　D. 3.3

18. 下列各项中，与应税合同有关的印花税纳税人是（　　）。

A. 合同订立人　B. 合同担保人　C. 合同鉴证人　D. 合同证人

二、多项选择题

1. 下列项目中，应作为城市维护建设税计税依据的有（　　）。

A. 纳税人出口货物经批准免抵的增值税税款

B. 纳税人被税务机关查补的消费税税款

C. 纳税人欠税补缴的营业税税款

D. 纳税人因欠缴增值税被加收的滞纳金

2. 下列各项中,属于资源税纳税人的有( )。

A. 开采原煤的国有企业 B. 进口铁矿石的私营企业

C. 开采石灰石的个体经营者 D. 开采天然原油的外商投资企业

3. 下列各项中,免征城镇土地使用税的有( )。

A. 机场飞行区用地 B. 国家机关办公用地

C. 农副产品加工厂用地 D. 宗教寺庙内宗教人员的生活用地

4. 下列各项中,符合土地增值税征收管理有关规定的有( )。

A. 纳税人建造普通标准住宅出售,增值额未超过扣除项目金额20%的,减半征收土地增值税

B. 纳税人建造普通标准住宅出售,增值额未超过扣除项目金额20%的,免征土地增值税

C. 纳税人建造普通标准住宅出售,增值额超过扣除项目金额20%的,应对其超过部分的增值额按规定征收土地增值税

D. 纳税人建造普通标准住宅出售,增值额超过扣除项目金额20%的,应就其全部增值额按规定征收土地增值税

5. 房产税的计税依据有( )。

A. 房产净值 B. 租金收入 C. 房产原值 D. 房产余值

6. 契税的征税范围包括( )。

A. 国有土地使用权出让 B. 土地使用权转让,包括出售、赠与和交换

C. 房屋买卖 D. 房屋、土地使用权以外的固定资产转让

7. 下列车辆中,免征车辆购置税的有( )。

A. 防汛部门专用指挥车 B. 森林消防专用指挥车

C. 设有固定装置的非运输车辆 D. 外国驻华使馆自用车辆

8. 下列车辆中,应以"辆"作为车船税计税依据的有( )。

A. 电车 B. 摩托车 C. 微型客车 D. 半挂牵引车

三、判断题

1. 发生增值税、消费税减征时,不减征城市维护建设税。 ( )

2. 海关代征的增值税、消费税,同时计征城市维护建设税。 ( )

3. 纳税人以外购的液体盐加工固体盐,其加工固体盐所耗用液体盐的已纳税额准予抵扣。 ( )

4. 凡在中华人民共和国境内拥有土地使用权的单位和个人,均应依法缴纳城镇土地使用税。 ( )

5. 土地增值税扣除项目的房地产开发费用应按实际发生额扣除。 ( )

6. 纳税人按规定计算当期应纳房产税,应借记"管理费用"账户,贷记"应交税费——应交房产税"账户。 ( )

7. 宗教寺庙、公园、名胜古迹中附设的营业单位使用的房产,免征房产税。 ( )

8. 契税是以所有权发生转移变动的不动产为征税对象，向产权转让人征收的一种税。
（　　）

9. 车船税的纳税义务人，是指在中华人民共和国境内，所有车辆、船舶的所有人或者管理人。（　　）

10. 如一份应税合同由两方以上当事人签订并各持一份，则各方均为印花税纳税人。
（　　）

实务训练

1. 某企业地处市区，2019 年 5 月被税务机关查补增值税额 45 000 元、消费税额25 000元、所得税额 30 000 元，还被加收滞纳金 2 000 元，被处罚款 50 000 元。计算该企业应补缴的城市维护建设税和教育费附加。

2. 甲企业有 A、B、C 三块生产经营用地，A 土地使用权属于甲企业，面积 10 000 平方米，其中幼儿园占地 1 000 平方米，厂区内绿化占地 2 000 平方米；B 土地使用权属甲企业与乙企业共同拥有，面积 5 000 平方米，实际使用面积各半；C 面积 3 000 平方米，甲企业一直使用但土地使用权未确定。假设 A、B、C 的城镇土地使用税的单位税额为每平方米 5 元，计算甲企业全年应缴纳的城镇土地使用税。

3. 某工业企业转让一幢 20 世纪 90 年代建造的厂房，当时的造价为 100 万元，无偿取得土地使用权。如果按现行市场价的材料、人工费计算，建造同样的房子需要 600 万元，该房子为七成新，按 500 万元出售，支付有关税费共计 27.5 万元。计算企业转让旧房应缴纳的土地增值税。

4. 居民甲有两套住房，将一套出售给居民乙，成交价格为 200 000 元；将另一套住房与居民丙的一套住房交换，并支付给丙换房差价款 60 000 元。计算甲、乙、丙应缴纳的契税（假定税率为 4%）。

5. 某公司作为承包方签订建筑安装工程承包合同一份，承包金额 300 万元，公司随后又将其中的 100 万元业务分包给另一单位，并签订相关合同。计算该公司应缴纳的印花税。

6. 1 月 1 日，某企业拥有房产原值 660 万元，其中有一部分房产为企业办幼儿园使用，原值 100 万元。当地政府规定，按原值一次减除 20%后的余值纳税。按年计算，分月缴纳，税率为 1.2%。计算该企业应缴纳的房产税，并进行账务处理。

7. 某运输公司 2019 年拥有载货汽车 12 辆，货车整备质量全部为 5 吨；大型客车 10 辆；小型客车 18 辆。当地规定的车船使用税年税额为：载货汽车整备质量每吨 50 元；大型客车每辆 720 元，小型客车每辆 520 元。计算该公司 2019 年应缴纳的车船税，并进行账务处理。

参考答案

第一单元　导　论

【单元测试】

一、单项选择题

1. A　2. D　3. C　4. A　5. B　6. C　7. C　8. D　9. B

二、多项选择题

1. ABCD　2. ABCD　3. ABCD　4. ABC　5. ABCD

6. ABCD　7. BC

三、判断题

1. √　2. ×　3. ×　4. ×　5. ×　6. ×　7. √　8. √

四、简答题

略

第二单元　增值税

【单元测试】

一、单项选择题

1. C　2. B　3. A　4. C　5. A　6. D　7. C　8. B　9. C　10. B

11. A　12. D

二、多项选择题

1. AC　2. ABC　3. BCD　4. BD　5. BCD

6. ACD　7. BCD　8. ABCD　9. AC　10. AD

三、判断题

1. √　2. ×　3. ×　4. √　5. ×　6. √　7. ×　8. ×　9. ×　10. ×

四、简答题

略

【实务训练】

1. 销项税额＝9.04÷(1＋13％)×13％＝1.04(万元)

进项税额＝0.8(万元)

应纳税额＝1.04－0.8＝0.24(万元)

2. 进项税额＝2.6(万元)

视同销售业务的销项税额＝20×13％＝2.6(万元)

应纳税额＝2.6－2.6＝0(万元)

3. 该商场应缴纳增值税＝3 000÷(1＋13%)×13%＝345.13(元)

4. 可抵扣的增值税进项税额＝5×9%＋0.6×9%＝0.504(万元)

应纳增值税＝20×9%－0.504＝1.296(万元)

5. 当期销项税额＝100 000×20%×(1＋10%)×13%＝2 860(元)

当期可抵扣的进项税额＝100 000×13%－100 000×10%×13%＝11 700(元)

6. 8月取得的不含税销售额＝12.36÷(1＋3%)＝12(万元)

8月份应缴纳增值税税额＝12×3%＝0.36(万元)

7. 借:原材料　256 410
　　应交税费——应交增值税(进项税额)　33 333.30
　　贷:实收资本　250 000
　　　资本公积　39 743.30

8. 借:原材料　9 100
　　应交税费——应交增值税(进项税额)　900
　　贷:应付账款　10 000

9. 借:待处理财产损溢　11 300
　　贷:原材料　10 000
　　　应交税费——应交增值税(进项税额转出)　1 300

10. (1) 按加湿器的市场售价计提应付职工薪酬时:

借:生产成本　189 840
　制造费用　31 640
　管理费用　15 820
　贷:应付职工薪酬　237 300

(2) 发放加湿器时:

借:应付职工薪酬　237 300
　贷:主营业务收入　210 000
　　应交税费——应交增值税(销项税额)　27 300

借:主营业务成本　150 000
　贷:库存商品　150 000

第三单元　消费税

【单元测试】

一、单项选择题

1. D	2. A	3. D	4. D	5. C	6. D	7. C	8. C	9. B	10. A
11. B	12. B	13. D	14. C	15. D	16. B	17. D	18. D	19. C	20. C

二、多项选择题

1. CD	2. ABCD	3. AC	4. ACD	5. ABD
6. ABD	7. BD	8. AD	9. BCD	10. ABC

三、判断题

1. ×	2. ×	3. ×	4. √	5. ×	6. ×	7. ×	8. ×	9. ×	10. √

四、简答题

略

【实务训练】

1. 代收代缴的消费税＝(8 000 000÷500×200＋1 000×200＋200×250×200×0.003)÷(1－0.56)×0.56＋200×250×200×0.003
＝4 395 454.5(元)＝439.55(万元)

2. 乙酒厂应代收代缴的消费税＝8×2 000×0.5＋[60 000×(1－13%)＋(25 000＋15 000)＋8×2 000×0.5]÷(1－20%)×20%
＝33 050(元)

乙酒厂应纳增值税＝(25 000＋15 000)×13%＝5 200(元)

3. 化妆品应交消费税税额＝25 000×15%＝3 750(元)

材料应交增值税进项税额＝25 000×13%＝3 250(万元)

化妆品应交增值税销项税额＝(25 000＋23 000)÷2×13%＝3 120(万元)

借:原材料——乙材料	28 620	
应交税费——应交增值税(进项税额)	3 250	
贷:主营业务收入		25 000
应交税费——应交增值税(销项税额)		3 120
——应交消费税		3 750

同时：

借:主营业务成本	20 000	
贷:库存商品		20 000

4.(1) 采购烟丝时：

借:材料采购	280 000	
应交税费——应交增值税(进项税额)		36 400
贷:其他货币资金——银行汇票		316 400

(2) 销售卷烟时：

借:银行存款	1 017 000	
贷:主营业务收入		900 000
应交税费——应交增值税(销项税额)		117 000

应交增值税＝117 000－36 400＝80 600(元)

(3) 月末计算应交消费税时：

应交消费税税额＝900 000×36%＋100×150－280 000×30%＝255 000(元)

借:税金及附加	255 000	
贷:应交税费——应交消费税		255 000

第四单元　关　税

【单元测试】

一、单项选择题

1. D　2. A　3. D　4. C　5. C　6. B　7. D　8. A　9. B　10. A

二、多项选择题

1. ABC　2. ABD　3. ABCD　4. AD　5. BCD
6. CD　7. ABCD　8. BD　9. ABCD　10. BCD

三、判断题

1. ✓　2. ✓　3. ✓　4. ✓　5. ✓　6. ✓　7. ×　8. ×　9. ×　10. ✓

四、简答题

略

【实务训练】

1.(1) 购入现汇时:

借:银行存款——美元	700 000	
贷:银行存款——人民币		700 000

(2) 对外付汇,支付进口关税、增值税,计算进口 A 材料的采购成本时:

A 材料采购成本=700 000+40 000=740 000(元)

应支付增值税税额=740 000×13%=96 200(元)

借:材料采购——A 材料	740 000	
应交税费——应交增值税(进项税额)	96 200	
贷:银行存款——美元		700 000
——人民币		136 200

(3) 验收入库时:

借:原材料——A 材料	740 000	
贷:材料采购——A 材料		740 000

2. 关税完税价格=400×20 000+400×2 000=8 800 000(元)

应纳进口关税=8 800 000×20%=1 760 000(元)

应纳增值税=(8 800 000+1 760 000)×13%=1 372 800(元)

商品采购成本=8 800 000+1 760 000=10 560 000(元)

(1) 计算关税和增值税时:

借:在途物资	10 560 000	
应交税费——应交增值税(进项税额)	1 372 800	
贷:银行存款(应付账款)		10 172 800
应交税费——应交进口关税		1 760 000

(2) 实际缴纳关税时:

借:应交税费——应交进口关税	1 760 000	
贷:银行存款		1 760 000

(3) 验收入库时:

借:库存商品	10 560 000	
贷:在途物资		10 560 000

3. 完税价格=FOB 价÷(1+出口关税税率)=864 000÷(1+20%)=720 000(元)

应纳出口关税税额=720 000×20%=144 000(元)

做会计分录如下:

借:税金及附加	144 000	
贷:应交税费——应交出口关税		144 000

实际上缴关税时:

借:应交税费——应交出口关税	144 000	
贷:银行存款		144 000

第五单元　企业所得税

【单元测试】

一、单项选择题

1. B　2. A　3. C　4. D　5. C　6. C　7. D　8. D　9. C　10. A

二、多项选择题

1. ABC	2. ABD	3. ABC	4. ABC	5. ABC
6. ABC	7. BCD	8. AC	9. AC	10. ACD

三、判断题

1. ✓　2. ×　3. ✓　4. ×　5. ×　6. ✓　7. ×　8. ✓

四、简答题

略

【实务训练】

1.(1) 境内外应纳税所得额＝8 350－(7 080＋120＋3＋12)＋(5.6＋3)＋40＋13.5
＝1 197.1(万元)

(2) 境内外所得应纳所得税总额＝1 197.1×25%＝299.275(万元)

(3) 境外所得已纳税款抵免限额＝299.275×(40＋13.5)÷1 197.1＝13.375(万元)

(4) 境内外收入在我国应纳企业所得税额＝299.275－13.375＝285.9(万元)

2.(1) 符合条件的工资及三项经费支出税前允许扣除，但由于未取得工会经费拨缴款专用收据，工会经费＝196×2%＝3.92(万元)，不得扣除。

(2) 应扣除业务招待费限额＝3 000×5‰＝15(万元)[30×60%＝18(万元)，实际列支 30 万元，只能扣除 15 万元]；

应扣除广告费和业务宣传费限额＝3 000×15%＝450(万元)，实际列支 457 万元，只能扣除 450 万元；

管理费用和销售费用合计应调增所得额＝15＋7＝22(万元)。

(3) 抵债业务应于债务重组日确认资产转让所得 0.8 万元[18－(26－9)－0.2]和债务重组所得 2 万元(20－18)。在申报企业所得税时，调增应纳税所得额 2.8 万元。

(4) 营业外支出中，违法经营罚款 3 万元和非广告性质的赞助支出 5 万元在计算利润总额时已被扣除，但税法规定不允许扣除，所以应调增应纳税所得额 8 万元。

应纳所得税额＝(30＋3.92＋22＋2.8＋8)×25%＝66.72×25%＝16.68(万元)

3. 第一步，计算应交所得税。

应税所得＝利润总额＋费用(会计－税法)－收入(会计－税法)
＝3 000＋(会计折旧费 300－税法折旧费 150)＋(捐赠营业外支出 500－0)－(公允价值变动收益 400－0)＋(罚款营业外支出 250－0)＋(资产减值损失 75－0)
＝3 575(万元)

应交所得税＝3 575×25%＝893.75(万元)

不用公式则需分析判断。

第二步，确定暂时性差异。首先应判别哪些项目产生的是暂时性差异，判别依据是“是否影响未来”，不影响未来的差异是永久性差异，影响未来的差异是暂时性差异。

(1) 固定资产，暂时性差异；(2) 捐赠，永久性差异；(3) 交易性金融资产，暂时性差异；(4) 罚款，永久性差异；(5) 存货减值，暂时性差异。

按公式计算确定三项暂时性差异。

固定资产暂时性差异＝(资产类)账面价值 1 200 万元－计税基础 1 350 万元
＝－150 万元
＝可抵扣 150 万元

交易性金融资产暂时差异＝(资产类)账面价值 1 200 万元－计税基础 800 万元
＝＋400 万元
＝应纳税 400 万元

存货暂时性差异＝(资产类)账面价值 2 000 万元－计税基础 2 075 万元
＝－75 万元

=可抵扣75万元

结论:期末应纳税400万元,可抵扣共计225万元。

第三步,计算递延所得税负债(或资产)增长额。

递延所得税负债期末余额=应纳税400万元×预计转回税率25%=100(万元)

递延所得税负债增长额=100万元-期初0=100(万元)

递延所得税资产期末余额=可抵扣225万元×预计转回税率25%=56.25(万元)

递延所得税资产增长额=56.25万元-期初0=56.25(万元)

第四步,做分录。递延所得税负债增加100万元,记在贷方;递延所得税资产增加56.25万元,记在借方。

借:所得税费用[8 937 500+(1 000 000-562 500)]　　9 375 000
　　递延所得税资产　　562 500
　贷:应交税费——应交所得税　　8 937 500
　　　递延所得税负债　　1 000 000

简算法:所得税费用=[3 000+捐赠支出(500-0)+罚款支出(250-0)]×25%
　　　　　　=3 750×25%=937.5(万元)

4. 分析:该经营亏损不是资产、负债的账面价值与其计税基础不同产生的,但从性质上看可以减少未来期间的应纳税所得额和应交所得税,属于可抵扣暂时性差异。企业预计未来期间能够产生足够的应纳税所得额可以弥补该可抵扣亏损时,应确认相关的递延所得税资产。

2019年的处理:

借:递延所得税资产(20 000 000×25%)　　5 000 000
　贷:所得税费用(20 000 000×25%)　　5 000 000

2019年利润总额是-2 000万元,所得税费用是-500万元(-2 000×25%),净利润是-1 500万元[-2 000-(-2 000×25%)]。

假设2020年盈利1 500万元,则:

借:所得税费用(15 000 000×25%)　　3 750 000
　贷:递延所得税资产(15 000 000×25%)　　3 750 000

假设2021年盈利1 000万元,则:

借:所得税费用(10 000 000×25%)　　2 500 000
　贷:应交税费——应交所得税(5 000 000×25%)　　1 250 000
　　　递延所得税资产(5 000 000×25%)　　1 250 000

第六单元　个人所得税

【单元测试】

一、单项选择题

1. A	2. C	3. A	4. A	5. A	6. B	7. D	8. D	9. D	10. A
11. C	12. C	13. D	14. A	15. B	16. A	17. B	18. B	19. A	20. D
21. A									

二、多项选择题

1. BD	2. ABD	3. ABCD	4. BD	5. AB
6. BC	7. ABD	8. ABC	9. ABC	10. ACD

三、判断题

1. ×	2. √	3. ×	4. √	5. ×	6. ×	7. ×	8. √	9. √	10. ×

四、简答题

略

【实务训练】

1. 应纳税所得额＝8 200－5 000＝3 200(元)

应纳税额＝3 200×10％－210＝110(元)

2. 应纳税所得额＝60 000×(1－20％)＝48 000(元)

应纳税额＝48 000×30％－2 000＝12 400(元)

3. 应缴纳个人所得税＝(10 000＋20 000)×(1－20％)×20％×(1－30％)＝3 360(元)

4. 应缴纳个人所得税＝(3 000－800－500)×20％＝340(元)

5. 3 月应缴纳个人所得税＝(2 000－112.4－800－800)×10％＝28.76(元)

6. 一次卖出债券应扣除的买价及费用＝(10 000＋150)÷1 000×600＋110＝6 200(元)

应缴纳个人所得税＝(600×12－6 200)×20％＝200(元)

7. 应纳个人所得税＝(10 000－5 000)×10％－210＝290(元)

有关会计处理如下：

(1) 代扣个人所得税时：

借:应付职工薪酬	10 000	
贷:库存现金		9 710
应交税费——代扣代缴个人所得税		290

(2) 实际缴纳个人所得税时：

借:应交税费——代扣代缴个人所得税	290	
贷:银行存款		290

8. 应纳个人所得税＝10 000×(1－20％)×20％＝1 600(元)

有关会计处理如下：

(1) 支付劳务费时：

借:管理费用	10 000	
贷:应交税费——代扣代缴个人所得税		1 600
银行存款		8 400

(2) 实际缴纳个人所得税时：

借:应交税费——代扣代缴个人所得税	1 600	
贷:银行存款		1 600

9. 应纳个人所得税＝(60 000－36 000－2 000－2 500)×20％＝3 900(元)

有关会计处理如下：

(1) 购买房屋时：

借:固定资产	60 000	
贷:应交税费——代扣代缴个人所得税		3 900
银行存款		56 100

(2) 实际缴纳个人所得税时：

借:应交税费——代扣代缴个人所得税	3 900	
贷:银行存款		3 900

第七单元　其他税种会计

【单元测试】

一、单项选择题

1. C　2. B　3. C　4. A　5. D　6. C　7. C　8. A　9. D　10. D

11. B　12. B　13. D　14. C　15. A　16. C　17. D　18. A

二、多项选择题

1. ABC　2. ACD　3. ABD　4. BD　5. BD
6. ABC　7. ABD　8. ABC

三、判断题

1. ×　2. ×　3. √　4. ×　5. ×　6. ×　7. ×　8. ×　9. ×　10. √

【实务训练】

1. 应补缴的城市维护建设税和教育费附加=(45 000+25 000)×(7%+3%)=7 000(元)

2. 应纳城镇土地使用税=(10 000−1 000+5 000÷2+3 000)×5=72 500(元)

3. (1) 评估价格=600×70%=420(万元)

(2) 允许扣除的税金 27.5 万元。

(3) 扣除项目金额合计=420+27.5=447.5(万元)

(4) 增值额=500−447.5=52.5(万元)

(5) 增值率=52.5÷447.5×100%=11.73%

(6) 应纳税额=52.5×30%−447.5×0=15.75(万元)

4. 甲应缴纳契税=60 000×4%=2 400(元)

乙应缴纳契税=200 000×4%=8 000(元)

丙不缴纳契税。

5. 应缴纳的印花税=(300+100)×0.3‰=1 200(元)

6. 年应纳税额=(660−100)×(1−20%)×1.2%=5.376(万元)

月应纳税额=53 760÷12=4 480(元)

(1) 每月计提税金时：

借:税金及附加	4 480	
贷:应交税费——应交房产税		4 480

(2) 每月缴纳税金时：

借:应交税费——应交房产税	4 480	
贷:银行存款		4 480

7. 年应纳税额=12×5×50+10×720+18×520=19 560(元)

月应纳税额=19 560÷12=1 630(元)

(1) 每月计提税金时：

借:税金及附加	1 630	
贷:应交税费——应交车船税		1 630

(2) 每年缴纳税金时：

借:应交税费——应交车船税	19 560	
贷:银行存款		19 560

参考文献

1. 中国注册会计师协会:税法[M].北京:中国财政经济出版社,2017 年版。
2. 张世体. 财政与税收[M].上海:立信会计出版社,2016 年版。
3. 寇娅雯,石光乾.税法与税务会计(第 2 版)[M].北京:清华大学出版社,2017 年版。
4. 刘颖.税法与税务会计[M].北京:北京理工大学出版社,2017 年版。
5. 艾华.税务会计[M].大连:东北财经大学出版社,2016 年版。